"创新设计思维"

数字媒体与艺术设计类新形态丛书

微|课|版

U0740732

DaVinci Resolve

达芬奇视频调色与特效

雷波 编著

人民邮电出版社

北 京

图书在版编目（CIP）数据

DaVinci Resolve 达芬奇视频调色与特效：微课版 /
雷波编著. -- 北京：人民邮电出版社，2025. --（"创
新设计思维"数字媒体与艺术设计类新形态丛书）.
ISBN 978-7-115-67840-9

Ⅰ. TP317.53

中国国家版本馆 CIP 数据核字第 2025EU6182 号

内 容 提 要

本书是一本针对 DaVinci Resolve 软件的视频调色和特效制作教程，从软件基本操作讲起，逐步深入一级调色、二级调色、节点调色等高级技巧，并通过丰富的案例实践，帮助读者掌握视频调色和特效制作的关键技能。全书共 11 章，内容包括软件入门、素材编辑、全局校正、局部调整、进阶操作、人物调色、滤镜特效、视频转场、字幕特效、渲染导出与综合案例等方面。

本书可作为数字媒体技术、影视动画等专业的教材，也适合视频编辑爱好者、专业调色师和特效制作人员阅读。

◆ 编　著　雷　波

责任编辑　张　蒙

责任印制　胡　南

◆ 人民邮电出版社出版发行　　北京市丰台区成寿寺路 11 号

邮编　100164　　电子邮件　315@ptpress.com.cn

网址　https://www.ptpress.com.cn

雅迪云印（天津）科技有限公司印刷

◆ 开本：787×1092　1/16

印张：13.75　　　　　　　　2025 年 8 月第 1 版

字数：360 千字　　　　　　　2025 年 8 月天津第 1 次印刷

定价：79.80 元

读者服务热线：(010)81055256　印装质量热线：(010)81055316

反盗版热线：(010)81055315

PREFACE 前言

随着数字媒体技术的飞速发展，视频制作已经成为一个日益流行的领域。无论是电影、电视还是网络视频，调色和制作特效都是提升视觉体验、讲述故事的重要手段。本书是一本面向视频制作爱好者的从入门到进阶的教程，旨在通过实践案例教授如何使用DaVinci Resolve软件来调色和制作特效。全书共11章，内容涵盖从基本概念到高级技巧的各个方面。

本书首先介绍DaVinci Resolve的基本概念和功能；随后，通过详细的步骤和案例分析，引导读者学习如何进行项目设置、素材编辑、一级调色、二级调色、节点调色、人物调色、滤镜特效制作，以及最终的渲染导出等。每章都配有课后练习，可帮助读者巩固所学知识，并在实践中提升技能。

由衷感谢钱梅教授等院系领导的大力支持，感谢陈卓、魏平、向师仲、明萌、唐胜吉、徐向阳、李正德、吴小涛、高尔森、潘钰坤、罗鹏飞、李思漫等亲朋和学生为本书提供了宝贵的素材！

内容特色

本书内容特色主要包括以下3个方面。

系统性： 从基础到高级，逐步帮助读者构建调色和特效知识体系。

实用性： 通过大量案例分析，提供实际操作的详细步骤和技巧。

可扩展性： 通过知识拓展部分，引导读者探索更多高级功能和技巧。

教学环节

本书精心设计教学环节，包括"基础知识讲解+课堂案例分析+软件功能实操+课后习题练习+综合案例应用"，旨在帮助读者全面掌握利用DaVinci Resolve进行视频调色和特效制作的技能。

基础知识： 详细介绍视频调色和特效的基本概念，以及DaVinci Resolve的基本操作等，为读者打下坚实的基础。

课堂案例： 结合行业热点和实际需求，通过商业案例讲解知识点，提高读者的学习兴趣和应用能力。

软件功能： 深入讲解DaVinci Resolve的核心功能，包括一级调色、二级调色、特效应用等，使读者能够熟练运用软件进行创作。

课后练习：设计有针对性的练习题，帮助读者巩固所学知识，提升独立解决问题的能力。

综合案例：通过综合案例，如景区广告片和VLOG短视频的制作，提高读者的项目实战能力和创新设计能力。

▎配套资源

本书提供丰富的配套资源，读者可登录人邮教育社区（www.ryjiaoyu.com）下载。

微课视频：本书所有案例配有微课视频，扫码即可观看，支持线上线下混合式教学。

素材和效果文件：本书提供所有案例需要的素材和效果文件，素材和效果文件均以案例名称命名。

素材文件　　　效果文件

教学辅助文件：本书提供PPT课件、教学大纲、教学教案、拓展案例、拓展素材资源等。

PPT课件　　教学大纲　　教学教案　　拓展案例　　拓展素材资源

CONTENTS

目录

第1章

001 —— 软件入门：初步使用

第2章

029 —— 素材编辑：基本操作

第3章

045 —— 全局校正：一级调色

第 4 章

067 —— 局部调整：二级调色

第 5 章

101 —— 进阶操作：节点调色

第 9 章

168 —— 字幕特效：文字包装

第 10 章

183 —— 渲染导出：交付成片

第 11 章

194 —— 综合案例：实训实践

软件入门：初步使用

在快速发展的数字时代，视频已经成为我们日常生活中不可或缺的一部分，视频创作者对高质量剪辑工具的需求也日益增加。DaVinci Resolve 18 不仅在功能上有了显著的提升，更在用户体验和操作便捷性上做出了许多改进。它不仅仅是一个视频编辑软件，更是一个全方位的后期制作平台。本章旨在帮助用户快速掌握 DaVinci Resolve 18 的基本操作，从基本的项目设置、参数设置、工作界面介绍到具体的时间线与轨道设置等，本章将逐步引导用户熟悉这款强大的软件。

学习重点

◎ 项目设置
◎ 参数设置
◎ 工作界面
◎ 时间线与轨道设置

DaVinci Resolve 是一款影视调色与特效制作软件，在正式学习 DaVinci Resolve 18 之前，用户应了解影视调色与影视特效的概念与作用，并对 DaVinci Resolve 的主要功能有所认识。

1.1 DaVinci Resolve介绍

DaVinci Resolve（达芬奇）是一款由Blackmagic Design公司开发的专业视频编辑软件，其以强大的功能和灵活的工作流程而著称，广泛应用于影视制作、广告制作和视频编辑等领域。它集视频剪辑、调色、特效制作、音频处理和交付于一体，提供了一个全方位的后期制作解决方案。

1.1.1 DaVinci Resolve的主要功能

DaVinci Resolve采用美观、新颖的界面设计，易学、易用，能辅助初学者快速上手操作，也能提供专业人士需要的强大功能，如图1-1所示。拥有一款软件，就相当于获得了属于用户自己的后期制作工作室。

以下是DaVinci Resolve的主要功能详解。

图1-1

1. 视频剪辑

DaVinci Resolve提供了一个强大且直观的视频剪辑界面，适用于从简单剪辑到复杂编辑的各种需求。其主要功能包括以下内容。

多轨道时间线：支持多层视频和音频轨道，可以方便地进行复杂的剪辑和编辑操作。

智能剪辑工具：包括快速修剪、滑动、推拉、波纹编辑等工具，能够提升剪辑效率。

多机位剪辑：允许同时处理多个摄像机角度，轻松进行多机位同步和切换。

2. 调色

DaVinci Resolve最初因其卓越的调色功能而闻名。DaVinci Resolve的调色模块提供了电影级的色彩校正和调色工具。其主要功能包括以下内容。

基本调色：支持亮度、对比度、饱和度、色温等基本调色操作。

高级调色：提供曲线调整、色轮、色相/饱和度曲线等高级调色工具，可以精细控制画面的色彩和氛围。

节点树结构：允许用户实现复杂的调色效果，通过节点树进行非线性编辑，灵活而强大。

3. 特效与合成

DaVinci Resolve内置Fusion模块，用于创建视觉特效和动态图形。其主要功能包括以下内容。

二维和三维合成：支持二维（2D）和三维（3D）合成，可以制作复杂的视觉效果。

特效库：包含丰富的内置特效和预设，如粒子效果、文字动画和键控工具等。

节点式工作流程：与调色模块类似，Fusion模块也使用节点树结构，便于创建和管理复杂的特效项目。

4. 音频处理

Fairlight是DaVinci Resolve内置的音频处理模块，提供专业级的音频编辑和混音功能。其主要功能包括以下内容。

多轨道音频编辑：支持多轨音频编辑，适用于复杂的音频工程。

音频修复：内置多种音频修复工具，如降噪、去除爆音、均衡器等工具，可以提升音频质量。

音效和音乐库：提供丰富的音效和音乐资源，方便用户为视频配音和配乐。

5. 媒体管理与交付

DaVinci Resolve具有全面的媒体管理和交付功能，确保项目从开始到结束的高效处理。其主要功能包括以下内容。

媒体库：支持多种视频、音频和图像格式，方便用户管理和预览素材。

代理工作流：通过创建代理文件，用户可以在高分辨率素材上进行高效编辑和调色，提升工作效率。

交付选项：支持多种导出格式和预设，可以快速导出适用于不同平台和设备的视频文件。

6. 协作功能

DaVinci Resolve Studio版本提供了强大的协作功能，适合团队项目。其主要功能包括以下内容。

多人协作：允许多个用户同时在同一个项目中工作，各自负责剪辑、调色、特效制作或音频处理。

项目共享：通过共享项目库，用户可以方便地在团队中交换和管理项目文件。

版本控制：支持版本管理和比较，方便团队成员跟踪和回溯项目的修改历史。

总之，DaVinci Resolve以其强大的功能和灵活的工作流程成为视频编辑和后期制作的首选工具之一。它集视频剪辑、调色、特效制作、音频处理和交付于一体，为用户提供了从素材管理到成品交付的全方位解决方案。无论是独立视频制作人还是大型制作团队，DaVinci Resolve都能满足其专业需求，成为影视制作行业不可或缺的"利器"。

1.1.2 DaVinci Resolve相关产品介绍

DaVinci Resolve有多个版本，分别针对不同用户的需求。以下是DaVinci Resolve的不同版本及相关产品介绍。

1. DaVinci Resolve免费版

DaVinci Resolve免费版是Blackmagic Design公司提供的一个功能丰富的、免费的、适合初学者和个人用户使用的版本，其包含以下核心功能。

视频剪辑：提供多轨道剪辑、智能剪辑工具和多机位剪辑功能。

调色：提供基本和高级调色工具，包括色轮、曲线调整和节点树结构。

特效与合成：包括一些基本的Fusion特效和动态图形功能。

音频处理：内置Fairlight音频处理模块，支持多轨音频编辑和基础音频修复工具。

媒体管理与交付：支持多种视频格式的导入和导出，以及基本的媒体管理功能。

尽管免费版功能强大，但与付费版本相比，某些高级功能和特效是被限制使用的。例如，免费版不支持多GPU（图形处理单元）加速、部分降噪和高级Fairlight插件。

2. DaVinci Resolve Studio

DaVinci Resolve Studio是付费版本，针对专业用户和制作团队提供更全面和高级的功能，如图1-2所示。

与免费版相比，Studio版本增加了以下高级特性。

更多特效与插件：包括高级降噪、运动模糊、镜头畸变校正和额外的Fusion特效。

图1-2

多GPU加速：支持多GPU处理，显著提升渲染和特效处理速度。

更高分辨率：支持高达8K的分辨率，适合电影和高端视频制作。

HDR调色：提供专业的HDR（高动态范围）调色工具，支持Dolby Vision和HDR10+。

3D立体视频：支持3D立体视频编辑和调色，满足特殊项目需求。

更多音频工具：包括Fairlight高级音频插件、空间音频支持和更强大的音频修复功能。

多人协作：允许多个用户同时在同一个项目中工作，提供项目共享和版本控制功能，适合团队协作。

3. DaVinci Resolve Speed Editor

DaVinci Resolve Speed Editor是一个硬件控制面板，专为提高视频剪辑效率而设计，如图1-3所示。

尽管DaVinci Resolve Speed Editor不是一个软件版本，但它与DaVinci Resolve紧密集成，可以显著提升用户的编辑速度和操作体验。DaVinci Resolve Speed Editor有以下特点。

物理按键：提供剪辑修剪、过渡等常用功能的物理按键。

转盘控制：便于快速浏览时间线和精确修剪剪辑点。

快捷键组合：通过组合键操作，实现更快捷的编辑流程。

4. DaVinci Resolve Mini Panel和DaVinci Resolve Micro Panel

这两个为调色师设计的硬件控制面板与DaVinci Resolve无缝集成，提供专业的调色体验。

DaVinci Resolve Mini Panel：包括3个高分辨率色轮、多个专用调色按键和LCD显示屏，适合专业调色师使用，如图1-4所示。

DaVinci Resolve Micro Panel：体积更小，便于携带，适合移动办公或小型工作室使用，尽管功能较少，但依然提供基本的调色控制功能，如图1-5所示。

总之，DaVinci Resolve的软件版本和硬件控制面板满足了从个人用户到专业制作团队的各种需求。免费版适合初学者和预算有限的用户使用，而Studio版本提供了更全面和高级的功能，适合专业用户和大型制作团队使用。此外，硬件控制面板等设备进一步提升了用户的工作效率和操作体验。无论是哪种需求，DaVinci Resolve都能提供一流的解决方案，助力用户实现高质量的视频制作。需要注意的是，本书的讲解基于DaVinci Resolve 18。

图1-3　　　　　　　　图1-4　　　　　　　　图1-5

1.2　项目设置

在DaVinci Resolve 18中，项目是整个编辑流程的基础，用户在正确地新建并设置项目后，才能对具体的素材（如视频、音频和图片等）进行编辑与调整。学会如何新建项目、打开项目、保存项目、导入项目、导出项目和关闭项目等操作是学习DaVinci Resolve 18的第一步。

1.2.1　新建项目

在DaVinci Resolve 18中，新建项目主要有如下两种情况。

情况1：在"项目管理器"中新建项目

下面是具体的操作步骤。

步骤1：在计算机桌面上单击DaVinci Resolve 18图标（见图1-6），启动该软件。

步骤2：软件启动后，会弹出"项目管理器"面板，单击面板右下方的"新建项目"按钮，如图1-7所示。

图1-6 　　　　　　　　图1-7

步骤3：在弹出的"新建项目"对话框中对项目进行命名，将其命名为"1.2.1 新建项目"，如图1-8所示。

步骤4：单击"新建项目"对话框右下角的"创建"按钮，即可进入软件界面，如图1-9所示。

图1-8 　　　　　　　　　　　　　　图1-9

情况2：在已创建项目的情况下新建项目

DaVinci Resolve 18已处在"校园春光"项目中，如图1-10所示。此时，用户可以在此基础上新建项目。

下面是具体的操作步骤。

步骤1：在菜单栏执行"文件 > 新建项目"命令，如图1-11所示。

步骤2：在弹出的"新建项目"对话框中对项目进行命名，将其命名为"1.2.1 在已有项目中新建"，单击"新建项目"对话框右下角的"创建"按钮，如图1-12所示，即可进入软件界面。

图1-10 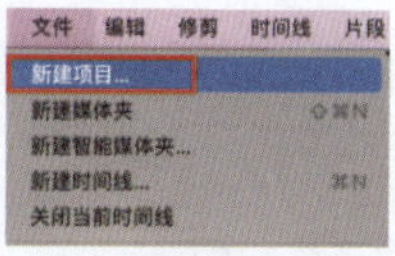　　　　　　　图1-11 　　　　　　　图1-12

1.2.2　打开项目

在DaVinci Resolve 18中，用户若想打开使用过的项目文件，可通过以下步骤进行操作。

步骤1：在软件界面右下方单击"项目管理器"按钮，如图1-13所示。

步骤2：弹出"项目管理器"面板后，右键单击"校园春光"项目图标，在弹出的快捷菜单中执行"打开"命令，如图1-14所示。

步骤3：执行以上操作后，软件即可打开"校园春光"项目，如图1-15所示。

| 图1-13 | 图1-14 | 图1-15 |

另外，在"项目管理器"面板中，双击目标项目的图标也可以直接打开该项目。

1.2.3　保存项目

在DaVinci Resolve 18中，保存项目是确保用户顺利进行编辑工作、安全存储和便于后续访问的关键步骤。定期保存项目不仅能防止因意外情况（如软件崩溃、电源故障等）导致数据丢失，还能帮助用户更好地管理和组织编辑进度。下面是具体的操作步骤。

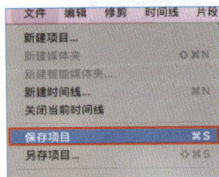

步骤1：打开"校园春光"项目。

步骤2：对"校园春光"项目进行一定的编辑与调整。

步骤3：在菜单栏执行"文件＞保存项目"命令，如图1-16所示，编辑好的内容将被保存下来。

图1-16

也可使用快捷键完成该操作，保存项目的快捷键为Ctrl+S（Windows版）/Command+S（macOS版）。

1.2.4　导入项目

在DaVinci Resolve 18中，导入项目功能是项目管理和协作的重要功能，它允许用户将外部项目文件加载到当前的项目库中进行编辑。导入项目的具体作用和好处主要表现在以下方面。

1.　项目迁移与共享

导入项目功能使用户能够轻松地在不同设备和工作环境之间迁移项目。这对于需要在不同计算机之间工作或与团队成员共享项目文件的用户特别有用。

跨设备工作：用户可以在一台设备上导出项目，然后在另一台设备上导入项目，继续编辑工作，确保工作的无缝衔接。

团队协作：团队成员可以将各自的项目导入共享的项目库，实现协同工作，确保所有人都能访问最新的项目版本。

2.　恢复与备份

导入项目功能支持从备份文件中恢复项目。这在项目文件发生损坏或丢失时特别有用。

恢复项目：如果项目文件损坏或被误删，可以通过导入之前导出的项目文件来恢复工作，避免重新开始编辑。

备份管理：定期导出并保存项目文件作为备份文件，在需要时导入这些备份文件，确保数据的安全和完整性。

3. 兼容性与转换

导入项目功能支持多种格式的项目文件，使得DaVinci Resolve 18能够兼容其他编辑软件的项目，方便用户在不同软件之间转换工作。

多格式支持：DaVinci Resolve 18可以导入其他编辑软件（如Premiere Pro、Final Cut Pro等）导出的项目文件，帮助用户在不同软件之间转换工作。

项目整合：用户可以将不同来源的项目文件导入同一个项目库中，进行整合和统一管理。

4. 启动新项目

当用户开始一个新项目时，可以导入现有的项目文件，将其作为新项目的基础。这对于基于模板或重复使用某些项目设置的用户非常有用。

基于模板：导入预先设置好的模板项目，快速启动新项目，节省时间和精力。

设置继承：导入包含特定设置或预设的项目，确保新项目沿用既定的风格和标准。

下面是具体的操作步骤。

步骤1：打开"导入项目"项目文件。

步骤2：在菜单栏执行"文件 > 导入项目"命令，如图1-17所示。

步骤3：在弹出的对话框中选择需要导入的项目文件"夕阳无限好.drp"，如图1-18所示。双击该文件或单击"打开"按钮，即可将该项目文件导入软件中。

图1-17

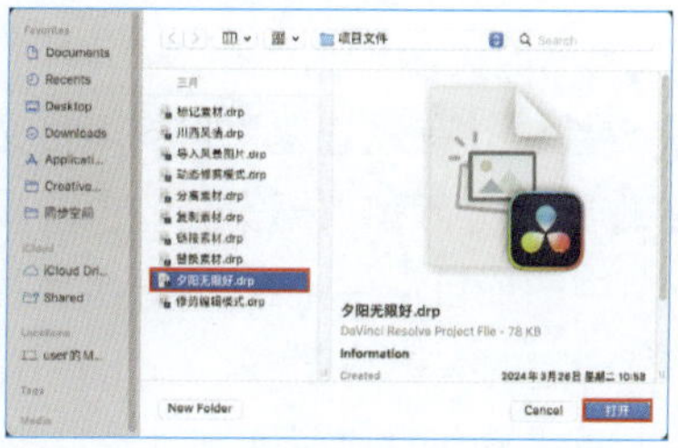

图1-18

1.2.5 导出项目

在DaVinci Resolve 18中，导出项目是项目管理和协作中的重要组成部分。它不仅支持项目的跨设备和跨平台迁移，还促进团队协作和项目共享。同时，通过定期导出项目，用户可以创建备份文件，确保数据安全，并实现版本控制。导出项目还允许用户在不同视频编辑软件之间转换工作，增强项目的兼容性和灵活性。无论是专业剪辑师还是视频制作爱好者，充分利用导出项目功能都能大幅提升工作效率和项目管理的便捷性。下面是具体的操作步骤。

步骤1：新建一个项目，将其命名为"导出项目"，如图1-19所示，进入软件界面。

步骤2：在菜单栏执行"文件 > 导入 > 媒体"命令，在弹出的对话框中同时选中"片段1.mp4"和"片段2.mp4"，单击右下角的"打开"按钮，将其导入"媒体池"面板，如图1-20和图1-21所示。

步骤3：在"媒体池"面板中同时选中"片段1.mp4"和"片段2.mp4"，将其拖曳至"时间线"面板，如图1-22所示。

步骤4：在菜单栏执行"文件 > 导出项目"命令，如图1-23所示。

步骤5：在弹出的对话框中设置导出路径，单击右下角的"保存"按钮，如图1-24所示，该项目即被导出至目标路径，并以.drp格式保存，如图1-25所示。

图1-19

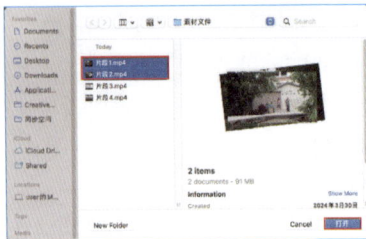
图1-20

图1-21

图1-22

图1-23

图1-24

图1-25

1.2.6 关闭项目

在DaVinci Resolve 18中，关闭项目是确保数据安全、管理系统资源、保持工作流程有序的重要操作。通过定期和规范地关闭项目，用户可以防止数据丢失，释放系统资源，提升工作效率，确保项目文件的完整性，并有效管理和归档项目文件。这一操作对于专业剪辑师和视频制作爱好者来说，是保证工作顺利进行和数据安全的重要步骤。下面是具体的操作步骤。

步骤1：打开1.2.5节中的项目文件"1.2.5 导出项目.drp"，如图1-26所示。

步骤2：对项目进行一定的编辑与调整。

步骤3：单击软件界面右下方的"项目管理器"按钮，如图1-27所示。

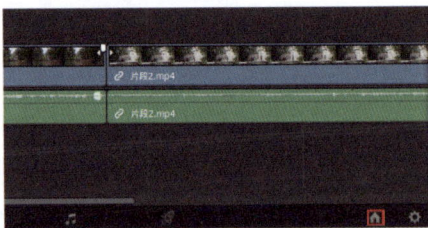
图1-26

图1-27

步骤4：弹出"项目管理器"面板后，选择需要关闭的项目"1.2.5 导出项目"，单击右下方的"关闭"按钮，如图1-28所示，即可关闭该项目。

另外，在DaVinci Resolve 18中，直接单击软件界面上方的"关闭"按钮（Windows版的在右上角，macOS版的在左上角）也可以关闭编辑中的项目，如图1-29所示。

图1-28

图1-29

技巧与提示

　　DaVinci Resolve的项目管理器是一个功能强大且直观的工具，可以帮助用户高效地管理和组织多个项目。无论是处在单个项目下还是多个并行项目下，项目管理器都能为用户提供便捷的访问和管理方式。以下是项目管理器的主要功能和使用方法。

　　1. 进入项目管理器

　　（1）启动DaVinci Resolve 18：打开软件后，系统会自动弹出"项目管理器"面板。

　　（2）访问项目管理器：如果用户已进入某个项目，可以在菜单栏执行"文件＞项目管理器"命令访问项目管理器，如图1-30所示。

　　2. 主要功能

　　（1）新建项目

　　单击"新建项目"按钮，输入项目名称，然后单击"创建"按钮，新项目将添加到当前选定的项目库中，并自动打开。

导出	＞
导出项目…	⌘E
导出元数据从	＞
快捷导出	
项目管理器…	⇧1
项目设置…	⇧9
项目备注…	

图1-30

　　（2）打开项目

　　双击项目列表中的项目即可打开该项目。如果项目较多，可以使用搜索栏快速定位并打开目标项目。

　　（3）导入和导出项目

　　导入项目：单击工具栏中的"导入项目"按钮，选择要导入的项目文件（.drp格式），即可导入目标项目。这对于从其他系统或备份中恢复项目非常有用。

　　导出项目：右键单击项目列表中的某个项目，在弹出的快捷菜单中执行"导出项目"命令，即可将项目导出为.drp格式的文件。这对于备份或共享项目非常有用。

　　（4）组织项目

　　创建文件夹：右键单击项目列表的空白处，在弹出的快捷菜单中执行"新建文件夹"命令，可以创建文件夹来组织项目。

　　移动项目：通过拖放操作，将项目移动到不同的文件夹中，便于管理和分类。

　　（5）项目属性和设置

　　项目属性：右键单击某个项目，在弹出的快捷菜单中执行"项目属性"命令，可以查看和编辑项目的基本信息，如名称、注释、标记等。

　　项目设置：选中项目后，单击工具栏中的"项目设置"按钮，进入详细的项目设置界面，可以调整分辨率、帧率等参数。

1.3　参数设置

　　DaVinci Resolve 18的参数设置主要是指软件的偏好设置和项目设置，提前设置好必要的参数，可帮助用户优化编辑过程、提高工作效率。

1.3.1　偏好设置

　　DaVinci Resolve 18 的偏好设置提供了广泛的选项来优化软件性能和用户体验。在菜单栏执行"DaVinci Resolve＞偏好设置"命令即可弹出"偏好设置"对话框，如图1-31和图1-32所示。

　　DaVinci Resolve 18 的偏好设置分为"系统"和"用户"两个部分。通过调整这些设置，用户可以优化软件性能和界面操作，以满足不同的编辑需求和硬件环境。

图1-31

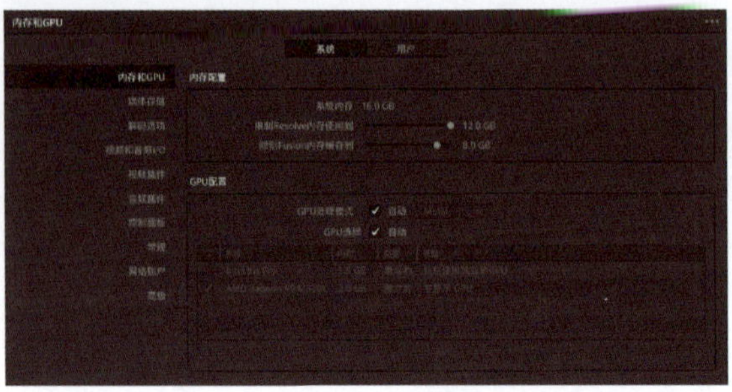

图1-32

1. 系统偏好设置

系统偏好设置主要涉及硬件配置和性能优化，在"偏好设置"对话框中单击上方的"系统"按钮即可进入该选项，如图1-33所示。

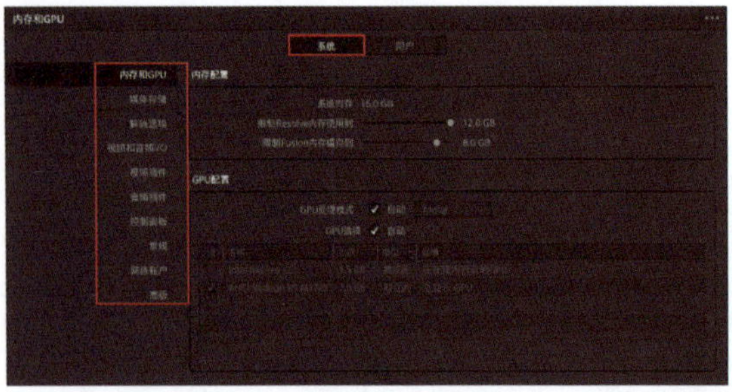

图1-33

以下是系统偏好设置中几个重要的选项。

（1）内存和GPU

在 DaVinci Resolve 18 中，内存和 GPU 是系统偏好设置中的一个重要部分，当处理高分辨率视频和复杂的特效时，通过调整这些设置，可以优化软件的性能。

内存配置如下。

内存使用限制：设置 DaVinci Resolve 可以使用的最大系统内存量。较高的内存分配可以提高软件处理大文件和复杂项目的能力。

媒体存储缓存：调整用于缓存媒体文件的内存大小，以提高媒体读取和回放性能。

GPU配置如下。

GPU处理模式：选择 GPU 的处理模式（自动、CUDA 或 OpenCL）。其中，CUDA 模式适用于 NVIDIA 显卡，通常性能最佳；OpenCL 模式适用于 AMD 显卡。

GPU选择：选择用于 DaVinci Resolve 的 GPU，可以选择一个或多个 GPU。

（2）媒体存储

媒体存储位置：添加和管理媒体存储路径，确保主要存储路径指向快速且空间充足的硬盘。

缓存文件位置：设置缓存文件的保存位置，提高磁盘空间管理效率。

（3）控制面板

硬件控制面板：设置并配置硬件控制面板，以便更好地控制编辑和色彩分级过程。

（4）高级

脚本和API：启用和配置用于自动化工作流程的脚本和 API（Application Program Interface，应用程序接口）访问。

代理模式：启用代理模式，选择较低的分辨率进行编辑而不影响最终输出质量，从而获得更流畅的播放效果。

2. 用户偏好设置

用户偏好设置主要涉及软件的操作界面和功能行为，在"偏好设置"对话框中单击上方的"用户"按钮即可进入该选项，如图1-34所示。

以下是用户偏好设置中几个重要的选项。

（1）UI设置

该选项用于设置软件的语言系统以及时间线排序。在"语言"右侧的下拉菜单中，通常选择"简体中文"，如图1-35所示。

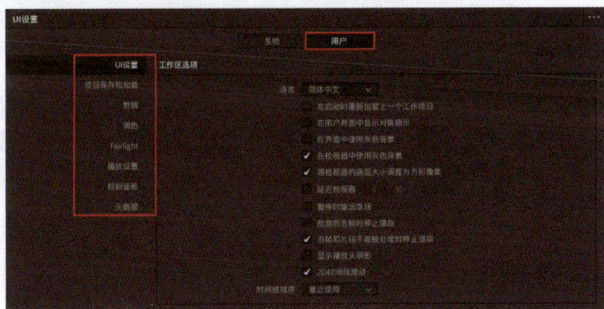

图1-34　　　　　　　　　　　　　　　　　图1-35

（2）项目保存和加载

该选项可以帮助用户管理项目的保存方式、自动保存频率以及项目加载时的行为，从而优化工作流程和确保数据安全。

实时保存：勾选此选项以启用自动保存功能。实时保存可以在意外关闭软件或系统崩溃时保护用户的项目。

项目备份：勾选此选项以启用项目备份功能。

时间线备份：勾选此选项以启用时间线备份功能。

执行备份的间隔时间：设置自动备份的时间间隔（例如5分钟、10分钟）。选择合适的频率可以在保证项目安全的同时不影响工作流程。

对过去的多久时间进行每小时备份：设置自动备份的小时数（例如2小时、4小时）。

对过去的多久时间进行每天备份：设置自动备份的天数（例如1天、3天）。

（3）剪辑

该选项可以帮助用户进行新时间线设置、自动智能媒体夹管理、常规设置以及默认淡入淡出设置。

（4）调色

该选项可以帮助用户进行某些必要的常规设置、波纹模式设置、印片机光号校准设置。

（5）播放设置

用户不仅可在该选项中选择"性能模式"，如自动、手动和禁用；还可以隐藏用户界面的叠加元素，在播放时将界面更新减为最少。

1.3.2　项目设置

DaVinci Resolve 18的项目设置是用于配置和管理每个项目的核心设置，确保项目的技术规范和工作流程符合用户的需求。通过调整项目设置，用户可以定义时间线格式、分辨率、帧率，以及进行色彩管理、音频设置等。在菜单栏执行"文件 > 项目设置"命令，即可弹出"项目设置"对话框，如图1-36和图1-37所示。

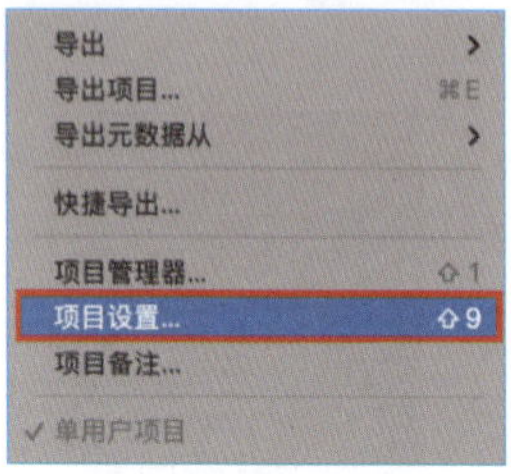

图1-36 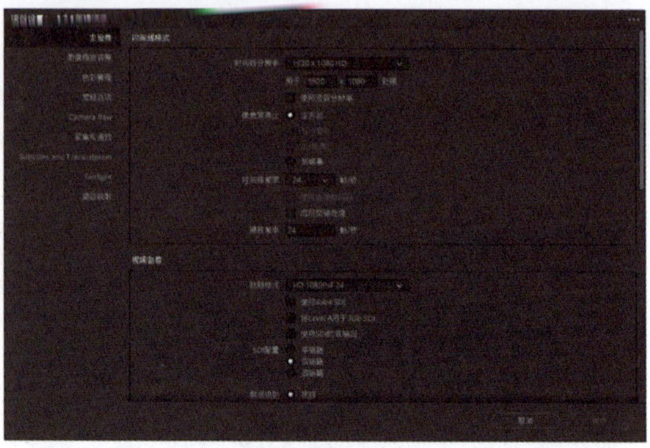   图1-37

以下是项目设置中几个重要的选项。

1. 主设置

该选项可以帮助用户进行"时间线格式""视频监看""优化媒体和渲染缓存""工作文件夹""帧内插值"等方面的设置。

2. 图像缩放调整

该选项可以帮助用户进行"图像缩放调整""输入缩放调整""输出缩放调整"等方面的设置。

3. 色彩管理

该选项可以帮助用户进行"色彩空间&转换""杜比视界""HDR10+""HDR Vivid""查找表""广播安全"等方面的设置。

4. 常规选项

该选项可以帮助用户进行"套底选项""调色""动态属性""版本"等方面的设置。

5. 采集和播放

该选项可以帮助用户进行"录机设置""采集""输出"等方面的设置。

6. Fairlight

该选项可以帮助用户进行"时间线采样率""总线""音频测量"等方面的设置。

7. 路径映射

该选项可以帮助用户进行"项目媒体位置"的设置。

> **技巧与提示**
>
> 要想正确地进行偏好设置与项目设置，用户还需对必要的视频编辑概念有所了解，以下是使用 DaVinci Resolve 18时经常用到的几个概念。
>
> 1. 视频分辨率
>
> 视频分辨率是指视频图像的像素数量，通常以宽度和高度的形式表示。例如，一个分辨率为1920像素×1080像素的视频意味着图像在水平方向上有1920个像素、在垂直方向上有1080个像素，而4K分辨率则意味着图像在水平方向上有3840个像素、在垂直方向上有2160个像素。常见的分辨率有标清分辨率（SD）、高清分辨率（HD）、UHD/4K分辨率和8K分辨率等。
>
> 2. 像素宽高比
>
> 像素宽高比是指在计算机图形学中用来描述像素的长宽比例。它表示一个像素的宽度与高度之间

的比例关系，通常以"宽度：高度"（或简写为"宽高比"）的形式表示。像素宽高比对于显示设备、摄像头、图像处理和视频制作等领域具有重要意义。常见的像素宽高比有4：3、16：9、1：1和21：9等。

3. 帧率

帧率是视频中图像连续播放的速度，单位为帧/秒，通常以每秒帧数（fps）来表示。它指的是每秒内连续播放的静态图像帧数，以确定视频的流畅度和动态感。帧率是视频领域中的一个关键概念，对视频的拍摄、编辑、播放以及计算机图形学都至关重要。常见的帧率有24fps、25fps、30fps、50fps、60fps和120fps等。

4. 视频格式

视频格式是指视频文件的编码方式和存储格式，用于将视频信号转换为数据并保存在计算机或其他数字设备中。视频格式包括视频编码方式、音频编码方式、容器格式等元素，影响着视频文件的压缩、质量、播放兼容性和大小。常见的视频格式有MP4、AVI、MKV和MOV等。

5. 代理媒体

代理媒体是指在视频编辑过程中用于替代原始高分辨率媒体的低分辨率或压缩版本。代理媒体通常用于提高编辑效率和流畅性，减轻处理高分辨率视频时的计算负担，并在编辑完成后重新连接到原始媒体进行最终输出。

案例 1-1 **启动并设置项目参数**

案例1-1

启动并设置
项目参数

步骤1：启动DaVinci Resolve 18，单击"项目管理器"面板右下角的"新建项目"按钮，如图1-38所示。

步骤2：在弹出的"新建项目"对话框中将项目命名为"案例1-1 参数设置"，然后单击对话框中的"创建"按钮，如图1-39所示。执行操作后，即可进入软件的工作界面，如图1-40所示。

步骤3：在菜单栏执行"DaVinci Resolve > 偏好设置"命令，如图1-41所示。执行命令后，弹出"偏好设置"对话框。

步骤4：先单击"偏好设置"对话框中的"用户"按钮，然后在左侧单击"项目保存和加载"选项，如图1-42所示。

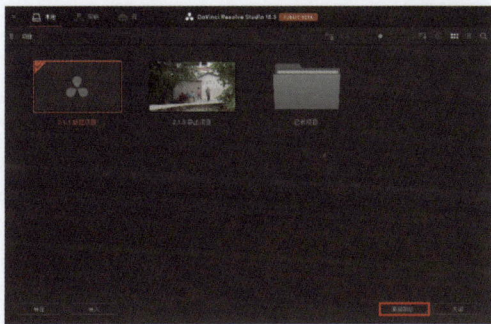

图1-38

图1-39

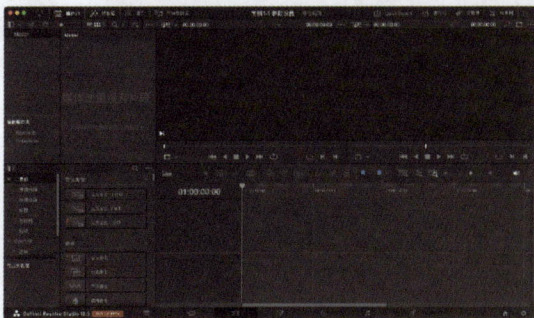

图1-40

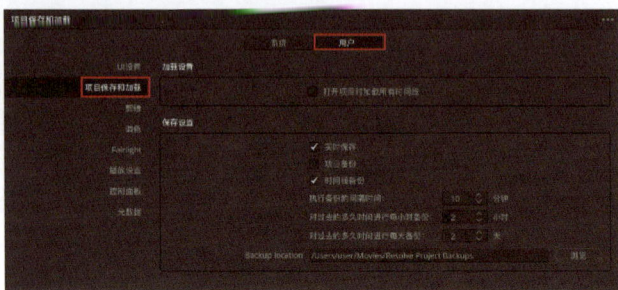

图1-41 图1-42

步骤5：在对话框右侧的"保存设置"中勾选"项目备份"复选框，将"执行备份的间隔时间"改为5分钟，如图1-43所示。

步骤6：单击"偏好设置"对话框右下角的"保存"按钮，如图1-44所示，完成偏好设置。

步骤7：在菜单栏执行"文件>项目设置"命令，如图1-45所示。执行命令后，弹出"项目设置"对话框。

图1-43 图1-44 图1-45

步骤8：在"项目设置"对话框左侧单击"主设置"选项，然后在对话框右侧单击"时间线帧率"的下拉按钮，将时间线帧率改为25，如图1-46所示。

步骤9：在"项目设置"对话框左侧单击"采集和播放"选项，然后在对话框右侧单击"视频采集和播放"的下拉按钮，将其更改为HD 1080PsF 25，如图1-47所示。

图1-46 图1-47

步骤10：单击"项目设置"对话框右下角的"保存"按钮，完成项目设置。

1.4 工作界面

DaVinci Resolve 18的工作界面直观、功能丰富且高度定制化，能够满足不同用户对视频编辑和后期制作的需求。图1-48所示为DaVinci Resolve 18的工作界面。

图1-48

下面将对DaVinci Resolve 18工作界面的各面板进行介绍。

1.4.1 "媒体池"面板

DaVinci Resolve 18的"媒体池"面板是项目管理的核心，提供了便捷而高效的媒体文件管理功能。用户可以轻松导入、组织和筛选视频、音频、图像等各类媒体资源，以便在编辑和后期制作过程中快速访问和应用。"媒体池"面板具有直观的界面，以及功能强大的搜索、排序和过滤工具，能够帮助用户轻松管理大量媒体文件，提高工作效率。无论是个人项目还是团队合作项目，"媒体池"面板都是组织和管理媒体资源的理想选择。

在"剪辑"步骤面板中，单击左上角的"媒体池"按钮，即可展开或隐藏"媒体池"面板，如图1-49所示。

在软件最下方的"步骤"面板中，单击"媒体"图标，可使工作界面切换至"媒体"步骤面板，该工作界面中也会出现"媒体池"面板，如图1-50所示。

图1-49

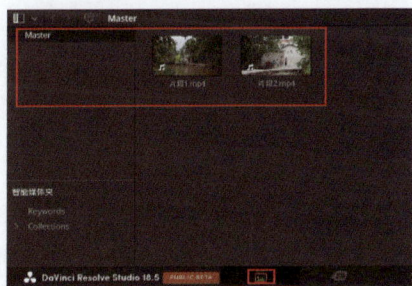

图1-50

以上不同工作界面中的"媒体池"面板是相同的，使用方法和性质也相同。

1.4.2 "效果"面板

DaVinci Resolve 18的"效果"面板是一个强大的资源库，提供了丰富的效果、转场和标题模板，为用户提供了无限创意的可能性。用户可以通过"效果"面板快速浏览、搜索和应用各种预设效果，从颜色校正和特效到转场和标题，覆盖视频制作和后期制作的各个方面。除了内置的效果库外，用户还可以方便地导入和管理自定义的效果，以满足不同项目的需求。"效果"面

图1-51

板的直观界面和灵活的组织结构使得用户可以轻松找到所需的效果，并将其应用到项目中，提高了编辑效率和制作质量。无论是创作个人作品还是专业项目，"效果"面板都是提升视频制作效果和提升创意表现力的必备工具，如图1-51所示。

1.4.3 "检视器"面板

DaVinci Resolve 18的"检视器"面板是一个关键的工作区，提供了对当前选定媒体和编辑效果的实时预览和调整功能。作为编辑过程中的核心之一，"检视器"面板允许用户即时查看并编辑视频、音频、图像等素材，还能观看应用的各种效果和调色效果。通过"检视器"面板，用户可以精确调整剪辑、颜色校正、特效和转场等，以及观察这些编辑动作对最终输出的影响。除了提供实时预览功能外，"检视器"面板还支持多个视图模式和工具，如放大、裁剪、比例调整等，使得用户可以在编辑过程中精细控制和调整。总之，"检视器"面板为用户提供了一个直观且功能丰富的工作环境，能够帮助用户实时观察和调整项目，从而实现最终制作目标。图1-52所示为"检视器"面板的双检视器模式。

在双检视器模式下，单击"检视器"面板右上角的"单检视器模式"按钮▢，可使"检视器"面板由双检视器模式切换为单检视器模式，如图1-53所示。

图1-52 图1-53

相反，在单检视器模式下，单击"检视器"面板右上角的"双检视器模式"按钮▢▢，可使"检视器"面板由单检视器模式切换为双检视器模式。

1.4.4 "时间线"面板

DaVinci Resolve 18的"时间线"面板是视频编辑过程中的剪辑工作区，用于排列、编辑和组织视频、音频和特效剪辑。用户可以在时间线上添加、删除和调整剪辑，应用转场、调色和音频效果。"时间线"面板支持多轨道编辑，使得用户可以同时处理多个媒体流，完成更复杂的视频编辑任务。通过直观的界面和强大的编辑工具，"时间线"面板能够帮助用户精确控制每一帧的内容和顺序，从而实现视频制作的目标。"时间线"面板如图1-54所示。

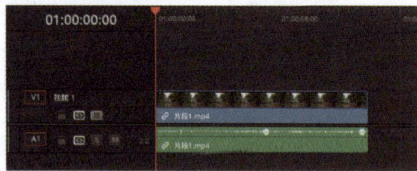

图1-54

1.4.5 "调音台"面板

DaVinci Resolve 18的"调音台"面板是专为音频剪辑和处理而设计的关键工作区。该面板提供了丰富的音频编辑工具和效果，使用户能够轻松进行音频剪辑、混音和音效处理。用户可以通过"调音台"面板对音频轨道进行调整，包括音量、音轨分离、音频效果等。此外，"调音台"面板还支持实时音频监控和波形显示，帮助用户更直观地了解音频剪辑和处理的效果。无论是对音频进行简单的剪辑修正还是复杂的音效处理，"调音台"面板都提供了强大而易用的工具，满足用户对音频质量和效果的需求，为视频制作项目增添更丰富的音频体验。

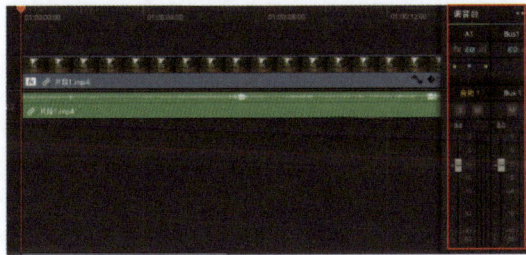

图1-55

在"剪辑"步骤面板中，单击右上角的"调音台"按钮，即可调出"调音台"面板，它位于"时间线"面板右侧，如图1-55所示。

1.4.6 "元数据"面板

DaVinci Resolve 18的"元数据"面板用于管理和查看媒体文件的元数据信息。元数据是描述媒体内容和属性的关键信息，包括但不限于拍摄信息、时间信息、技术规格、版权信息等。在编辑和后期制作过程中，"元数据"面板允许用户查看和编辑媒体文件的各种元数据，以便更好地组织和管理项目。此外，"元数据"面板还支持对元数据进行搜索、筛选和排序，帮助用户快速定位特定内容或属性。通过"元数据"面板，用户可以更全面地了解和管理项目中的媒体文件，从而提高工作效率并确保项目的顺利进行。

在"剪辑"步骤面板中，单击右上角的"元数据"按钮，即可调出"元数据"面板，它位于"时间线"面板左侧，如图1-56所示。

图1-56

1.4.7 "检查器"面板

DaVinci Resolve 18的"检查器"面板是一个重要的工作区，提供了对当前选定媒体和编辑效果的详细信息和控制功能。在编辑和后期制作过程中，用户可以通过"检查器"面板查看和调整视频、音频、图像等媒体的属性和参数，包括帧率、分辨率、色彩空间等。此外，"检查器"面板还提供了应用效果和调整的详细信息，如色彩校正、特效和音频效果等。通过"检查器"面板，用户可以精确地控制和调整媒体和效果的各项属性，以实现最终编辑目标。其直观的界面和丰富的功能使得用户能够更加高效地完成视频编辑和后期制作任务。

在"剪辑"步骤面板中，单击右上角的"检查器"按钮，即可调出"检查器"面板，如图1-57所示。

当用户为素材添加特效时，该特效也会反映在"检查器"面板中，如图1-58所示。

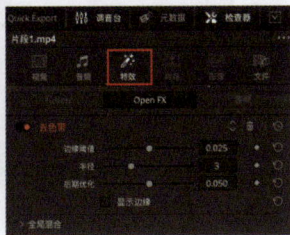

图1-57　　　　图1-58

1.4.8 "步骤"面板

DaVinci Resolve 18的"步骤"面板是一个特殊的工作区，提供了视频后期处理的各个环节和工作流程。通过"步骤"面板，用户可以按照编辑、调色、音频、特效等不同步骤，逐步完成视频制作过程中的各项任务。每个步骤都有专门的界面和工具，帮助用户集中精力处理特定的任务，如剪辑编辑、色彩校正、音频处理等。此外，"步骤"面板还提供了工作流程的指导和建议，使用户可以更系统地进行后期处理，确保最终的视频成品达到预期的效果和质量。"步骤"面板提供了一个清晰、有序的工作流程，能够帮助用户更高效地完成视频后期制作任务。

"步骤"面板位于软件界面的最下方，如图1-59所示。

图1-59

DaVinci Resolve 18共有7个步骤面板，分别如下。

1. "媒体"步骤面板

DaVinci Resolve 18的"媒体"步骤面板提供了直观的界面和功能，使用户可以轻松管理和组织项目中的所有媒体资源，包括视频、音频、图像等。通过"媒体"步骤面板，用户可以浏览、导入、筛选和整理媒体文件，以便在编辑过程中快速访问和应用。此外，"媒体"步骤面板还支持预览媒体文件、添加标记和元数据信息，为用户提供了一个便捷而高效的媒体管理工具，确保项目顺利进行。"媒体"步骤面板如图1-60所示。

2. "快编"步骤面板

DaVinci Resolve 18的"快编"步骤面板提供了简化和优化编辑过程的功能，使用户能够快速地完成初步编辑和剪辑任务。在"快编"步骤面板中，用户可以轻松浏览和筛选大量素材，快速选取关键片段，并进行基本的剪辑和排列。此外，"快编"步骤面板还支持快速应用预设转场和效果，以及进行基本的颜色校正，从而帮助用户迅速搭建初步编辑框架，为后续的详细编辑奠定基础。"快编"步骤面板为用户提供了一个高效的编辑工具，能够节省时间并提高工作效率。"快编"步骤面板如图1-61所示。

图1-60

图1-61

3. "剪辑"步骤面板

DaVinci Resolve 18的"剪辑"步骤面板是视频编辑工作流程的核心环节之一。"剪辑"步骤面板提供了全面而直观的剪辑工具，使用户能够轻松地剪辑、排列和调整视频片段。在"剪辑"步骤面板中，用户可以快速浏览素材库、选择关键片段，并进行剪切、分割和调整顺序。此外，"剪辑"步骤面板还支持添加转场效果、调整速度和进行基本的音频编辑，为用户提供了完整的剪辑功能。通过"剪辑"步骤面板，用户可以快速搭建视频的基本结构，为后续的调色、特效和音频处理奠定基础，从而高效完成视频编辑工作。"剪辑"步骤面板如图1-62所示。

4. "Fusion" 步骤面板

DaVinci Resolve 18的"Fusion"步骤面板是一个强大的特效和合成工具，为用户提供了广泛的视觉效果和创意可能性。在"Fusion"步骤面板中，用户可以利用节点式合成系统实现复杂的特效、动画和合成效果，从简单的图形元素到复杂的三维场景，应有尽有。此外，"Fusion"步骤面板还支持基于节点的动画、粒子系统、摄像机跟踪等高级特效功能，帮助用户实现想象中的各种视觉效果。通过"Fusion"步骤面板，用户可以将创意想法变为现实，并为视频项目增添独特的视觉魅力。"Fusion"步骤面板如图1-63所示。

图1-62

图1-63

5. "调色" 步骤面板

DaVinci Resolve 18的"调色"步骤面板是专业级别的色彩校正工具，为用户提供了丰富而强大的调色功能。在"调色"步骤面板中，用户可以对视频进行精细的色彩校正、色调调整和图像增强，以实现最佳的视觉效果。通过直观的界面和多种调色工具，用户可以调整色彩、对比度、曲线、色阶等参数，精准控制图像的外观和感觉。此外，"调色"步骤面板还支持实时预览和比较功能，帮助用户快速评估和比较不同的调色效果。无论是调整整体色调还是针对特定场景进行微调，"调色"步骤面板都为用户提供了完美的工具，助力用户创造出令人惊艳的视觉效果。"调色"步骤面板如图1-64所示。

图1-64

6. "Fairlight" 步骤面板

DaVinci Resolve 18的"Fairlight"步骤面板是专业音频编辑和混音工具。"Fairlight"步骤面板提供了全面的音频处理功能，包括音频剪辑、音频效果、混音、音频重定位和音频格式转换等。用户可以通过直观的界面和强大的工具，对音频轨道进行细致的调整和处理，确保音频在项目中达到最佳质量。"Fairlight"步骤面板还支持多轨道编辑和实时音频监控，帮助用户精确控制每一个音频细节。无论是电影、电视广告制作还是音乐制作，"Fairlight"步骤面板都能满足用户对音频处理的各种需求，为项目提供专业水准的音频效果。"Fairlight"步骤面板如图1-65所示。

7. "交付"步骤面板

DaVinci Resolve 18的"交付"步骤面板是最终输出和导出视频项目的关键环节。用户可以在此面板中设置视频输出格式、分辨率、帧率等参数，以及选择目标平台，如YouTube、Vimeo或电视广播等。此外，用户还可以对输出文件进行预设和自定义设置，确保输出满足不同平台和播放设备的要求。"交付"步骤面板提供了简单、直观的界面，使用户能够轻松完成最终输出，并确保视频项目以最佳质量呈现给观众。"交付"步骤面板如图1-66所示。

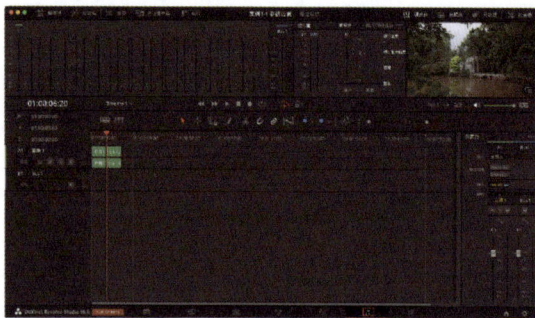

图1-65

图1-66

1.5　时间线与轨道设置

在 DaVinci Resolve 18中，时间线与轨道是视频编辑工作流程的核心区域，负责组织和排列所有的媒体片段。时间线不仅是项目的主编辑区域，更是管理剪辑、效果和音频的关键平台。在时间线中，用户可以灵活地排列视频和音频轨道，通过拖放、切割、修剪、添加转场和特效等多种方式，精确控制每个片段的呈现方式。多轨道允许用户同时处理多层内容，完成复杂的编辑任务。时间线与轨道的设计旨在提供直观而高效的编辑体验，使用户能够专注于创意表达和内容质量。无论是简单的剪辑任务还是复杂的多层特效处理，时间线与轨道都为用户提供了强大且灵活的编辑工具，以满足各种视频制作需求。

1.5.1　新建时间线

在 DaVinci Resolve 18中新建时间线是为了组织和管理项目的不同部分，从而使编辑过程更加有序和高效。通过新建多个时间线，用户可以分别处理不同的场景或片段，然后将它们整合到主时间线中，从而更方便地进行复杂项目的编辑和后期制作。下面是具体的操作步骤。

步骤1：进入"剪辑"步骤面板，在菜单栏执行"文件 > 新建时间线"命令，其快捷键为Ctrl+N（Windows版）或Command+N（macOS版），如图1-67所示。

步骤2：在弹出的"新建时间线"对话框中将其命名为"第1章 软件入门"，然后单击对话框右下角的"创建"按钮，如图1-68所示。

执行操作后，新的时间线即会出现在"时间线"面板中，如图1-69所示。

| 图1-67 | 图1-68 | 图1-69 |

此外，也可以在"媒体池"面板的空白区域单击鼠标右键，在弹出的快捷菜单的"时间线"子菜单中执行"新建时间线"命令，如图1-70所示。

> **技巧与提示**
>
> 当视频轨道和音频轨道不够用时，用户可以根据自己的需求添加新的轨道。
>
> 在V1或A1轨道的空白区域单击鼠标右键，在弹出的快捷菜单中执行"添加轨道"或"添加自定义轨道"命令，如图1-71所示，即可添加新的视频或音频轨道。

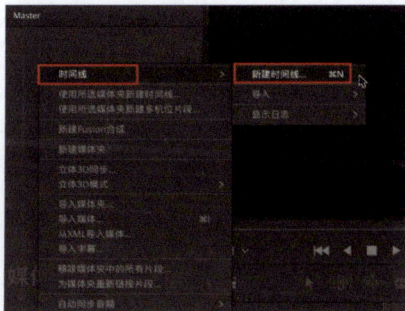

| 图1-70 | 图1-71 |

1.5.2　时间线视图显示

在DaVinci Resolve 18中，时间线的视图显示有多种样式，用户可以调整"时间线"面板的大小布局，还可以放大或缩小时间线视图，以便更清晰地查看和编辑。视图右上角有"放大/缩小"滑块和选项按钮，可调整轨道的高度和显示模式，从而更好地管理复杂的项目。关于时间线的视图显示，用户需要了解以下几点。

1. 调整"时间线"面板的大小布局

合理调整"时间线"面板的大小布局，可以为软件操作带来便利。下面是具体的操作步骤。

步骤1：打开项目文件"1.5.2 时间线视图显示.drp"，进入"剪辑"步骤面板。

步骤2：将鼠标指针移至"时间线"面板和工具栏之间，鼠标指针会变为上下双向箭头状态 ✥，如图1-72所示。

步骤3：在上下双向箭头状态下，向上拖曳，"时间线"面板的布局会向上拓展；向下拖曳，"时间线"面板的布局会向下压缩。

步骤4：将鼠标指针移至"时间线"面板和"媒体池"面板之间，鼠标指针会变为左右双向箭头状态 ✥，如图1-73所示。

步骤5：在左右双向箭头状态下，向左拖曳，"时间线"面板的布局会向左拓宽；向右拖曳，"时间线"面板的布局会向右变窄。

图1-72 图1-73

2. 时间线缩放工具

在DaVinci Resolve 18中，时间线缩放工具允许用户调整时间线视图的缩放级别。用户可以使用"放大/缩小"滑块、快捷键或鼠标滚轮来实现这一功能。这些工具帮助用户在详细查看特定剪辑和全局概览整个项目之间快速切换，提高了编辑的灵活性和效率。时间线缩放工具位于"时间线"面板上方，如图1-74所示。

（1）全览缩放

全览缩放功能允许用户快速查看整个时间线上的所有素材。单击"全览缩放"按钮，时间线会自动缩放，确保所有剪辑在当前视图中可见。这对于检查项目整体结构和快速导航非常有用，有助于提高编辑效率。

（2）细节缩放

细节缩放功能允许用户放大时间线的特定部分，以便精确编辑和调整剪辑。通过使用快捷键或在时间线上滚动鼠标滚轮，用户可以放大视图以查看更细微的细节。这对于进行帧级别的编辑和微调音频波形非常有用，有助于提高编辑的精确度和细节处理能力。

（3）自定缩放

自定缩放功能允许用户根据自己的需求自定义时间线视图的缩放级别。通过拖动缩放滑块或使用快捷键，用户可以自由调整时间线的放大和缩小程度，以便更好地管理和编辑项目。此功能提供了灵活性，使用户能够在全局视图和细节视图之间快速切换，提高工作效率。

（4）"放大/缩小"滑块

用户可以通过拖动"放大/缩小"滑块来调整时间线的缩放级别，从而更详细地查看剪辑或获得整体概览。

3. 时间线显示选项

单击"时间线"面板左上方的"时间线显示选项"按钮，如图1-75所示，可弹出"时间线显示"菜单，通过该菜单可以调整时间线显示、视频显示、音频显示，以及轨道高度，如图1-76所示。

图1-74 图1-75 图1-76

（1）时间线显示选项

堆放时间线 ：该功能允许用户在单个视图中垂直堆叠多个时间线，方便在复杂项目中快速切换和比较不同的编辑版本。

字幕轨道 ：该功能允许用户在时间线上添加、编辑和管理字幕，方便进行字幕同步和调整，提升字幕编辑效率。

音频波形 ：该功能可显示剪辑中的音频波形，使用户能够更直观地编辑音频内容。

（2）视频显示选项

胶片条带视图 ：该视图模式可将时间线上的剪辑以胶片条带的形式呈现，方便用户快速浏览和选择所需的素材。

缩略图视图 ：该视图模式允许用户以缩略图的形式快速浏览整个时间线，便于快速定位和导航到特定的剪辑位置。

简单视图 ：该视图模式提供了清晰、简洁的时间线展示，隐藏了复杂的波形和效果，使用户能够更专注于基本剪辑和结构。

（3）音频显示选项

未修正的波形 ：该波形模式可显示未应用任何音频效果或调整的原始波形，提供更准确的音频编辑和处理。

完整波形 ：该波形模式会在时间线上显示每个音频剪辑的完整波形，使用户能够更清晰地查看和编辑音频内容。

波形边框 ：该功能允许用户为音频波形添加边框，以增强其可视化效果，并清晰地区分不同的音频剪辑。

1.5.3　禁用与启用轨道

在DaVinci Resolve 18中，用户可以通过单击轨道上的相应图标来禁用或启用轨道。这个功能对于临时隐藏或临时移除特定素材非常有用，使用户能够更好地控制最终的编辑结果。下面是具体的操作步骤。

步骤1：打开项目文件"1.5.3 禁用与启用轨道.drp"，进入"剪辑"步骤面板。

步骤2：单击V1轨道上的"禁用视频轨道"按钮 ，如图1-77所示。

执行操作后，该按钮会自动变为"启用视频轨道"模式 ，对应的轨道素材视图则会呈现灰色禁用状态，如图1-78所示。

步骤3：单击V1轨道上的"启用视频轨道"按钮 ，该轨道就会被重新启用，对应的轨道素材视图也会恢复为原状。

图1-77　　　　　　　　　　　　　　　　　　图1-78

1.5.4　更改轨道颜色

在DaVinci Resolve 18中，更改轨道的显示颜色非常简单。该功能可使用户根据自己的喜好或项目需求，为每个轨道分配不同的颜色，提高了组织和识别剪辑的便利性。下面是具体的操作步骤。

步骤1：打开一个项目文件，进入"剪辑"步骤面板。

步骤2：在V1轨道的空白区域单击鼠标右键，在弹出的快捷菜单中执行"更改轨道颜色"命令，如图1-79所示。

步骤3：在"更改轨道颜色"的子菜单中选择一个心仪的颜色，比如，这里选择"黄色"，如图1-80所示。

执行该操作后，V1轨道视图即会呈现黄色，如图1-81所示。

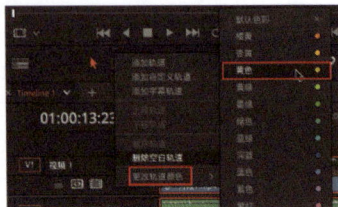

| 图1-79 | 图1-80 | 图1-81 |

1.5.5 修改轨道名称

在DaVinci Resolve 18中，修改轨道名称有助于更好地组织和管理项目。通过为每个轨道分配描述性名称，用户可以更轻松地识别和定位特定内容。下面是具体的操作步骤。

步骤1：打开一个项目文件，进入"剪辑"步骤面板。

步骤2：单击V1轨道名称"视频1"，使该名称进入可编辑状态，如图1-82所示。

步骤3：直接在可编辑状态的标题栏中输入新的名称，例如"new video"，输入结束后按Enter键即可使新名称用于该轨道，如图1-83所示。

| 图1-82 | 图1-83 |

1.5.6 移动与删除轨道

在DaVinci Resolve 18中，移动轨道可重新排列剪辑顺序，提高项目的组织性；删除轨道则可移除不必要的内容，简化时间线，优化工作流程。下面是具体的操作步骤。

步骤1：打开项目文件"1.5.6 移动与删除轨道.drp"，进入"剪辑"步骤面板，该项目的"时间线"面板中已有3个视频轨道和3个音频轨道，此时，"片段3.mp4"文件在V2轨道上，而"片段1.mp4"和"片段2.mp4"文件在V1轨道上，如图1-84所示。

步骤2：在V1轨道"视频1"右侧的空白区域单击鼠标右键，在弹出的快捷菜单中执行"下移轨道"命令，如图1-85所示。

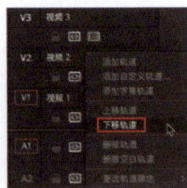

| 图1-84 | 图1-85 |

执行命令后，"片段3.mp4"文件被下移至V1轨道，而"片段1.mp4"和"片段2.mp4"文件被上移至V2轨道，也就是说原本V2轨道的视频内容被下移至V1轨道，而原本V1轨道的视频内容被上移至V2轨道，如图1-86所示。

步骤3：在A2轨道的空白区域单击鼠标右键，在弹出的快捷菜单中执行"删除轨道"命令，如图1-87所示。

执行命令后，原本的A2轨道被删除，其中的音频内容也被清除掉，而原本的A3轨道则被自动上移至A2轨道区域，如图1-88所示。

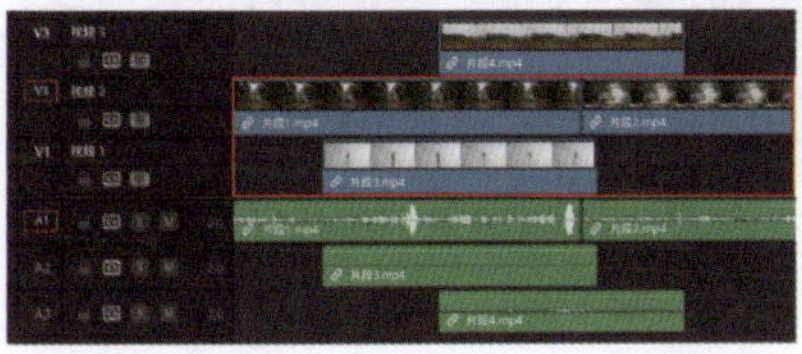

图1-86 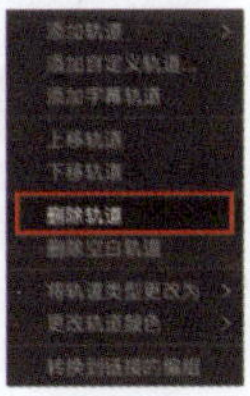　　　　　　　　　图1-87 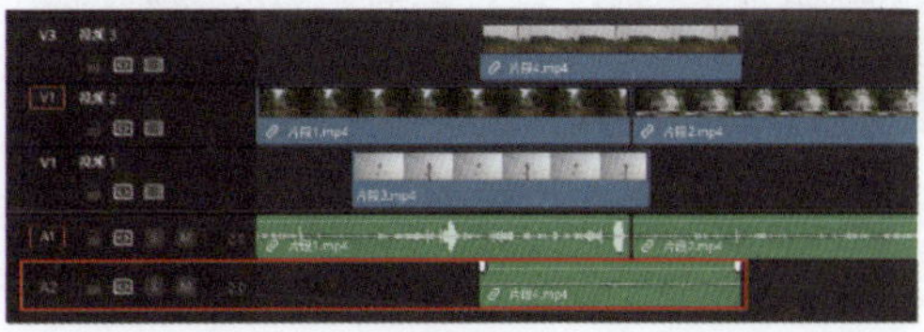　　　　　　　　　　图1-88

1.6　课堂案例：设置个性化时间线

文件位置	CH01>项目文件>设置个性化时间线.drp
素材位置	CH01>素材文件
技术掌握	时间线和轨道的个性化设置

课堂案例
设置个性化时间线

本案例的最终效果如图1-89所示。

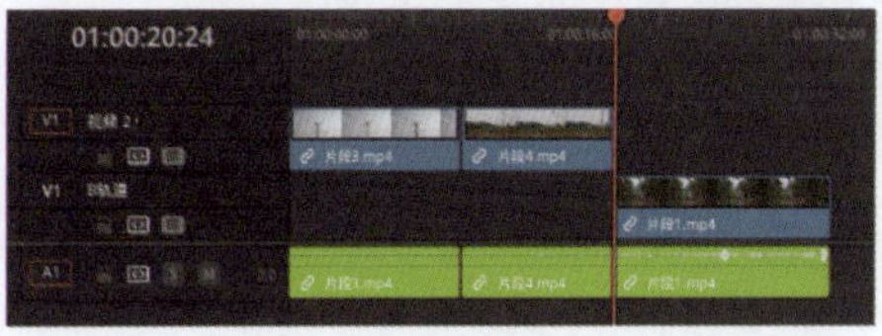

步骤1：打开项目文件"设置个性化时间线.drp"，进入"剪辑"步骤面板。进入软件后，工作界面如图1-90所示。

步骤2：在V1轨道"视频1"右侧的空白区域单击鼠标右键，在弹出的快捷菜单中执行"添加轨道"命令，如图1-91所示。

图1-89

步骤3：执行命令后，新添加的V2轨道出现在V1轨道上方。在"媒体池"面板选中"片段1.mp4"文件，将其拖曳至"时间线"面板的V2轨道上，使其左侧与"片段4.mp4"的右侧对齐，如图1-92所示。

图1-90 　　　　　　　　　图1-91 　　　　　　　　　　图1-92

步骤4：在A1轨道的空白区域单击鼠标右键，在弹出的快捷菜单中执行"更改轨道颜色"命令，在其子菜单中选择"黄绿"，如图1-93所示。

执行操作后，A1轨道上的音频片段都被显示为黄绿色，如图1-94所示。

图1-93

图1-94

步骤5：单击V2轨道名称"视频2"，进入可编辑状态，将其重命名为"B轨道"，如图1-95所示。

步骤6：在V1轨道"视频1"右侧的空白区域单击鼠标右键，在弹出的快捷菜单中执行"上移轨道"命令，如图1-96所示。

执行命令后，"视频1"被上移至V2轨道，并自动重命名为"视频2"，如图1-97所示。

图1-95

图1-96

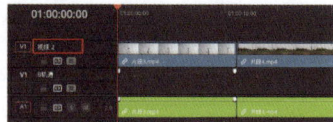

图1-97

至此，本案例就完成了。

1.7 本章小结

本章深入探讨了项目设置、参数设置、工作界面以及时间线与轨道设置等。

项目设置部分介绍了如何创建和管理新项目，包括选择项目的分辨率、帧率等基本属性，为后续编辑奠定了基础。

参数设置部分介绍了通过自定义首选项和系统设置，用户可以优化软件性能，以适应不同的硬件配置和工作需求。

工作界面部分详细剖析了DaVinci Resolve 18的界面布局。用户将了解各个面板的功能，以便能够高效导航和使用软件的多种工具。此外，还介绍了如何自定义界面布局，以便更好地满足个人工作习惯和项目需求。

时间线与轨道设置部分聚焦于如何有效管理时间线，包括添加、删除、移动轨道以及调整轨道高度和轨道颜色等技巧。这些操作有助于用户在复杂项目中保持条理，提升编辑效率。

通过掌握这些知识，用户能够更自信地使用DaVinci Resolve 18，为后续的高级操作打下坚实的基础。

知识拓展　不同软件的时间线面板对比

在视频编辑领域，不同软件的时间线面板有各自独特的设计和功能。了解这些差异和共性，有助于用户更高效地使用这些工具，并在项目需求变化时能够灵活切换。

1. DaVinci Resolve

DaVinci Resolve的时间线面板以其强大的功能和灵活性著称。用户可以在一个项目中创建多个时间线，每个时间线可以拥有不同的分辨率和帧率设置，这是其他软件少见的功能。时间线的显示选项允许用户调整轨道高度、放大/缩小时间线视图，并自定义轨道颜色。其先进的多轨道编辑功能和节点式调色系统无缝集成，使编辑和调色过程更加高效。此外，DaVinci Resolve提供了丰富的快捷键和鼠标操作，用户可以快速进行剪辑、修剪和特效处理。

2. Adobe Premiere Pro

Adobe Premiere Pro（简称Premiere Pro）的时间线面板也非常强大，特别适合视频编辑和处理复杂项目。Premiere Pro的时间线支持无限数量的音频和视频轨道，允许用户自由地堆叠和排列素材。其标志性功能之一是嵌套序列，用户可以将多个时间线嵌套在一起，简化复杂项目的管理。Premiere Pro的时间线还支持高级的多机位编辑功能，方便同时处理多角度拍摄的视频。Premiere Pro的时间线显示选项同样丰富，可以调整轨道高度、启用或禁用轨道，以及使用颜色标签来标记不同类型的素材。

3. Adobe After Effects

虽然Adobe After Effects（简称After Effects）主要用于视觉特效和动画制作，但它的时间线面板也具有独特的特点。与Premiere Pro和DaVinci Resolve不同，After Effects的时间线基于图层而非轨道，每个图层可以包含一个素材或特效。在时间线面板中，用户可以精确调整关键帧、特效参数和动画曲线，使之成为实现复杂动画和视觉效果的理想工具。After Effects的时间线还支持预合成，类似于Premiere Pro的嵌套序列，方便管理复杂的特效和动画项目。

4. Final Cut Pro

Final Cut Pro的时间线面板以磁性时间线（Magnetic Timeline）功能闻名。这种设计简化了剪辑过程，当用户移动剪辑时，其他剪辑会自动贴合，避免出现空白间隙。Final Cut Pro还支持片段连接（Clip Connections）和复合片段（Compound Clips），用户可以将多个剪辑组合在一起，便于统一处理和移动。Final Cut Pro的时间线面板中可以自由调整轨道的高度和排列方式，并使用颜色标签来组织和区分不同类型的素材。Final Cut Pro的多机位编辑功能和高效的媒体管理系统也使其在处理大型项目时表现出色。

综合来看，这些软件的时间线面板各有特色，针对不同的编辑需求和工作流程提供了独特的解决方案。DaVinci Resolve以其强大的调色和多时间线管理能力脱颖而出；Premiere Pro以其丰富的编辑功能和嵌套序列管理著称；After Effects则在动画和特效制作方面无可匹敌；Final Cut Pro的磁性时间线和便捷的片段连接功能为用户提供了高效的剪辑体验。

了解这些时间线面板的特点和功能，不仅能帮助用户选择适合自己项目的软件，还能在不同软件之间切换时快速适应，提高工作效率和创作质量。

1.8 课后练习：删除并修改时间线上的轨道

文件位置	CH01>项目文件>删除并修改时间线上的轨道.drp
素材位置	CH01>素材文件
技术掌握	删除时间线上的轨道，修改时间线上的轨道

课后练习

删除并修改时间
线上的轨道

参考思路

（1）启动软件，打开项目文件。

（2）选中并删除不需要的时间线上的轨道。

（3）对必要的轨道执行重命名操作。

（4）对必要的轨道执行更改颜色操作。

第 2 章

素材编辑：基本操作

用户可以将不同类别的素材导入 DaVinci Resolve 18，并对素材进行编辑。本章主要介绍导入素材、编辑素材等基本操作，让用户对 DaVinci Resolve 18 的编辑功能有初步的了解，从而更好地了解 DaVinci Resolve 18。

学习重点

◎ 复制素材
◎ 插入素材
◎ 分离素材
◎ 链接素材
◎ 修剪编辑素材
◎ 动态修剪素材

2.1 导入与编辑素材

图2-1

在菜单栏执行"文件 > 导入 > 媒体"命令，如图2-1所示，可将视频、音频、图像等不同格式的文件导入"媒体池"面板。

导入素材后，用户需要对素材进行编辑。除了要学会播放素材、复制素材、插入素材等基本操作，还应掌握分割素材、替换素材、标记素材、分离素材、链接素材等编辑技巧。在对素材进行调整时，修剪编辑模式和动态修剪模式是常用的编辑模式。

2.1.1 复制素材

在DaVinci Resolve 18中，选中素材后，单击"检视器"面板下方的"播放"按钮▶可以播放预览素材。如果要多次使用同一个素材，可以对该素材执行"复制"操作。下面是具体的操作步骤。

步骤1：新建项目，将项目命名为"复制素材"，进入DaVinci Resolve 18的"剪辑"步骤面板。

步骤2：在"媒体池"面板中导入素材"乒乓球台.mp4"，并将其拖曳至"时间线"面板。

步骤3：在"时间线"面板中选中素材"乒乓球台.mp4"，如图2-2所示。

步骤4：在菜单栏执行"编辑 > 复制"命令，如图2-3所示。

步骤5：在"时间线"面板中，将时间指示器移至需要粘贴此素材的地方，如图2-4所示。

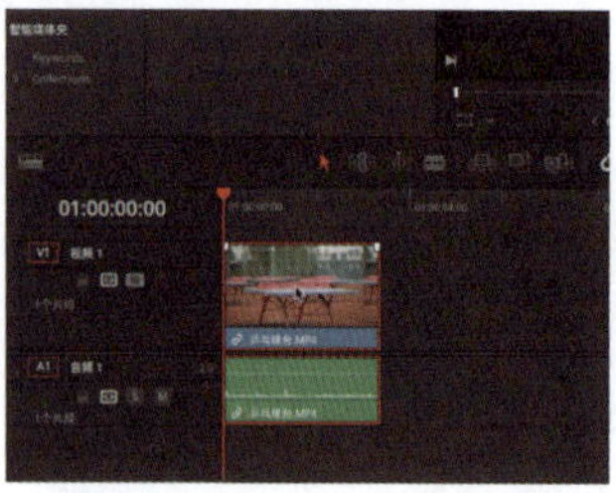

图2-2

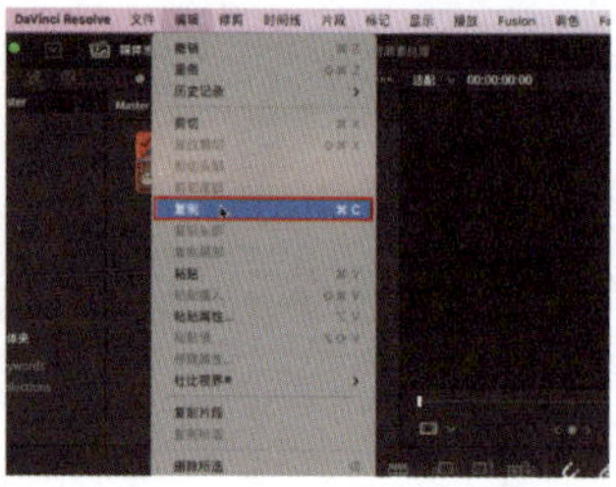

图2-3

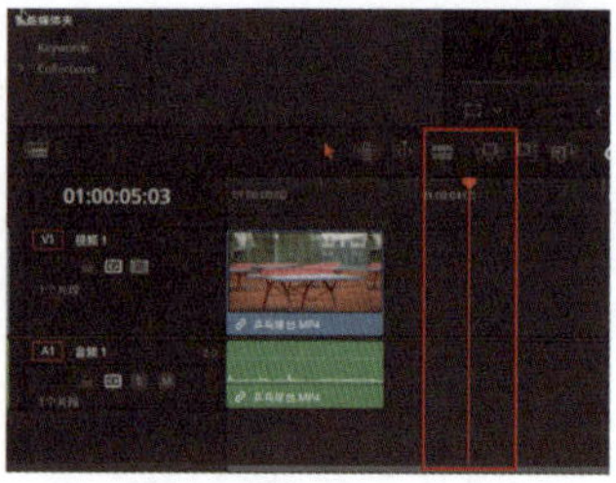

图2-4

步骤6：在菜单栏执行"编辑 > 粘贴"命令，素材"乒乓球台.mp4"就被粘贴到时间指示器所在的地方，如图2-5和图2-6所示。

图2-5

图2-6

技巧与提示

以下方法也可以实现对素材的复制。

方法1：使用快捷键。复制快捷键为Ctrl+C（Windows版）/Command+C（macOS版），粘贴

快捷键为Ctrl+V（Windows版）/Command+V（macOS版）。

　　方法2：使用快捷菜单。在"时间线"面板中选中素材，单击鼠标右键，在弹出的快捷菜单中执行"复制"命令。将时间指示器移至需要粘贴素材的地方，在"时间线"面板的空白处单击鼠标右键，在弹出的快捷菜单中执行"粘贴"命令。

2.1.2　插入素材

　　在DaVinci Resolve 18中，用户可以在"时间线"面板的某段素材中插入新的素材，以增强剪辑内容的丰富性。下面是具体的操作步骤。

　　步骤1：新建项目，将项目命名为"插入素材"，进入DaVinci Resolve 18的"剪辑"步骤面板。

　　步骤2：在"媒体池"面板中导入素材"黑天鹅1.mp4"和"黑天鹅2.mp4"，如图2-7所示。

　　步骤3：选中素材"黑天鹅2.mp4"，将其拖曳至"时间线"面板，将时间指示器移至01:00:03:00处，如图2-8所示。

图2-7　　　　　　　　　　　　　　　　　　图2-8

　　步骤4：在"媒体池"面板中选中素材"黑天鹅1.mp4"，单击"时间线"面板工具栏中的"插入片段"按钮，如图2-9所示。

　　步骤5：在"时间线"面板中，可以看到素材"黑天鹅1.mp4"被插入01:00:03:00处，如图2-10所示。

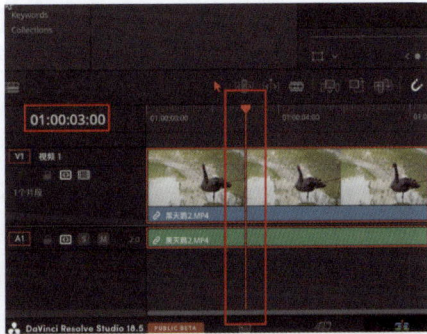

图2-9　　　　　　　　　　　　　　图2-10

技巧与提示

　　在菜单栏执行"编辑>插入"命令也可以实现插入素材的操作。插入素材的快捷键为F9。

　　此外，除了可以在"时间线"面板的某段素材中插入新的素材，还可以在其中覆盖新的素材。在菜单栏执行"编辑>覆盖"命令，或单击"时间线"面板工具栏中的"覆盖片段"按钮，都可以实现覆盖素材的操作。覆盖素材的快捷键为F10。

2.1.3 分割素材

在DaVinci Resolve 18中，用"时间线"面板工具栏中的刀片工具，就可以将素材分割为多个片段。下面是具体的操作步骤。

步骤1：打开2.1.2节中的项目文件，进入DaVinci Resolve 18的"剪辑"步骤面板。

步骤2：在"时间线"面板的工具栏中单击"刀片编辑模式"按钮，该按钮会变为红色。在"时间线"面板中移动鼠标指针时，鼠标指针会变成刀片工具形状，如图2-11所示。

步骤3：在素材"黑天鹅1.mp4"的不同时间点上单击，可以看到"时间线"面板上的素材"黑天鹅1.mp4"被分割成若干片段，如图2-12所示。

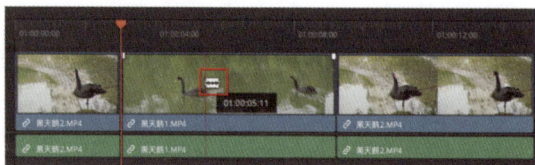

图2-11

图2-12

步骤4：在"时间线"面板的工具栏中单击"选择模式"按钮，切换为选择工具。在"时间线"面板中选中第二段"黑天鹅1.mp4"片段，如图2-13所示。

步骤5：在菜单栏执行"编辑 > 删除所选"命令（快捷键为Delete），即可删除该片段，如图2-14所示。

图2-13

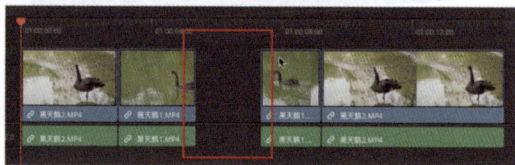

图2-14

2.1.4 替换素材

在DaVinci Resolve 18的"剪辑"步骤面板中编辑素材时，如果对已有的素材不满意，或需要更改某些素材画面，用户可以直接对素材进行替换操作。下面是具体的操作步骤。

步骤1：打开"替换素材"项目文件，进入"剪辑"步骤面板，如图2-15所示。

步骤2：在"时间线"面板中将时间指示器移至"天空.jpg"的入点处，如图2-16所示，如果觉得这张图片风格与剪辑整体不搭，可以将它替换掉。

图2-15

图2-16

步骤3：在"媒体池"面板中选中"草原.jpg"，如图2-17所示。

步骤4：在"时间线"面板的工具栏中单击"替换片段"按钮，如图2-18所示。执行操作后，"草原.jpg"就被替换至时间指示器所在的位置，如图2-19所示。在菜单栏执行"编辑 > 替换"命令也可以实现替换素材的操作，快捷键为F11。

图2-17

图2-18

步骤5：单击"检视器"面板下方的"播放"按钮▶即可观看素材被替换后的效果，如图2-20所示。

图2-19 　　　　　　　　　　　　　　　图2-20

案例 2-1　夕阳无限好

文件位置	CH02>项目文件>夕阳无限好.drp
素材位置	CH02>素材文件>夕阳无限好
技术掌握	插入素材、覆盖素材、复制素材

案例2-1

夕阳无限好

本案例的最终效果如图2-21所示。

步骤1：启动软件，新建项目，将项目命名为"夕阳无限好"。

步骤2：在菜单栏执行"文件 > 导入 > 媒体"命令，在弹出的"导入媒体"对话框中选择需要导入的素材，单击右下角的"打开"按钮，如图2-22所示。

图2-21 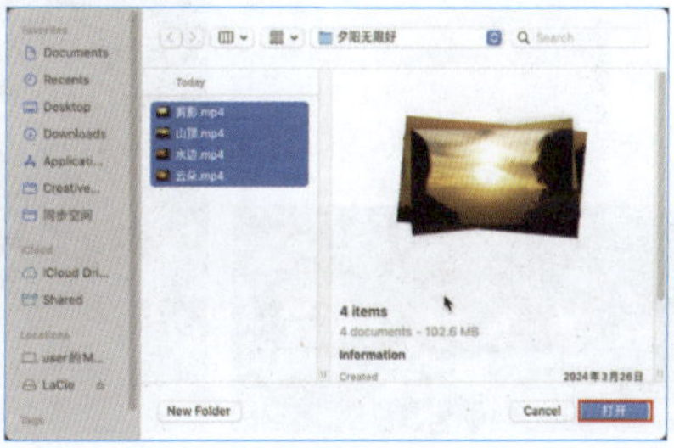　　　　　　　　　　　　　　　图2-22

步骤3：在"媒体池"面板中选中"水边.mp4"，将其拖曳至"时间线"面板最左端，如图2-23所示。

步骤4：将时间指示器移至01:00:02:00处，在"媒体池"面板中选中"云朵.mp4"，单击工具栏中的"插入片段"按钮，如图2-24所示。操作完成后，在"时间线"面板中可以看到"云朵.mp4"被插入01:00:02:00处，如图2-25所示。

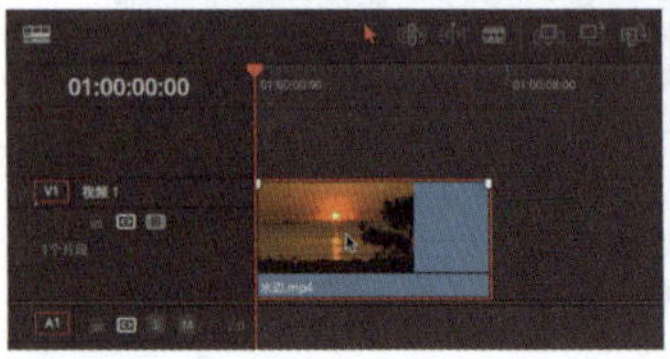

图2-23 　　　　　　　图2-24 　　　　　　　图2-25

步骤5：在"媒体池"面板的"山顶.mp4"素材上滑移，当"检视器"面板右侧的时间码为00:00:03:00时，按快捷键O，为"山顶.mp4"素材标记出点，如图2-26所示。此时，"媒体池"面板的"山顶.mp4"素材的00:00:03:00处显示出一条表示出点的浅白色竖线，如图2-27所示。

步骤6：将时间指示器移至01:00:05:00处，单击工具栏中的"覆盖片段"按钮，如图2-28所示。操作完成后，"时间线"面板上01:00:05:00至01:00:08:00之间的内容会被"山顶.mp4"出点之前的内容覆盖，如图2-29所示。

图2-26 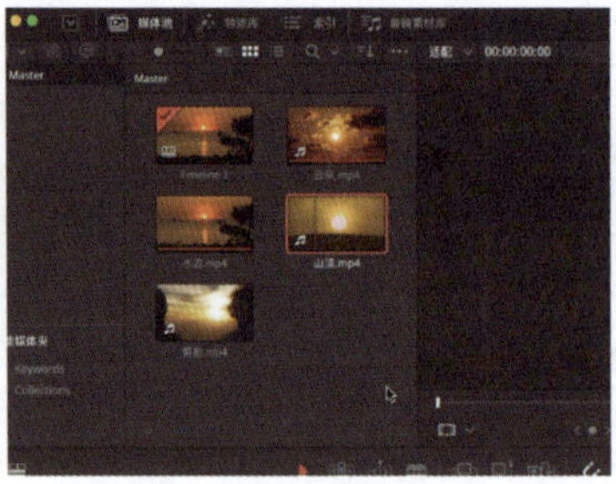　　　　　　　图2-27 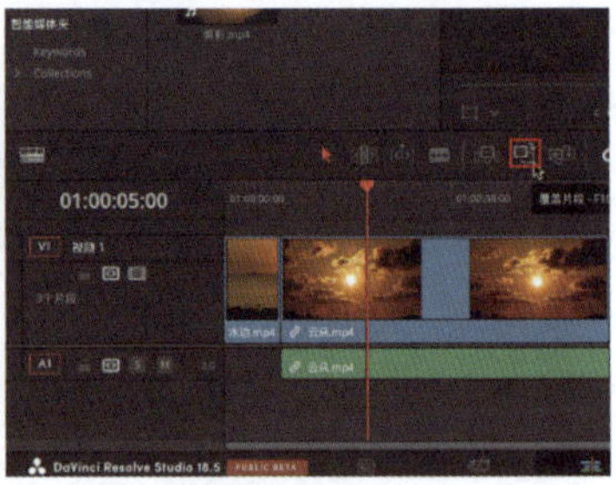　　　　　　　图2-28

步骤7：在"时间线"面板中，同时选中右侧的"云朵.mp4"和"水边.mp4"，并在这两段素材缩略图的任意位置单击鼠标右键，弹出快捷菜单，执行"删除所选"命令，如图2-30所示。

步骤8：在"媒体池"面板中选中"剪影.mp4"素材，将其拖曳至时间线上"山顶.mp4"的右侧相邻处，如图2-31所示。

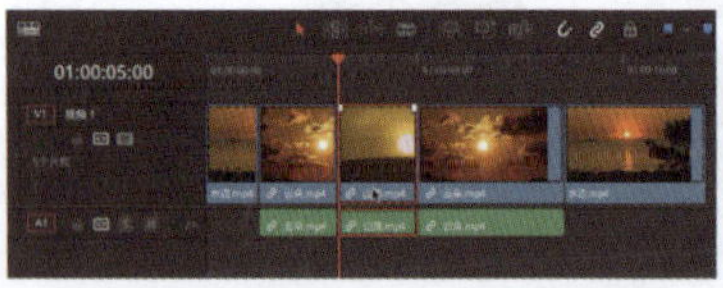

图2-29　　　　　　　图2-30　　　　　　　图2-31

　　步骤9：在"时间线"面板中选中最左端的"水边.mp4"素材，然后在菜单栏执行"编辑 >复制"命令，如图2-32所示。

　　步骤10：在"时间线"面板中，将时间指示器移至"剪影.mp4"素材的最右侧，如图2-33所示。

　　步骤11：在菜单栏执行"编辑 > 粘贴"命令，即可看到"水边.mp4"素材被粘贴至时间指示器所在的位置，如图2-34所示。

图2-32　　　　　　　　　　图2-33　　　　　　　　　　　　　　图2-34

　　至此，本案例就完成了。

2.1.5　标记素材

图2-35

　　在DaVinci Resolve 18的"快编"步骤面板和"剪辑"步骤面板中，对素材进行标记主要是为了标识、记录某个画面，从而能够更方便地定位到需要特别注意的瞬间。用户不仅可以为素材添加若干标记，还能在标记之间进行跳转。下面是具体的操作步骤。

　　步骤1：打开"标记素材"项目文件，进入"剪辑"步骤面板。

　　步骤2：将时间指示器移至01:00:01:00处，如图2-35所示。

　　步骤3：在"时间线"面板的工具栏中单击"标记"按钮█，01:00:01:00处会出现一个蓝色标记，如图2-36所示。

　　步骤4：用同样的方法在01:00:02:08和01:00:03:10处也添加标记，如图2-37所示。

图2-36　　　　　　　　　　　　　　图2-37

　　步骤5：在"时间线"面板中将时间指示器移至第一个标记，"检视器"面板左侧会显示标记时间点及标记名称，如图2-38所示。

　　步骤6：将时间指示器移至标记1和标记2之间，在"时间线"面板素材上方的空白处单击鼠标右键，弹出的快捷菜单中包括"移除所有标记""跳到下一个标记""跳到上一个标记"命令，如图2-39所示。执行"跳到下一个标记"命令，时间指示器会跳转至标记2；执行"跳到上一个标记"命令，时间指示器会跳转至标记1。如果不再需要标记，执行"移除所有标记"命令即可将所有标记清除。

技巧与提示

　　在DaVinci Resolve 18中，标记的颜色是丰富多样的，蓝色是标记的默认颜色。用户可以根据自己的偏好，自行设定标记颜色。在"时间线"面板上方的工具栏中，单击"标记"右边的 ▼ 按钮，在弹出的下拉菜单中，用户可以自行选择钟爱的颜色，如图2-40所示。

图2-38　　　　　　　　　　　　　图2-39　　　　　　　　　　　　　图2-40

2.1.6　分离素材

　　在DaVinci Resolve 18中，将"媒体池"面板的视频与音频素材拖曳至"时间线"面板时，默认情况下，同一素材的视频轨道和音频轨道是连接在一起的。当用户需要单独对同一素材的视频轨道或音频轨道进行编辑时，就必须让视频轨道和音频轨道分离开。下面是具体的操作步骤。

　　步骤1：打开"分离素材"项目文件，进入"剪辑"步骤面板。

　　步骤2：在"时间线"面板中观察或移动"飞机.mov"素材时，会发现素材的视频轨道和音频轨道的最前端都有一个表示链接关系的 🔗 图标，如图2-41所示。

　　步骤3：选中"时间线"面板中的"飞机.mov"素材，单击鼠标右键，在弹出的快捷菜单中执行"链接片段"命令，如图2-42所示。

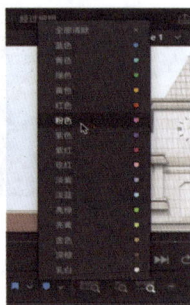

图2-41　　　　　　　　　　　　　　　　　　图2-42

　　步骤4：操作完成后，"飞机.mov"素材的视频轨道和音频轨道被分离开，两个轨道最前端的 🔗 图标也会消失，如图2-43所示。

　　步骤5：在"时间线"面板中选中"视频1"轨道中的画面，将其拖曳至时间指示器处，可以看到"飞机.mov"的视频轨道和音频轨道已经被分离开，如图2-44所示。

图2-43 　　　　　　　　　　　　　　　图2-44

技巧与提示

在DaVinci Resolve 18中，同一素材的视频轨道和音频轨道被分离后，框选被分离的视频轨道和音频轨道，在框选部分的任意位置单击鼠标右键，在弹出的快捷菜单中执行"链接片段"命令，即可将视频轨道和音频轨道重新链接。

2.1.7　链接素材

在DaVinci Resolve 18中，当素材位置发生变化或素材执行了"取消链接所选片段"命令时，"检视器"面板中会出现"离线媒体"警示文字，如图2-45所示。如果想继续正常剪辑，需要将离线的素材重新链接。下面是具体的操作步骤。

步骤1：打开"链接素材"项目文件，进入"剪辑"步骤面板。

步骤2：在"媒体池"面板中选中离线的素材文件"飞机.mov"，如图2-46所示。

步骤3：右键单击"飞机.mov"素材，在弹出的快捷菜单中执行"重新链接所选片段"命令，如图2-47所示。

图2-45 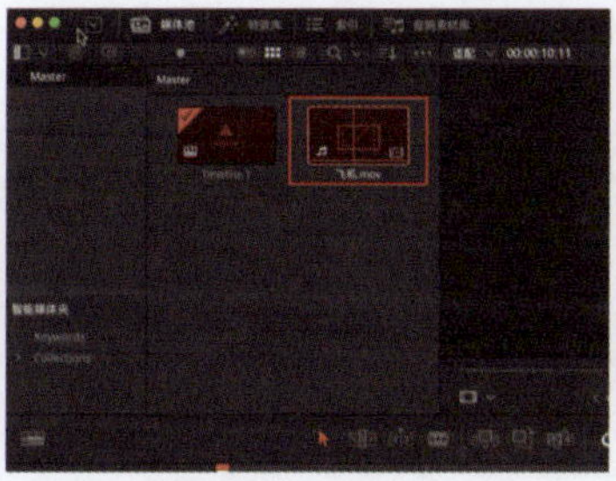　　　　　　　　图2-46 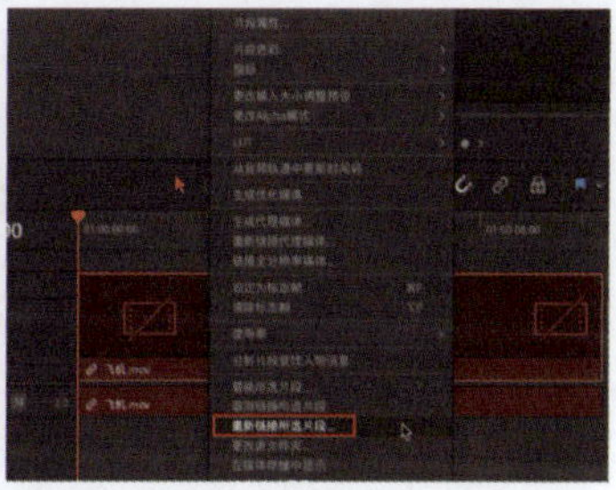　　　　　　　　图2-47

步骤4：在弹出的对话框中选择离线素材所在的文件夹，单击"Open"按钮，如图2-48所示。

操作完成后，可以看到"媒体池"面板和"时间线"面板中的"飞机.mov"素材被自动链接，如图2-49所示。

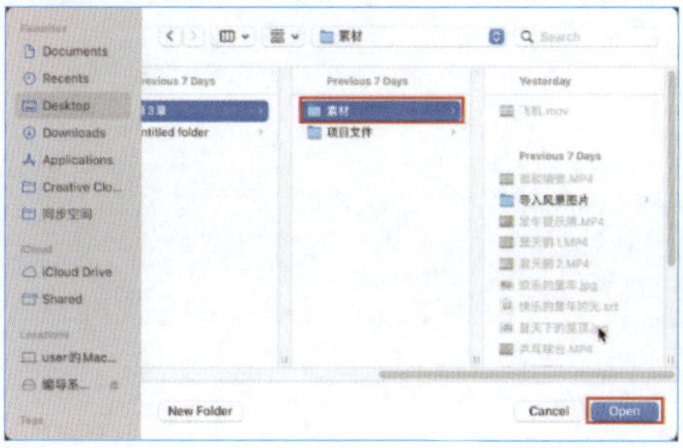

图2-48 　　　　　　　　　　　　　　　图2-49

2.1.8 选择模式

在DaVinci Resolve 18中，用"时间线"面板工具栏中的选择工具 可以修剪素材的时长。下面是具体的操作步骤。

步骤1：打开"修剪编辑"项目文件，进入"剪辑"步骤面板。

步骤2：在"时间线"面板的工具栏中单击"选择模式"按钮 ，将鼠标指针移至素材的开始位置，此时鼠标指针会变为向右修剪状态 ，如图2-50所示。

步骤3：在素材开始处，向右拖曳至合适的时间位置后释放鼠标，即可看到左端的素材被选择工具修剪了，如图2-51所示。

步骤4：将鼠标指针移至素材的结束位置，此时鼠标指针会变为向左修剪状态 。在素材结束处，向左拖曳至合适的时间位置后释放鼠标，即可看到右端的素材被选择工具修剪了，如图2-52所示。

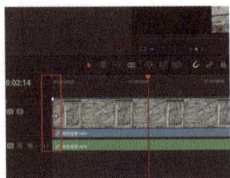  

图2-50　　　　　　　　　　图2-51　　　　　　　　　　图2-52

2.1.9 修剪编辑素材

在DaVinci Resolve 18中，修剪编辑模式是最常用的编辑模式之一，用户可以在特定的时长中拖动素材，更改素材的入点和出点，保留需要使用的部分。在"时间线"面板的工具栏中单击"修剪编辑模式"按钮 ，即可切换至修剪编辑模式（在菜单栏执行"修剪 > 修剪模式"命令，也可以进入该模式，快捷键为T）。下面是具体的操作步骤。

步骤1：打开"修剪编辑模式"项目文件，进入"剪辑"步骤面板，3段视频已被放置在"时间线"面板上，如图2-53所示。

步骤2：在"时间线"面板的工具栏中单击"修剪编辑模式"按钮 ，该按钮会变为红色，如图2-54所示。

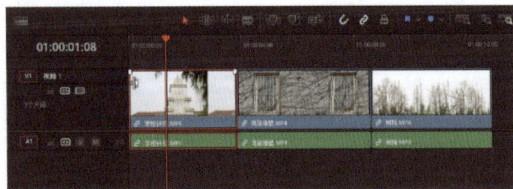 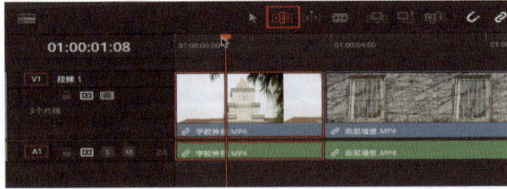

图2-53　　　　　　　　　　　　　　　图2-54

步骤3：将鼠标指针移至"时间线"面板中第二段素材"斑驳墙壁.mp4"的缩略图显示区内，此时鼠标指针变为修剪状态 ；在"斑驳墙壁.mp4"上长按鼠标左键，素材左右两端各出现一个白色方框，表示该素材的原始时长，如图2-55所示。

步骤4：可以根据需要，向左或向右拖曳素材，红色方框内会显示拖曳中的画面内容，如图2-56所示。

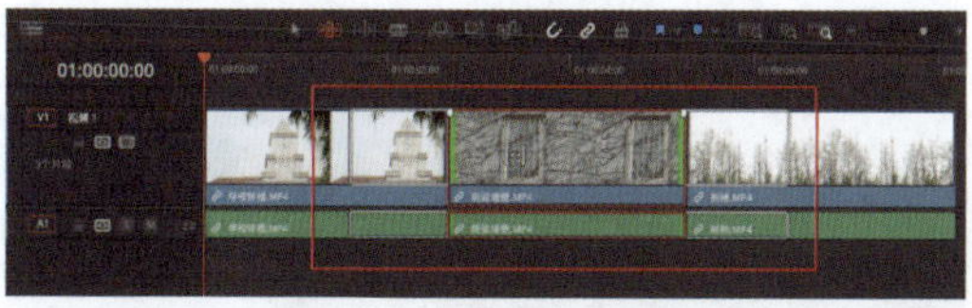

图2-55

图2-56

步骤5：与此同时，"检视器"面板的预览窗口会根据修剪情况显示视频的入点画面和出点画面，如图2-57所示。拖曳结束后，即可释放鼠标，以截取满意的素材片段。

2.1.10　动态修剪素材

在DaVinci Resolve 18中，动态修剪模式有两种剪辑模式："滑移"剪辑模式和"滑动"剪辑模式。"滑移"剪辑

图2-57

模式可以在特定的时间区间内，通过鼠标左右滑移，修剪该素材在"时间线"面板上的入点画面和出点画面。而"滑动"剪辑模式则可以在确保所选素材时长不变的情况下，通过鼠标左右滑动，修剪左右两端相邻素材的时长。

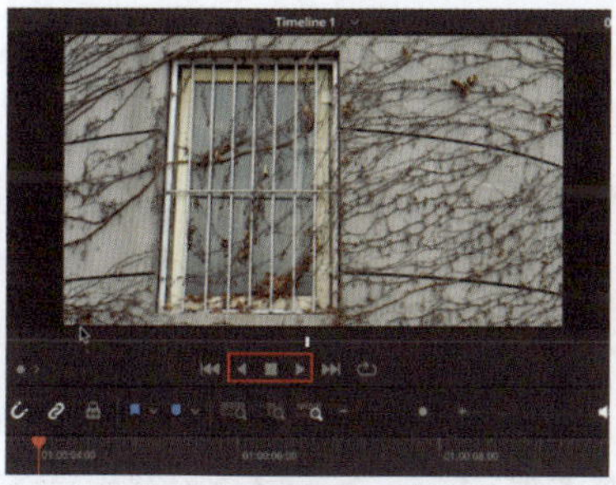

图2-58

在"时间线"面板的工具栏中单击"动态修剪模式"按钮，即可进入动态修剪模式（在菜单栏执行"修剪 > 动态修剪模式"命令，也可以进入该模式，快捷键为W）。用户可以通过按快捷键S在"滑移"剪辑模式和"滑动"剪辑模式之间进行切换。在正式使用动态修剪模式之前，需要了解一下"检视器"面板中预览窗口的倒放、停止播放和正放功能，如图2-58所示，其快捷键分别为J、K和L。

现在，可以看看DaVinci Resolve 18的两种动态修剪模式了。

1. "滑移"剪辑模式

"滑移"剪辑模式可以调整固定区域内素材的入点和出点。下面是具体的操作步骤。

步骤1：打开"动态修剪模式"项目文件，进入"剪辑"步骤面板，单击"时间线"面板工具栏中的"动态修剪模式"按钮，时间指示器会变为黄色，如图2-59所示。

步骤2：在"动态修剪模式"按钮上单击鼠标右键，弹出快捷菜单，选择"滑移"，如图2-60所示。

图2-59

图2-60

步骤3：在"时间线"面板中选中中间的"黑天鹅1.mp4"素材，按快捷键J或快捷键L倒放或正放素材时，素材片段会在红色固定区域内左右滑移，当素材滑移至合适的片段处时，即可按快捷键K停止播放。播放过程中，素材左右两端会显示白色方框，如图2-61所示。

步骤4：使用"滑移"剪辑模式时，"检视器"面板的预览窗口会显示视频的入点画面和出点画面，如图2-62所示。

图2-61

图2-62

2．"滑动"剪辑模式

"滑动"剪辑模式可以调整左右相邻素材的入点和出点。下面是具体的操作步骤。

步骤1：打开上一案例中的项目文件，进入"剪辑"步骤面板，单击"时间线"面板工具栏中的"动态修剪模式"按钮 。

步骤2：在"动态修剪模式"按钮上单击鼠标右键，弹出快捷菜单，选择"滑动"，如图2-63所示。

步骤3：在"时间线"面板中选中中间的"黑天鹅1.mp4"素材，按快捷键J或快捷键L倒放或正放素材时，红色固定区域内的素材片段保持不变，但该片段会向左右两端相邻的素材滑动，当素材滑动至合适的地方时，即可按快捷键K停止播放。播放过程中，素材左右两端会显示白色方框，如图2-64所示。

步骤4：使用"滑动"剪辑模式时，"检视器"面板的预览窗口会显示前一段素材的出点画面和后一段素材的入点画面，如图2-65所示。

图2-63

图2-64

图2-65

2.2 课堂案例：校园春光

课堂案例		
	文件位置	CH02>项目文件>校园春光.drp
	素材位置	CH02>素材文件>校园春光
	技术掌握	正确地使用不同的编辑模式

本案例的最终效果如图2-66所示。

步骤1：启动软件，新建项目，将项目命名为"校园春光"。

步骤2：在菜单栏执行"文件 > 导入 > 媒体"命令，在弹出的"导入媒体"对话框中选择需要导入的素材，单击右下角的"打开"按钮，如图2-67所示。

图2-66 　　　　　　　　　　　　　图2-67

步骤3：在"媒体池"面板中选中"桥侧面.mp4"，将其拖曳至"时间线"面板的最左端，如图2-68所示。

步骤4：将时间指示器移至01:00:05:21处，单击"时间线"面板工具栏中的"标记"按钮，在此处添加标记1；用同样的方法在01:00:11:23处添加标记2，如图2-69所示。

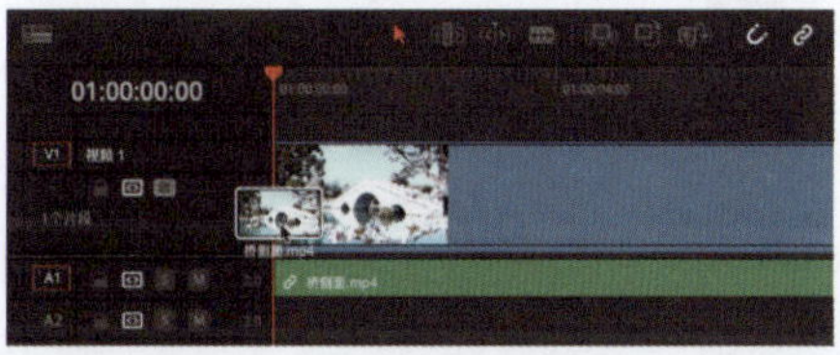

图2-68 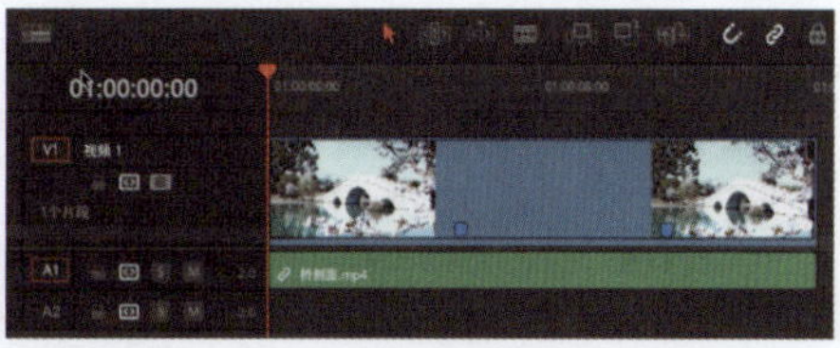　　　　　　　　　　　　　图2-69

步骤5：单击工具栏中的"选择模式"按钮，使用选择工具在素材入点处，向右拖曳至标记1处释放鼠标；使用选择工具在素材出点处，向左拖曳至标记2处释放鼠标，如图2-70所示。

步骤6：选中"桥侧面.mp4"前的波纹空隙，在空隙上单击鼠标右键，在弹出的快捷菜单中执行"波纹删除"命令，如图2-71所示。操作完成后，剪辑好的"桥侧面.mp4"会自动对齐到"时间线"面板最左端。

步骤7：在"媒体池"面板中选中"垂柳.mov"，将其拖曳至"时间线"面板中"桥侧面.mp4"的右侧相邻处，如图2-72所示。

图2-70 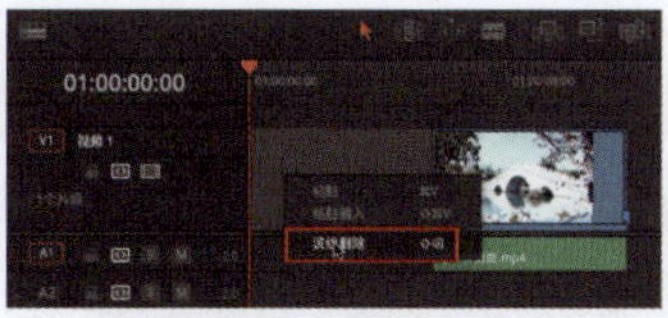　　　　　　　　图2-71 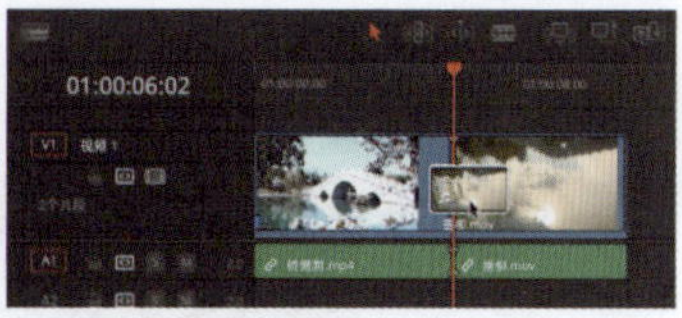　　　　　　　　图2-72

步骤8：单击工具栏中的"刀片编辑模式"按钮，鼠标指针变为刀片工具形状后，在01:00:07:00和01:00:10:00处将素材切割开，如图2-73所示。

步骤9：按快捷键A切换回选择工具，右键单击"垂柳.mov"的片段1和片段3，在弹出的快捷菜单中执行"波纹删除"命令，如图2-74所示。操作完成后，"垂柳.mov"中间的片段被保留下来，且自动与前一素材的出点对齐，如图2-75所示。

图2-73　　　　　　　　　　图2-74　　　　　　　　　　图2-75

步骤10：在"媒体池"面板中选中"凉亭摇镜.mp4"，将其拖曳至"时间线"面板中"垂柳.mov"的右侧相邻处，如图2-76所示。

步骤11：用选择工具或刀片工具修剪素材，保留中间5秒15帧的内容，如图2-77所示。

图2-76　　　　　　　　　　　　图2-77

步骤12：在工具栏中单击"修剪编辑模式"按钮，鼠标指针变为修剪状态后，长按鼠标左键在"时间线"面板的"凉亭摇镜.mp4"素材上进行滑动，左右滑移鼠标指针，将画面调整到合适的状态后释放鼠标。滑移过程中，"检视器"面板的预览窗口会显示该素材的入点画面和出点画面，如图2-78所示。

图2-78

步骤13：删除"凉亭摇镜.mp4"前面的波纹。

步骤14：在"媒体池"面板中，将"樱花.mov""油菜花.mp4""林中学子.mp4"等素材依次拖曳至"时间线"面板，用同样的方法将这3段素材编辑好，如图2-79所示。

步骤15：到此为止，本项目快剪辑好了。但在检查过程中，可能会发现"桥正面.mp4"比"桥侧面.mp4"效果更好，于是想把该素材替换过去。在"媒体池"面板的"桥侧面.mp4"素材上单击鼠标右键，在弹出的快捷菜单中执行"替换所选片段"命令，如图2-80所示。

图2-79　　　　　　　　　　　图2-80

步骤16：在弹出的对话框中选中"桥正面.mp4"，单击右下角的"打开"按钮，如图2-81所示。

步骤17：操作完成后，"桥正面.mp4"即被替换至"时间线"面板中，如图2-82所示。至此，本案例就完成了。

图2-81　　　　　　　　　　　　　　　　　图2-82

2.3　本章小结

导入素材和编辑素材都是DaVinci Resolve 18的基本操作，在今后的项目编辑中，无论是调色还是制作特效，这些操作都必不可少。导入素材是项目编辑的基础，编辑素材是完成项目的必要手段。学会本章内容，才算是真正入门了DaVinci Resolve 18。

知识拓展　**其他编辑模式**

除了上述各种编辑技巧外，DaVinci Resolve 18还有吸附素材、叠加素材、适配填充等编辑模式。

1．吸附素材

在"时间线"面板的工具栏中单击"吸附"按钮 （快捷键为N），可打开或关闭吸附模式。用户可以通过吸附模式使素材吸附住前一段或后一段素材，也可以让素材吸附住时间指示器，以减少操作上的误差。素材被牢牢吸附时，吸附处会显示出一条浅白色的竖线，如图2-83所示。

2．叠加素材

用户可以通过"叠加"命令，使其他素材叠加到时间指示器所在位置的上一层轨道中，以实现多轨道操作。只需将时间指示器移至某一位置，在"媒体池"面板中选中需要被叠加的素材，然后在菜单栏执行"编辑＞叠加"命令（快捷键为F12），即可实现此操作，如图2-84所示。素材被叠加至上一层轨道的"时间线"面板如图2-85所示。

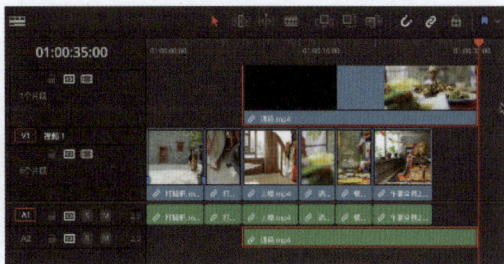

图2-83　　　　　　　　　　图2-84　　　　　　　　　　图2-85

3. 适配填充

在"时间线"面板中，当素材之间存在波纹空隙时，想要将新的素材放置在波纹空隙处，可能会出现时长不匹配的问题，如图2-86所示。

用户可以使用适配填充功能，使素材自动变更速度、拉长和缩短视频时长，然后自动填充至波纹空隙之中。在"媒体池"面板中选中需要填充的素材，在菜单栏执行"编辑>适配填充"命令（快捷键为Shift+F11），即可实现此操作，操作和效果如图2-87和图2-88所示。

| 图2-86 | 图2-87 | 图2-88 |

2.4 课后练习：天门山之旅

文件位置	CH02>项目文件>天门山之旅.drp	
素材位置	CH02>素材文件>天门山之旅	
技术掌握	编辑与修剪素材	

课后练习的最终效果如图2-89所示。

图2-89

⭐ 参考思路

（1）启动软件，新建项目。

（2）导入素材，将素材拖曳至"时间线"面板。

（3）切割素材，删去素材多余的部分。

（4）用插入模式和覆盖模式丰富与充实画面内容。

（5）用修剪编辑模式和动态修剪模式对素材进行调整。

（6）将不合适的素材替换为新的素材。

第 3 章

全局校正：一级调色

在 DaVinci Resolve 18 中进行一级调色（Primary Color Correction）是为了建立图像的基础色彩平衡和曝光。通过调整亮度、对比度、饱和度和色温，可以纠正拍摄过程中产生的色偏和曝光问题，确保每个镜头的基础色彩一致。这样做可以为后续的二级调色（Secondary Color Correction）奠定基础，使得进一步的细节调整、风格化处理和特效应用更加准确和高效。

学习重点

◎ 一级调色概念

◎ 调色界面

◎ 示波器

◎ 颜色校正

◎ 色轮

◎ RGB 混合器

◎ 降噪与模糊处理

3.1 一级调色与调色界面

一级调色能够在剪辑过程中提供一个视觉一致的参考，从而提升影片的整体视觉质量和观感。了解一级调色的概念与调色界面是在DaVinci Resolve 18中学习与使用调色效果的基础。

3.1.1 什么是一级调色

一级调色是影视后期制作中的一个基本步骤，主要用于调整图像的整体色彩和亮度平衡。其目标是纠正拍摄过程中产生的色偏和曝光问题，使图像有标准的、自然的色彩。一级调色涉及调整色轮、亮度、对比度、饱和度和色温等参数。这一步骤为整个影片的色彩基调奠定基础，确保所有镜头在色彩和光照方面的一致性。

3.1.2 "调色"步骤面板

DaVinci Resolve 18的"调色"步骤面板是进行色彩校正和调色的核心区域，提供了丰富的工具和功能。单击"步骤"面板中的"调色"按钮 可使工作界面切换至"调色"步骤面板，如图3-1所示。

图3-1

其界面布局如图3-2所示。

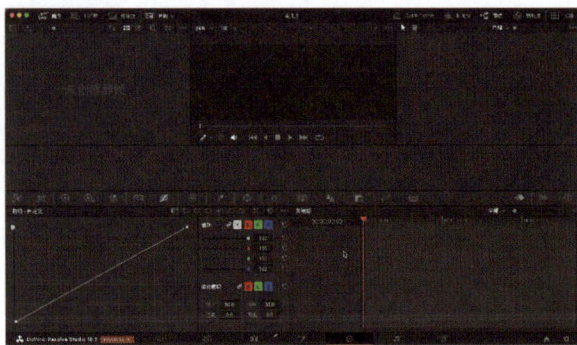

图3-2

"调色"步骤面板主要由以下工具组成。

- Camera Raw：可以调整白平衡、曝光、对比度、饱和度等参数，以最大限度地利用摄像机原始数据，确保图像质量和细节。此工具特别适用于处理RAW格式文件，提供对图像基础参数的精细控制，为后续调色奠定坚实基础。
- 色彩匹配：允许用户将一个镜头的色彩应用到另一个镜头上，以实现一致的色彩风格。用户可以选择参考镜头并手动或自动匹配其他镜头的色彩，确保整个项目在不同镜头之间具有统一的外观和感觉，提高制作效率和一致性。
- 色轮：提供了对图像的基本色彩和亮度进行调整的功能。包括Lift（调整阴影）、Gamma（调整中间色调）、Gain（调整高光）和Offset（全范围调整）4个色轮，用户可以精确控制图像的色彩平衡和对比度，以实现所需的视觉效果。
- HDR调色：专为处理HDR素材设计，提供了精细控制亮部、中间调和暗部的功能，允许用户对HDR图像的各个亮度区域进行精确调整，提升画面的细节和对比度，确保在HDR显示设备上的最佳视觉效果。
- RGB混合器：允许用户调整各个颜色通道的比例。通过独立控制红色、绿色、蓝色通道的输入，可以实现创意色彩效果或修复色偏。此工具特别有助于精细调整图像的色彩平衡和色调，使用户能够实现独特的视觉风格。

- 运动特效：允许用户对图像进行动态调整和特效处理。包括运动模糊、稳定器、跟踪等功能，用户可以添加和调整运动效果，改善画面的流畅性和稳定性，从而提升整体视觉表现和专业度。

- 曲线：提供了精细调整图像色调和对比度的功能。用户可以使用自定义曲线调整亮度，使用红色、绿色、蓝色通道的曲线进行精确的色彩校正。此外，曲线工具还包括色相对色相、色相对饱和度、饱和度对饱和度等特殊曲线，允许更细致的色彩控制。

- 色彩扭曲器：允许用户对图像的色相、饱和度和亮度进行精确调整。通过滑块和曲线界面，用户可以扭曲特定颜色范围，实现创意效果或修正色彩问题。此工具为复杂的色彩校正和风格化处理提供了强大的灵活性和控制力。

- 限定器：允许用户精确选择和调整图像的特定部分。通过设置色彩范围、亮度和饱和度等参数，限定器可以隔离特定区域进行独立调整，实现精细的局部调色和特效处理，提升画面细节和整体视觉效果。

- 窗口：用于创建和调整各种形状的窗口，以隔离和调整图像的特定区域。用户可以选择圆形、四边形、多边形或自定义形状的窗口，并通过跟踪功能让窗口随画面中的对象运动，实现精确的局部调色和效果应用。

- 跟踪器：用于自动跟踪视频中移动的对象。通过分析对象的运动路径，用户可以让调整效果精确地跟随目标物体。此工具常用于配合窗口，实现动态的局部调色、遮罩跟随和特效应用等，确保调整效果与画面运动一致。

- 神奇遮罩：一个智能遮罩工具，可根据用户选择的对象自动生成遮罩。用户只需简单绘制选定物体的轮廓，神奇遮罩会自动识别并创建遮罩，方便用户快速实现局部调色、添加特效和修饰，无须手动跟踪或调整遮罩形状。

- 模糊：用于添加和调整图像的模糊效果。用户可以选择不同类型的模糊效果（如高斯模糊、径向模糊等），并调整其强度和范围。模糊工具可用于柔化图像细节、实现景深效果或修饰特定区域，提升画面的美感和艺术效果。

- 键：用于创建和调整色彩键、Luma键和RGB键等键控。用户可以根据图像的色彩、亮度和RGB信息选择目标区域，然后对其进行独立的调整。这个功能对于精确控制图像的特定部分（如人物、背景等），以及进行定制化的调色和特效处理非常有用。

- 调整大小：允许用户调整图像的大小和比例。用户可以手动输入目标大小，也可以选择预设的大小选项。此外，此工具还提供了锚点和边缘模糊等参数，用于精确控制调整后图像的位置和外观。

- 立体：用于处理立体影像。用户可以选择并调整左右眼图像，以实现立体效果，包括调整立体深度、对齐图像、处理立体对齐错误等。此工具对于编辑立体影片和VR（Virtual Reality，虚拟现实）内容特别有用，使用户能够在一个集成的环境中管理和调整立体图像，确保最终效果的质量和一致性。

- 关键帧：允许用户在时间线上设置和调整参数的动画变化。用户可以在不同的时间点设置关键帧，并在这些关键帧之间插入过渡，实现参数的平滑变化。这个功能对于制作动态的调色效果、添加运动特效，以及实现复杂的图像动画等非常有用，使用户能够精确控制图像的变化和动态效果。

● 示波器：提供了波形图、矢量图和直方图等视觉参考，用于分析和调整图像的色彩和亮度信息。波形图显示图像的亮度分布，矢量图显示颜色信息，直方图显示每个颜色通道的像素分布。这些视觉工具能够帮助用户更准确地了解图像的色彩和亮度情况，从而指导调色过程。

3.2 示波器

在DaVinci Resolve 18中，在"调色"步骤面板的工具栏中单击"示波器"按钮 ⚡️，可调出"示波器"面板，如图3-3所示。

DaVinci Resolve 18的"示波器"由5部分构成，分别为分量图、波形图、矢量图、直方图和CIE色度图，下面将分别讲解。

单击"分量图"右侧的下拉按钮 分量图 ▾，如图3-4所示，可使"示波器"在不同的类型之间切换。

图3-3   图3-4

3.2.1 分量图

分量图是指亮度分量和RGB分量的图形显示。左侧的亮度分量显示图像的亮度变化（亮度值为0～1023），帮助用户了解图像的明暗情况。数值越小，亮度越低，接近0的区域属于阴影区域；数值越大，亮度越高，接近1023的区域属于高光区域。右侧的RGB分量显示图像的红色、绿色、蓝色通道的波形，使用户可以分析和调整每个颜色通道的曲线。通过分量图，用户可以更精确地调整图像的色彩平衡和亮度对比度。

下面对照具体的素材画面和分量图来进行说明，如图3-5和图3-6所示。分量图上方的高光区域波形基本一致，此情况表示素材画面的高光区域色彩基本没有偏差，色彩相对统一；分量图下方的阴影区域波形明显不一致，红色、绿色波形整体偏低，蓝色波形明显偏高，此情况表示素材画面的阴影区域出现色彩偏移，整体色调偏蓝色。

图3-5   图3-6

3.2.2　波形图

波形图显示图像的亮度分布情况。波形图以波形的形式呈现图像中每个像素的亮度值，帮助用户分析和调整图像的曝光情况，横轴表示图像的水平位置，纵轴表示亮度值。通过波形图，用户可以快速发现图像中的高光、阴影和中间调的情况，从而进行准确的曝光校正和对比度调整，确保图像呈现出最佳的视觉效果。

下面对照具体的素材画面和波形图来进行说明，如图3-7和图3-8所示。波形图表明，在素材画面中，亮度信息主要集中在中间调和高光部分。画面从左至右，红色像素的亮度信息分布较均匀；左侧蓝色、绿色像素的亮度信息略微偏弱，亮度偏低；中间蓝色像素的亮度信息明显偏弱，亮度偏低；右侧蓝色像素的亮度信息同样相对偏弱。

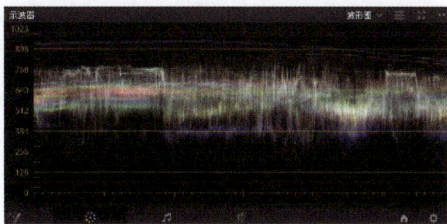

图3-7　　　　　　　　　　　图3-8

3.2.3　矢量图

矢量图显示图像的颜色分布情况。矢量图以图形的形式展示图像中每个像素的色度和饱和度，横轴表示色度，纵轴表示饱和度，圆心处代表饱和度为0，离圆心越远饱和度越高。矢量图可用于分析图像中不同颜色的分布情况，帮助用户调整图像的色彩平衡和饱和度，确保色彩的准确性和均衡性。通过矢量图，用户可以快速发现图像中的色彩偏移和饱和度问题，并进行相应的调整。

图3-9

矢量图如图3-9所示。该矢量图显示的主要颜色信息集中在圆心处，说明对应图像画面的饱和度很低，在调色时需注意调整整体画面的饱和度。

3.2.4　直方图

直方图显示图像的整体亮度和颜色分布情况。直方图以图形的形式展示图像中各个亮度级别或颜色通道的像素数量，横轴表示亮度级别，纵轴表示像素数量。用户可以通过直方图快速了解图像的曝光情况和颜色分布情况，从而进行相应的调整。通过观察直方图的分布情况，用户可以进行曝光校正、对比度调整和颜色平衡等操作，确保图像的亮度和色彩得到合适的控制，以达到所需的视觉效果。

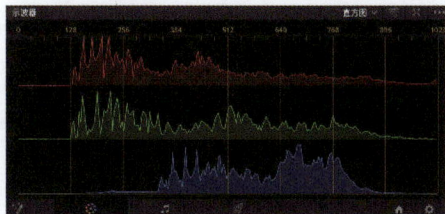

图3-10

直方图如图3-10所示。横向来看，蓝色像素的亮度级别主要从360左右开始分布，明显高于红色、绿色像素的；纵向来看，蓝色像素的数量也明显高于红色、绿色像素的。该直方图说明，在对应的图像画面中，蓝色像素的亮度级别和数量均高于红色、绿色像素的。

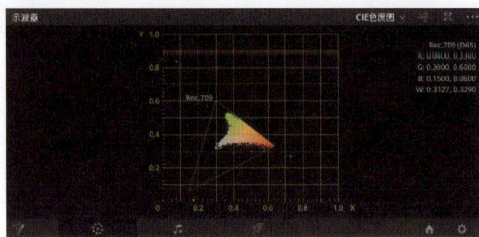

图3-11

3.2.5　CIE色度图

CIE色度图显示图像的色度分布情况。CIE色度图以图形的形式呈现图像中每个像素的色度，横轴表示红-绿通道，纵轴表示蓝-黄通道。CIE色度图如图3-11所示。

3.3　颜色校正

DaVinci Resolve 18中的颜色校正是指调整图像的色彩、亮度和对比度等，使其达到视觉上的平衡和一致性。这包括校正白平衡，以及调整曝光、对比度和色调等。颜色校正的目的是修正拍摄过程中由于光线、摄像机设置等原因导致的色差，确保每个镜头的色彩和亮度一致，呈现自然和真实的视觉效果。同时，颜色校正为后续的色彩分级和风格化处理奠定基础，提升整体影片的视觉质量和观感。

3.3.1　调整曝光

调整曝光是为了确保图像的亮度和对比度达到最佳效果。通过调整曝光，用户可以修正拍摄过程中光线不足或过度的问题，确保图像细节丰富、视觉效果自然，从而提升整体画面的质量和一致性。下面是具体的操作步骤。

步骤1：打开项目文件"3.3.1 调整曝光.drp"，单击"步骤"面板中的"调色"按钮，进入"调色"步骤面板，如图3-12所示。此时，视频画面整体偏暗，如图3-13所示。

步骤2：在左上角单击"LUT库"按钮，展开"LUT库"面板，如图3-14所示。

步骤3：在左侧单击"DJI"选项，"LUT库"面板右侧会显示该类别所有的LUT预设，如图3-15所示。

图3-12	图3-13	图3-14

步骤4：选中DJI中的第4个LUT预设，将其拖曳至右侧"检视器"面板的画面上，如图3-16所示。

执行操作后，"检视器"面板会呈现颜色校正后的效果，如图3-17所示，阴影部分和中间调部分的曝光依然不足，还需进一步校正。

步骤5：单击"调色"步骤面板工具栏中的"色轮"按钮，调出"色轮"面板，如图3-18所示。

步骤6：将"暗部"下方的轮盘向右拖曳，直至"暗部"各参数均显示为0.13时释放鼠标，如图3-19所示。

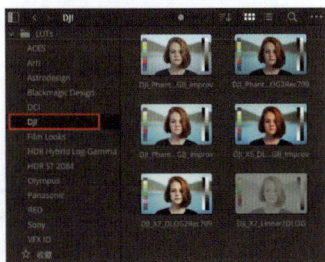

图3-15　　　　　　图3-16　　　　　　图3-17

步骤7：将"中灰"下方的轮盘向右拖曳，直至"中灰"各参数均显示为0.05时释放鼠标，如图3-20所示。

调整结束后，画面阴影部分和中间调部分的曝光会得到相应提升，如图3-21所示。

图3-18　　　　图3-19　　　　图3-20　　　　图3-21

3.3.2　自动平衡

自动平衡功能用于快速调整图像的色彩和曝光，使其达到自然平衡状态。该功能自动分析图像并调整白平衡、对比度和亮度，以纠正色偏和曝光问题。自动平衡节省了手动调整的时间，提供一个良好的起点，为进一步的细节调色奠定基础。下面是具体的操作步骤。

步骤1：打开项目文件"3.3.2 自动平衡.drp"，进入"调色"步骤面板。

步骤2：单击"调色"步骤面板工具栏中的"色轮"按钮◉，调出"色轮"面板。

步骤3：在"色轮"面板中，单击左上角的"自动平衡"按钮Ⓐ，如图3-22所示。

执行操作后，即实现了对图像画面的自动平衡操作，原图与效果对比如图3-23所示。

图3-22　　　　　　　　　图3-23

3.3.3　镜头匹配

镜头匹配功能用于将不同摄像机或镜头拍摄的镜头色彩和亮度匹配一致。该功能通过分析参考镜头和目标镜头的色彩信息，自动调整目标镜头的色彩平衡、对比度和曝光，使其与参考镜头匹配。这有助于在多机位拍摄或使用不同镜头时，确保影片的色彩和亮度一致，提升整体视觉连贯性。下面是具体的操作步骤。

步骤1：打开项目文件"3.3.3 镜头匹配.drp"，进入"剪辑"步骤面板，视频文件"风车2.mov"和"风车3.mov"已被放置在"时间线"面板中，如图3-24所示。

在本项目中，"风车2.mov"视频文件已完成了颜色调整，如图3-25所示，可以将它作为要匹配的"风车3.mov"视频文件的参考片段。

步骤2：进入"调色"步骤面板，在"片段"面板中选中需要进行匹配的第2个片段，如图3-26所示。

图3-24	图3-25	图3-26

步骤3：在"片段"面板的第1个片段上单击鼠标右键，弹出快捷菜单，执行"与此片段进行镜头匹配"命令，如图3-27所示。

执行命令后，即实现了对"风车3.mov"视频文件的镜头匹配操作，原图与效果对比如图3-28所示。

> **技巧与提示**
>
> 若"片段"面板未出现在"调色"步骤面板中，在菜单栏执行"工作区 > 在工作区中显示面板 > 片段"命令，如图3-29所示，即可将"片段"面板显示出来。

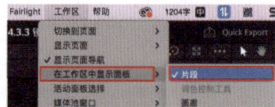

图3-27	图3-28	图3-29

3.3.4 自动白平衡校正

白平衡校正是为了确保图像的色彩准确和自然。白平衡校正修正了不同光源（如日光、荧光灯、白炽灯等）引起的色偏，使白色看起来为真正的白色。这一调整提高了图像的真实感和一致性，确保色彩还原准确，从而使所有场景在视觉上保持一致。这对于提升影片的整体质量和专业度至关重要。在DaVinci Resolve 18中，自动白平衡校正非常方便。下面是具体的操作步骤。

步骤1：打开项目文件"3.3.4 自动白平衡校正.drp"，进入"调色"步骤面板。

步骤2：单击"调色"步骤面板工具栏中的"色轮"按钮 ⊙ ，调出"色轮"面板。

步骤3：在"色轮"面板的左上角单击"白平衡"按钮 ，如图3-30所示，鼠标指针变为滴管形状。

步骤4：单击图像中应该为中性色（白色或灰色）的区域，在本项目中，可单击白云较亮的区域，如图3-31所示。

执行操作后，画面白平衡即被自动校正，原图与效果对比如图3-32所示。

图3-30　　　　　　　　图3-31　　　　　　　　图3-32

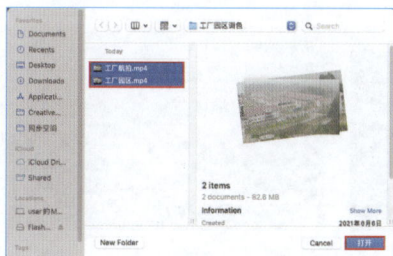

案例 3-1　工厂园区调色

文件位置	CH03>项目文件>工厂园区调色.drp
素材位置	CH03>素材文件>工厂园区.mp4
技术掌握	颜色校正相关技巧

案例 3-1
工厂园区调色

步骤1：启动软件，新建项目，将项目命名为"工厂园区调色"，进入"剪辑"步骤面板。

步骤2：在菜单栏执行"文件 > 导入 > 媒体"命令。

步骤3：在弹出的"导入媒体"对话框中导航至目标文件夹，选中"工厂园区.mp4"和"工厂航拍.mp4"文件，单击右下角的"打开"按钮，如图3-33所示。

步骤4：在"媒体池"面板中选中需调色的"工厂园区.mp4"和"工厂航拍.mp4"文件，将其拖曳至"时间线"面板的视频轨道上，如图3-34所示。

未经调色的画面在"检视器"面板中显示，如图3-35所示。

图3-33　　　　　　　　图3-34　　　　　　　　图3-35

步骤5：选中"工厂园区.mp4"文件，单击"步骤"面板中的"调色"按钮，进入"调色"步骤面板；在"调色"步骤面板的工具栏中单击"色轮"按钮，调出"色轮"面板，如图3-36所示。

从"示波器"面板的分量图中可以看出，该镜头画面的色彩及亮度信息分布不均匀，如图3-37所示。

步骤6：单击"色轮"面板左上角的"自动平衡"按钮，该镜头画面的色彩及曝光会被自动平衡处理，如图3-38所示。

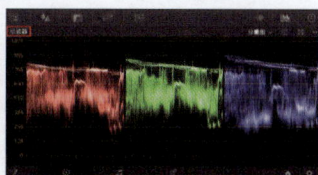

图3-36　　　　　　　　图3-37　　　　　　　　图3-38

从右侧的分量图可以看出，画面被自动平衡处理后，其色彩与曝光得到了一定程度的均化，如图3-39所示。

从图3-38中可以看出，画面色彩依然整体偏弱，还需进一步调色。

步骤7：长按"色轮"面板左下角"色彩增强"右侧的数值并向右拖曳，直至数值增至50时释放鼠标，如图3-40所示。

执行操作后，画面色彩得到增强，如图3-41所示。

| 图3-39 | 图3-40 | 图3-41 |

此时，"工厂园区.mp4"文件调整完毕，而"工厂航拍.mp4"文件依然如故，可用镜头匹配技巧简化对该文件的调色过程。

步骤8：切换至"剪辑"步骤面板，在"时间线"面板中选中需匹配的文件"工厂航拍.mp4"，如图3-42所示。

步骤9：重新切换回"调色"步骤面板，在菜单栏执行"工作区 > 在工作区中显示面板 > 片段"命令，调出"片段"面板。

步骤10：在"片段"面板中右键单击第1个片段，弹出快捷菜单，执行"与此片段进行镜头匹配"命令，如图3-43所示。

步骤11：操作完成后，"工厂航拍.mp4"文件即与之前调整好的"工厂园区.mp4"文件匹配一致了，如图3-44所示。

| 图3-42 | 图3-43 | 图3-44 |

至此，本案例就完成了。

3.4 使用色轮

在DaVinci Resolve 18的"调色"步骤面板中，"色轮"工具主要用于调整图像的色彩和亮度，它由校色轮、校色条和Log色轮3种不同模式构成。

3.4.1 校色轮

在"调色"步骤面板中，单击"色轮"面板右上角的"校色轮"按钮◉，可使面板切换至"一级-校色轮"模式，如图3-45所示。

DaVinci Resolve 18中的"一级-校色轮"模式用于初步调整图像的色彩和亮度，包括暗部、中灰、亮部和偏移4个部分，用户可以通过这些色轮精确控制各色调区域的颜色和平衡，为后续的精细调色奠定基础。下面是具体的操作步骤。

步骤1：打开项目文件"3.4.1 校色轮.drp"，进入"调色"步骤面板，在"检视器"面板中可以看到画面整体偏暗，色调偏蓝，且明暗对比不突出，如图3-46所示。

步骤2：展开"色轮"面板，切换至"一级-校色轮"模式，将"暗部"下方的轮盘向左拖曳，直至"暗部"各参数均降至-0.10时释放鼠标；然后将"亮部"下方的轮盘向右拖曳，直至"亮部"各参数均增至2.90时释放鼠标，如图3-47所示。

图3-45 　　　　　　图3-46 　　　　　　图3-47

此时，画面已得到一定程度的校正，如图3-48所示，但整体效果依然偏蓝，还需进一步调整。

步骤3：将"偏移"色轮中间的圆点向左（黄色方向）拖曳，拖至画面色调不再明显偏蓝时释放鼠标，如图3-49所示。

操作完成后，可在"检视器"面板中查看最终的效果，原图与效果对比如图3-50所示。

图3-48 　　图3-49 　　　　　图3-50

3.4.2　校色条

在"调色"步骤面板中，单击"色轮"面板右上角的"校色条"按钮▥，可使面板切换至"一级-校色条"模式，如图3-51所示。

"一级-校色条"模式的作用和用法与"一级-校色轮"模式的相似，调整"暗部""中灰""亮部""偏移"下方的轮盘时，色轮下方的参数值会发生相应变化。较之不同的是，在"一级-校色条"模式下，4组参数还对应着4组单独的色条，每根色条可单独控制与其相应的YRGB值。下面是具体的操作步骤。

步骤1：打开项目文件"3.4.2 校色条.drp"，进入"调色"步骤面板，在"检视器"面板中可以看到画面色调死板、单调，如图3-52所示，需将画面中的竹林调得更加翠绿，使其看起来充满生机。

图3-51 　　　　　　图3-52

步骤2：展开"色轮"面板，切换至"一级-校色条"模式。调整"中灰"与"亮部"下方的轮盘，将"中灰"各参数调至0.10，将"亮部"各参数调至1.80，如图3-53所示。

步骤3：将"中灰"下方的绿色控制柄向上拖曳，直至绿色参数调至0.25时释放鼠标，如图3-54所示。

步骤4：用同样的方法将"亮部"下方的绿色参数调至2.15。

操作完成后，可在"检视器"面板中查看最终的效果，原图与效果对比如图3-55所示。

图3-53　　　　　图3-54　　　　　　　　　图3-55

技巧与提示

　　YRGB值是视频调色中的一种颜色表示法，其中Y代表亮度（Luminance），而R、G、B代表红色、绿色、蓝色3个颜色通道的数值。亮度决定了图像的明暗度，而红色、绿色、蓝色通道决定了图像的色彩信息。YRGB值的调整能够独立控制图像的亮度和色彩，帮助调色师在不影响亮度的情况下进行色彩校正，或在调整色彩时保持亮度一致性，从而实现更精确和专业的调色效果。

3.4.3　Log色轮

在"调色"步骤面板中，单击"色轮"面板右上角的"Log色轮"按钮，可使面板切换至"一级-Log色轮"模式，如图3-56所示。

"一级-Log色轮"模式用于对Log格式素材进行精确调色，可帮助优化Log格式素材的动态范围和色彩细节，为后续调色奠定基础。该模式下的4组参数分别为阴影、中间调、高光和偏移，使用时可结合示波器对画面进行调色处理。下面是具体的操作步骤。

图3-56

步骤1：打开项目文件"3.4.3 Log色轮.drp"，进入"调色"步骤面板。

步骤2：展开"色轮"面板，切换至"一级-Log色轮"模式。

步骤3：将示波器切换为"分量图"，如图3-57所示。分量图显示，RGB波形分布相对均匀，未出现偏色情况，但阴影部分的亮度信息相对偏高，明暗对比较弱，整体饱和度偏低，色彩不够鲜明、丰富，如图3-58所示。

步骤4：调整"阴影"下方的轮盘，将各参数降至-0.50；再调整"中间调"下方的轮盘，将各参数增至0.25，如图3-59所示。

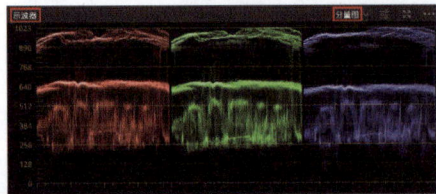  

图3-57　　　　　　　　图3-58　　　　　　　　图3-59

步骤5：适当调整"色轮"面板下方的"色彩增强"和"饱和度"参数，如图3-60所示。

操作完成后, 可在 "检视器" 面板中查看最终的效果, 原图与效果对比如图3-61所示。

图3-60　　　　　　　　　　　　　图3-61

3.5 使用RGB混合器

DaVinci Resolve 18中的 "RGB混合器" 用于独立调整红色、绿色、蓝色3个颜色通道的比例和混合方式。用户可以通过改变每个颜色通道中红色、绿色、蓝色的参数值, 修复色偏、实现创意色彩效果或转换黑白图像。此工具提供了对图像色彩的精细控制, 适用于高级调色。"RGB混合器" 的 "黑白" 功能通过调整各颜色通道的比例将图像转换为黑白形式, 同时保留细节和对比度; "保持亮度" 功能确保在调整颜色通道比例时, 整体图像亮度不受影响, 避免图像过亮或过暗, 保持原始亮度的平衡和一致性, 在DaVinci Resolve 18中, 此功能默认为开启状态。

在 "调色" 步骤面板的工具栏中单击 "RGB混合器" 按钮 ![按钮], 即可调出对应的工作面板, 如图3-62所示。

3.5.1 红色输出

图3-62

红色输出选项允许用户调整红色通道的混合比例, 用户可以通过滑动滑块来设置红色通道中红色、绿色、蓝色各颜色通道的贡献度, 从而改变图像中红色区域的色彩表现。在 "RGB混合器" 的红色输出通道中, 红色、绿色、蓝色的参数比为1:0:0, 当提高或降低红色参数时, 绿色、蓝色参数保持不变, 但用户会在示波器中看到绿色、蓝色波形的升降变化。下面是具体的操作步骤。

步骤1: 打开项目文件 "3.5.1 红色输出.drp", 进入 "调色" 步骤面板。在 "检视器" 面板中可以看到, 适度增加图像画面的红色色调可进一步增强该画面的艺术感染力, 如图3-63所示。

步骤2: 单击工具栏中的 "RGB混合器" 按钮 ![按钮], 调出该面板。在右侧的 "示波器" 面板中, 还未调色的画面的分量图如图3-64所示。

步骤3: 将 "红色输出" 下的红色滑块向上拖曳, 直至红色参数增至1.50时释放鼠标, 如图3-65所示。

 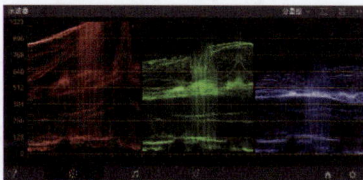 

图3-63　　　　　　　　图3-64　　　　　　　　图3-65

在 "示波器" 面板中可以看到红色波形上升, 绿色、蓝色波形基本保持不变, 如图3-66所示。操作完成后, 可在 "检视器" 面板中查看最终的效果, 原图与效果对比如图3-67所示。

图3-66

图3-67

3.5.2 绿色输出

绿色输出选项允许用户调整绿色通道的混合比例，用户可以通过滑动滑块来设置绿色通道中红色、绿色、蓝色各颜色通道的贡献度，从而改变图像中绿色区域的色彩表现。在"RGB混合器"的绿色输出通道中，红色、绿色、蓝色的参数比为0:1:0，当提高或降低绿色参数时，红色、蓝色参数保持不变，但用户会在示波器中看到红色、蓝色波形的升降变化。下面是具体的操作步骤。

步骤1：打开项目文件"3.5.2 绿色输出.drp"，进入"调色"步骤面板。在"检视器"面板中可以看到，适度增加图像画面的绿色色调可使森林看起来更加苍翠，如图3-68所示。

步骤2：单击工具栏中的"RGB混合器"按钮 ，调出该面板。在右侧的"示波器"面板中，还未调色的画面的分量图如图3-69所示。

步骤3：将"绿色输出"下的绿色滑块向上拖曳，直至红色参数增至1.25时释放鼠标，如图3-70所示。

图3-68

图3-69

图3-70

在"示波器"面板中可以看到绿色波形上升，红色、蓝色波形下降，如图3-71所示。

操作完成后，可在"检视器"面板中查看最终的效果，原图与效果对比如图3-72所示。

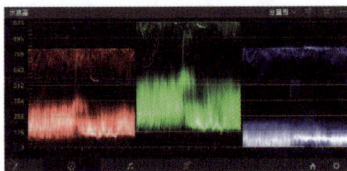

图3-71

图3-72

3.5.3 蓝色输出

蓝色输出选项允许用户调整蓝色通道的混合比例，用户可以通过滑动滑块来设置蓝色通道中红色、绿色、蓝色各颜色通道的贡献度，从而改变图像中蓝色区域的色彩表现。在"RGB混合器"的蓝色输出通道中，红色、绿色、蓝色的参数比为0:0:1，当提高或降低蓝色参数时，红色、绿色参数保持不变，但用户会在示波器中看到红色、绿色波形的升降变化。下面是具体的操作步骤。

步骤1：打开项目文件"3.5.3 蓝色输出.drp"，进入"调色"步骤面板。在"检视器"面板中可以看到，适度增加图像画面的蓝色色调可让海水看起来更加幽蓝，如图3-73所示。

步骤2：单击工具栏中的"RGB混合器"按钮 ，调出该面板。在右侧的"示波器"面板中，还未调色的画面的分量图如图3-74所示。

步骤3：将"蓝色输出"下的蓝色滑块向上拖曳，直至蓝色参数增至1.50时释放鼠标，如图3-75所示。

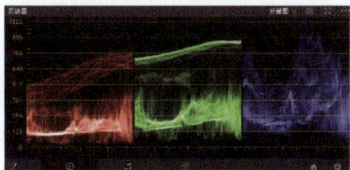

| 图3-73 | 图3-74 | 图3-75 |

在"示波器"面板中可以看到蓝色波形上升，红色、绿色波形下降，画面会整体变蓝，如图3-76所示。

操作完成后，可在"检视器"面板中查看最终的效果，原图与效果对比如图3-77所示。

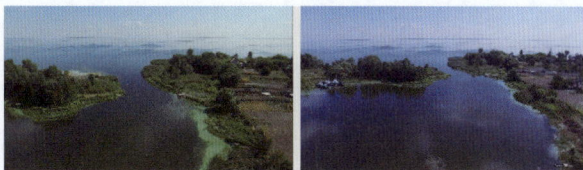

| 图3-76 | 图3-77 |

案例 3-2　樱园印象

文件位置	CH03>项目文件>樱园印象.drp
素材位置	CH03>素材文件>樱花.mov
技术掌握	使用RGB混合器调色

案例3-2
樱园印象

步骤1：启动软件，新建项目，将项目命名为"樱园印象"，进入"剪辑"步骤面板；将"樱花.mov"文件导入"媒体池"面板，并将其拖曳至"时间线"面板，如图3-78所示。

步骤2：切换至"调色"步骤面板，单击工具栏中的"色轮"按钮 ，调出"色轮"面板，调整"暗部"和"中灰"下方的轮盘，先将"暗部"所有参数调至-0.05，再将"中灰"所有参数调至0.05，接着将"中间调细节"调至50，如图3-79所示。

| 图3-78 | 图3-79 |

步骤3：单击工具栏中的"RGB混合器"按钮 ，调出该面板。将"红色输出"下的红色滑块向上拖曳，直至红色参数增加至1.30时释放鼠标，如图3 80所示。

步骤4：将"绿色输出"下的绿色滑块向上拖曳，直至绿色参数增加至1.25时释放鼠标，如图3-81所示。

步骤5：将"蓝色输出"下的蓝色滑块向上拖曳，直至蓝色参数降低至0.85时释放鼠标，如图3-82所示。

至此，本案例操作结束，原图与效果对比如图3-83所示。

图3-80 图3-81 图3-82 图3-83

3.6 降噪与模糊处理

噪点是指图像中不需要的、随机出现的像素干扰，通常表现为图像中的颗粒状斑点，常见于低光照条件下拍摄的照片和视频中。噪点产生的主要原因是感光元件在低光照条件下工作时信噪比下降，以及高ISO（感光度）设置引起的电子干扰。

在DaVinci Resolve 18中，用户可通过"调色"步骤面板中的"运动特效"功能实现对图像画面的降噪处理和模糊处理。在"调色"步骤面板的工具栏中单击"运动特效"按钮 ，即可调出对应的工作面板。"运动特效"面板由时域降噪、空域降噪和运动模糊这3部分构成，如图3-84所示。

图3-84

3.6.1 时域降噪

DaVinci Resolve 18中的时域降噪功能用于减少视频中的噪点，通过比较连续帧之间的像素差异来平滑图像。它利用时间维度的信息，识别并保留有用的图像细节，同时消除不必要的噪点。用户可以调整降噪强度和阈值，以获得最佳的降噪效果。这一功能在处理低光照或高ISO拍摄的素材时尤其有效，可以提升视频画面的清晰度和质量。时域降噪可对整段素材同时进行降噪。下面是具体的操作步骤。

步骤1：打开项目文件"3.6.1 时域降噪.drp"，进入"调色"步骤面板，可以看到，画面噪点比较明显，如图3-85所示。

步骤2：单击工具栏中的"运动特效"按钮 ，调出该面板。单击"时域降噪"下方"帧数"右侧的下拉按钮，选择"5"选项，如图3-86所示。

这里帧数指的是在进行降噪处理时，系统所参考的邻近帧的数量。具体来说，帧数决定了在降噪处理时，软件会使用多少前后帧的信息来计算并减少图像中的噪点。较低的帧数（如2帧）处理速度较快，噪点减少效果相对较弱，适合处理轻度噪点的场景，以避免模糊或出现"鬼影"。较高的帧数（如5帧）处理速度较慢，噪点减少效果更显著，适合处理噪点严重的场景，尤其是在画面运动较少的静态镜头中效果更好。

步骤3：调整"时域阈值"下方参数，将"亮度"和"色度"调至100，如图3-87所示。

图3-85　　　　　　　图3-86　　　　　　　图3-87

操作完成后，可在"检视器"面板中查看最终的效果，原图与效果对比如图3-88所示。

图3-88

技巧与提示

"时域降噪"下的"时域阈值"是用于控制降噪强度的关键参数，它决定了系统对每帧画面与其相邻帧之间的差异进行降噪处理的敏感度。

不同的"时域阈值"参数的意义及影响如下。

1. 低阈值

降噪效果：较为温和。软件只会在相邻帧之间的差异非常小的时候进行噪点的去除，这意味着只有非常轻微的噪点会被消除。

画面保真度：较高。细节和画面中运动物体的清晰度能很好地保留，避免过度平滑或模糊。

适用场景：适用于细节丰富的画面，或当画面中存在较多运动时使用，以避免运动伪影（Motion Artifact）。

2. 高阈值

降噪效果：较好。软件会在更大范围的帧差异下进行降噪处理，能有效去除更多噪点，甚至一些微小的细节差异也会被视为噪点而被处理。

画面保真度：较低。可能会导致细节丢失，尤其是在有大量运动的画面中，可能会引发模糊或拖影。

适用场景：适用于高噪点的画面，或静态镜头下需要更好的降噪效果时使用。

3.6.2　空域降噪

空域降噪通过分析图像的相邻像素，根据它们的差异来减少噪点。用户可以在调色界面中应用空域降噪，调整参数以平衡噪点减少和图像细节保留之间的关系。与时域降噪不同的是，空域降噪只对当前帧画面进行降噪，画面播放至下一帧时，再对下一帧画面做降噪处理。下面是具体的操作步骤。

步骤1：打开项目文件"3.6.2 空域降噪.drp"，进入"调色"步骤面板，可以看到，由于拍摄时光线不均匀，画面噪点比较明显，如图3-89所示。

步骤2：单击工具栏中的"运动特效"按钮，调出该面板。单击"空域降噪"下方"模式"右侧的下拉按钮，选择"更好"选项，如图3-90所示。

步骤3：调整"空域阈值"下方参数，将"亮度"和"色度"调至100，如图3-91所示。

图3-89　　　　　　图3-90　　　　　　图3-91

操作完成后，可在"检视器"面板中查看最终的效果，原图与效果对比如图3-92所示。

图3-92

技巧与提示

"空域降噪"下的"空域阈值"是用于控制降噪强度的重要参数，它决定了对同一帧内像素之间差异进行降噪处理的敏感度。

不同的"空域阈值"参数的意义及影响如下。

1. 低阈值

降噪效果：较为温和。软件只会对像素之间非常小的差异进行降噪，这意味着只有非常轻微的噪点会被消除。

画面保真度：较高。图像的细节、纹理和边缘能很好地保留，避免过度平滑或模糊。

适用场景：适用于细节丰富的画面或希望保留更多图像清晰度的情况。

2. 高阈值

降噪效果：较好。软件会在像素之间存在更大差异的情况下进行降噪处理，能够有效去除更多噪点，甚至一些图像细节也可能被视为噪点而被处理。

画面保真度：较低。可能导致细节的丢失，画面变得更加平滑和模糊，尤其是边缘和纹理部分。

适用场景：适用于噪点较为严重的画面，或希望显著减少噪点时使用。

3.6.3　运动模糊

"运动特效"面板下的运动模糊功能用于模拟快速移动物体或相机运动时的模糊效果。这种效果在视频中常用于增加动态感和真实感，特别是在高速运动或相机剧烈移动的情况下。用户可以通过调整参数控制模糊的强度和方向，以达到想要的视觉效果。运动模糊不仅能够使动作看起来更加流畅、自然，还可以增强影片的戏剧性和视觉吸引力，使得视频编辑更富创意和表现力。

"运动模糊"下的选项和参数相对简单，只有运动估计类型、运动范围和运动模糊3种。

运动估计类型：该选项决定了如何分析和模拟运动模糊效果，根据场景中物体或相机的运动类型来选择合适的模糊算法，确保模糊效果与视频中的运动特征相匹配。其具体类型有"更快""更好""无"，如图3-93所示。

运动范围：该选项决定了应用模糊效果的像素距离，即模糊影响的范围。较大的运动范围会导致更明显的模糊效果，适用于快速移动的物体或相机运动；而较小的运动范围则会产生更细微的模糊效果。该选项允许用户根据具体情况调整模糊的强度和视觉效果的逼真度。其具体范围有"大""中""小"，如图3-94所示。

运动模糊：该参数用于控制模拟运动过程中的模糊效果，如图3-95所示。通过调整参数（0~100），用户可以增强或减弱视频中运动物体或相机移动时的模糊效果。较高的参数值会导致更明显的模糊效果，适用于快速移动场景，而较低的参数值则会保留更多细节和清晰度。

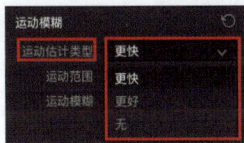 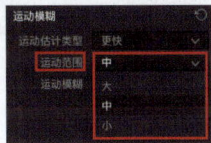 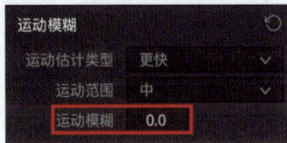

图3-93　　　　　　图3-94　　　　　　图3-95

技巧与提示

产生噪点的原理主要包括以下几点。

1. 低光照条件

在低光照环境下，传感器接收到的光子数量减少，信噪比降低。这会导致传感器放大微弱信号的同时增加噪声，产生噪点。

2. 高ISO设置

提高ISO会增加传感器的信号增益，同时会增加图像中的噪声。高ISO设置下，电子噪声显著增加，导致产生更多的噪点。

3. 热噪声

传感器在工作时会产生热量，尤其是在长时间曝光或高温环境中。这种热量会干扰电荷的正常移动，形成随机的噪声，称为热噪声。

4. 传感器质量

传感器的设计和制造质量对噪点的多少有很大影响。较低质量的传感器往往噪声较多，而高质量的传感器则能有效抑制噪声。

5. 信号处理算法

相机内部的信号处理算法如果优化不足，在处理图像数据时也会引入或放大噪声。例如，过度锐化或不良的降噪算法都可能导致噪点增加。

3.7　课堂案例：荒漠绿堤

文件位置	CH03>项目文件>荒漠绿堤.drp
素材位置	CH03>素材文件>荒漠绿堤.mov
技术掌握	一级调色相关技巧

课堂案例

荒漠绿堤

本案例的最终效果如图3-96所示。

步骤1：启动软件，新建项目，将项目命名为"荒漠绿堤"，如图3-97所示。

步骤2：将"荒漠绿堤.mov"导入"媒体池"面板，并将其拖曳至"时间线"面板，如图3-98所示。

图3-96

在"检视器"面板中可以看到，需调整的画面色彩整体偏黄，颜色相对单调，不够鲜明，如图3-99所示。

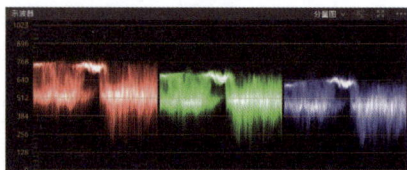

图3-97

图3-98

图3-99

从示波器的分量图可以看出，该画面的亮度信息和色彩信息主要集中在中间调部分，且红色波形高于绿色、蓝色波形，如图3-100所示，所以该画面存在一定程度的色差，色调稍稍偏红。

步骤3：切换至"调色"步骤面板，单击工具栏中的"色轮"按钮 ，调出"色轮"面板，如图3-101所示。

步骤4：在"色轮"面板中，单击左上角的"自动平衡"按钮 ，画面会进行自动平衡，但效果依然无法令人满意，如图3-102所示。

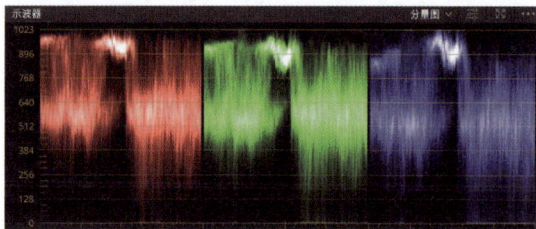

图3-100

图3-101

图3-102

结合分量图可以看出，执行自动平衡操作后，画面的亮度与色彩信息发生了较大变化，红色、绿色、蓝色波形变得相对均衡，色差问题得到一定纠正，如图3-103所示。

步骤5：由于红色、绿色、蓝色暗部波形均偏高，暗部亮度偏亮，故需将"暗部"下方的轮盘向左拖曳，直至"暗部"各参数均显示为-0.05时释放鼠标，以适度降低暗部的亮度，如图3-104所示。

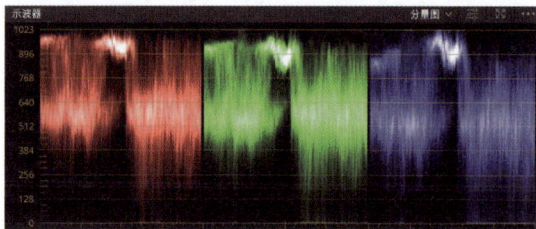

图3-103

图3-104

经过以上调整，画面颜色基本得到校正，但荒漠植被的绿色不够，而画面中的绿色像素主要集中于"暗部"和"中灰"区域，故还需对其进行调整。

步骤6：单击"色轮"面板右上角的"校色条"按钮 ，切换至"一级-校色条"模式。将"暗部"下方的绿色控制柄向上拖曳，直至绿色参数调至0.05时释放鼠标，如图3-105所示。此时，"暗部"区域的绿色得以增强，如图3-106所示。

步骤7：用同样的方法将"中灰"下方的绿色参数调至0.06，如图3-107所示。

至此，本案例就完成了。可在"检视器"面板中查看最终的效果，原图与效果对比如图3-108所示。

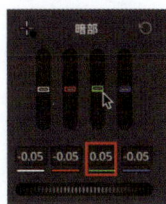

图3-105　　　　图3-106　　　　图3-107　　　　　　　图3-108

3.8　本章小结

本章深入探讨了DaVinci Resolve 18中全局校正的关键工具和技术，包括示波器、颜色校正、色轮、RGB混合器，以及降噪与模糊处理。

示波器是调色师的基本工具，用于分析和校正图像的亮度和色彩信息。在颜色校正方面，本章重点讲解了曝光、自动平衡及镜头匹配的常规用法，它们对一级调色而言极其重要。色轮主要用于调整暗部、中灰、亮部和偏移的颜色与平衡，用户借此可以精确控制各个色调区域，实现理想的视觉效果和颜色校正。RGB混合器为一级调色提供了极高的灵活性和精细控制。而降噪与模糊处理对于提高图像质量非常重要，可改善图像的清晰度，增加画面的动态感和真实感。

通过掌握这些工具和技术，用户将能够有效地进行一级调色，为后续的细节调整和创意处理打下坚实的基础，提高视频作品的整体视觉质量和专业度。

在DaVinci Resolve 18中，中间调细节是一个用于增强或柔化图像中间色调细节的调色工具。中间调细节主要针对图像中间亮度区域（通常是皮肤、自然景观和其他中等亮度的区域等），通过调整中间调细节，可以增强图像的纹理细节或使其变得更加柔和。这对于处理人像、风景等需要保持或增强细节的图像尤其重要。

在"调色"步骤面板中，"色轮"和"HDR调色"面板中均有"中间调细节"参数，如图3-109和图3-110所示。

图3-109　　　　　　　　　　　　图3-110

长按"中间调细节"右侧参数并向左或向右拖曳，可更改"中间调细节"参数值。"中间调细节"参数值变大，画面的中间色调部分会更加清晰和锐利；"中间调细节"参数值变小，画面的中间色调部分会更柔和，适合减少人像中的皮肤瑕疵和纹理。

通过适当调整"中间调细节"参数值，可以在不影响图像整体对比度和色彩平衡的情况下，增强或柔化图像画面中的细节，使图像画面更加符合视觉需求。

3.9 课后练习：舐犊情深

文件位置	CH03>项目文件>舐犊情深.drp	
素材位置	CH03>素材文件>舐犊情深.mp4	
技术掌握	调整曝光、色轮、RGB混合器	

课后练习的最终效果如图3-111所示。

图3-111

参考步骤

（1）启动软件，新建项目，进入"剪辑"步骤面板。

（2）导入素材，将素材拖曳至"时间线"面板。

（3）进入"调色"步骤面板，调出"色轮"面板，用"一级-校色轮"和"一级-校色条"模式分别调整曝光、色调以及中间调细节。

（4）调出"RGB混合器"面板，改变红色、绿色、蓝色通道中其他颜色通道的贡献度，修复色偏、实现创意色彩效果。

（5）调出"运动特效"面板，为画面增加适度的运动模糊效果。

第 4 章

局部调整：二级调色

在 DaVinci Resolve 18 中，二级调色能够对局部区域进行精细调整，使得影视作品在色彩表现上更加丰富和细腻。无论是修正局部色彩、突出重点元素，还是营造特定氛围、增强视觉层次，二级调色都发挥着至关重要的作用，为影片增色不少。

学习重点

◎ 二级调色的概念

◎ 曲线

◎ 限定器

◎ "窗口"面板

◎ 跟踪器

◎ 神奇遮罩

◎ 模糊、锐化与雾化

◎ 键控处理

4.1 二级调色的概念与作用

4.1.1 二级调色的概念

二级调色是影视后期制作中的一种高级色彩处理技术，相对于一级调色（主要调整全片的色彩平衡、曝光、对比度等整体参数），二级调色更注重局部细节和特定区域的色彩优化。二级调色通常在一级调色的基础上进行，通过遮罩、跟踪和键控等技术，对画面中的某些特定部分（如人物肤色、背景、某一物体等）进行单独的色彩调整。这样可以更精确地控制画面效果，增强视觉层次感和戏剧性。

二级调色的应用场景广泛，包括修正特定区域的色差、突出主体、营造特定氛围等。在商业广告、电影、电视等领域，二级调色是提升画面质量和视觉冲击力的重要手段。

4.1.2 二级调色的作用

在DaVinci Resolve 18中，二级调色的作用主要包括以下几个方面。

1. 修正局部色差

二级调色能够精确地修正局部色差，确保画面色调的一致性。在电影《午夜巴黎》中，有些场景因为拍摄光线的变化而导致局部色差。通过二级调色，调色师可以单独调整这些区域，使整部影片的色调更加统一和自然，增强视觉效果和提升观影体验，如图4-1所示。

2. 突出重点元素

通过二级调色，调色师可以突出画面中的重要元素，吸引观众的注意力。在《权力的游戏》中，调色师通过二级调色增强了某些关键元素的颜色和质感，使其在复杂的背景中更加突出。例如，海天之间的维斯特洛城堡，如图4-2所示。

3. 营造特定氛围

二级调色能够通过局部色彩调整来营造特定氛围，增强影片的情感表达和视觉风格。例如，在电影《布达佩斯大饭店》中，调色师通过二级调色，使画面呈现出一种温暖的复古色调，通过调整角色和场景的色彩，营造出一种独特的怀旧氛围，与影片的主题和故事背景相契合，如图4-3所示。

图4-1

图4-2

图4-3

4. 增强视觉层次

二级调色可以通过分区调整不同区域的色彩和亮度，增强画面的层次感和立体感。例如，在电影《盗梦空间》中，不同梦境层次的场景需要明显的视觉区分。调色师通过二级调色分别调整前景和背景的色调和对比度，使每一层梦境都具有独特的视觉特征，帮助观众理解复杂的剧情结构，如图4-4所示。

5. 细化画面细节

通过二级调色，调色师可以细致地调整画面中的细节部分，使其更加清晰和生动。例如，在电影《沙丘》中，调色师通过二级调色增强了沙漠场景中的细节，如沙粒的质感和角色的皮肤纹理，使得整个画面更具视觉冲击力和真实感，如图4-5所示。

6. 美化和强化特效

二级调色可以美化和强化特效，使其更自然地融入画面，提升整体视觉效果。例如，在电影《复仇者联盟》中，调色师通过二级调色增强了各类特效的颜色和亮度，使得光线、爆炸和超能力特效更加逼真和震撼，与实际拍摄的画面无缝衔接，提升了影片的视觉冲击和娱乐效果，如图4-6所示。

| 图4-4 | 图4-5 | 图4-6 |

这些作用使得二级调色在DaVinci Resolve 18中成为一种强大且不可或缺的工具，能够精细地优化和增强影片的视觉效果。

4.2　曲线调色

在DaVinci Resolve 18中，"调色"步骤面板中的"曲线"功能提供了多种工具来精确调整图像的色调和对比度，包括自定义、色相对色相、色相对饱和度、色相对亮度、亮度对饱和度、饱和度对饱和度，以及饱和度对亮度等7种曲线类别。每种曲线都允许用户在特定参数之间创建和调整控制点，从而进行精细的颜色校正和增强。通过这些工具，用户可以实现更复杂和精确的调色效果。

在"调色"步骤面板的工具栏中单击"曲线"按钮 ，即可调出对应的工作面板，如图4-7所示。

图4-7

4.2.1　自定义曲线

在"曲线"面板中单击"自定义"按钮 ，如图4-8所示，可使该面板切换至"曲线-自定义"模式。

自定义曲线是一个强大的工具，允许用户对图像的色调和对比度进行精确调整。它提供了一个灵活的曲线编辑器，用户可以通过在曲线上添加和移动控制点来调整图像的亮度、对比度和颜色平衡。在"曲线-自定义"模式下，面板左边为曲线编辑器，右边为参数控制器。

1. 曲线编辑器

曲线编辑器如图4-9所示，横轴表示明暗程度，纵轴表示色调。从左至右，明暗程度逐渐递增，最左边为最暗色（黑色），最右边为最亮色（白色）。在曲线编辑器的白色对角线上单击可添加控制点，每个控制点代表图像的特定亮度值，用户可添加多个控制点，以便更精细地控制曲线的形状。拖曳控制点可以调整图像不同亮度区域的对比度和色调。向上拖曳控制点可以提高亮度，向下拖曳控制点可以降低亮度，水平拖曳控制点可以改变影响的亮度范围。在某一控制点上单击鼠标右键，可删除该控制点。

2. 参数控制器

参数控制器上方的4个颜色按钮 Y R G B 分别表示亮度、红色、绿色和蓝色通道，用户可单独调整某个通道，或同时调整所有通道。面板右侧的"链接"按钮 ◉ 默认为开启状态，单击该按钮，可使Y、R、G、B等通道在"链接"状态和"取消链接"状态之间切换，如图4-10所示。

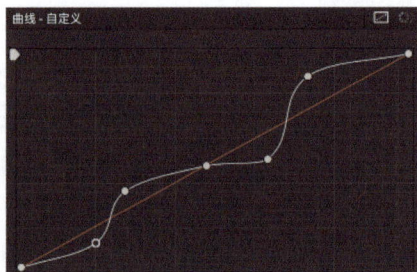

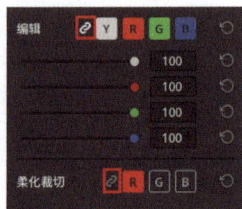

图4-8　　　　　　　　　　　　图4-9　　　　　　　　　　　　图4-10

通过调节这些曲线，用户可以实现微调阴影、中间调和高光部分的亮度和颜色。自定义曲线还支持分别调整各个颜色通道，从而更精准地控制图像的色彩表现。这种灵活性使得自定义曲线非常适合进行细致的颜色校正和风格化调色，满足专业级的调色需求。

下面是具体的操作步骤。

步骤1：打开项目文件"4.2.1 自定义曲线.drp"，进入"调色"步骤面板，在工具栏中单击"曲线"按钮 ，调出"曲线"面板，切换至"曲线-自定义"模式，如图4-11所示。

右侧的分量图显示图像画面的暗部亮度整体偏高，且绿色波形高于红色和蓝色波形，所以画面暗部整体偏绿，如图4-12所示。

步骤2：在白色对角线左下方单击以添加控制点，向下拖曳控制点至图4-13所示的位置时释放鼠标。

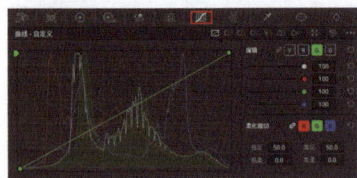

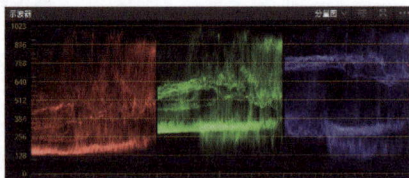

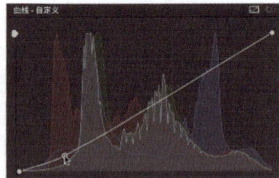

图4-11　　　　　　　　　　　图4-12　　　　　　　　　　　图4-13

步骤3：单击绿色按钮 G ，以便于单独调整绿色色调。将绿色曲线上的控制点向下拖曳至图4-14所示的位置时释放鼠标。

操作完成后，可在"检视器"面板中查看最终的效果，原图与效果对比如图4-15所示。

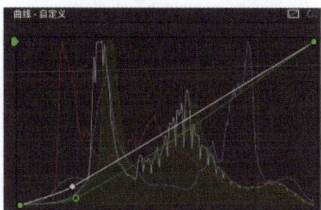

图4-14

图4-15

4.2.2　色相对色相曲线

在"曲线"面板中单击"色相对色相"按钮████，可使该面板切换至"曲线-色相对色相"模式，如图4-16所示。

色相对色相曲线允许用户调整特定颜色的色调。通过在曲线上添加和移动控制点，用户可以改变选定颜色的色相，而不影响图像的其他部分。该功能非常适合进行精确的色彩校正和创意调色。

在"曲线-色相对色相"模式下，鼠标指针在"检视器"面板的图像上滑动时会变为拾取器状态，用户可在所需选择的颜色上单击，色相饱和度上会自动生成3个控制点，中间的控制点为被拾取器拾取的像素色相，左右两个控制点为色相范围，向上或向下拖曳控制点时，所选范围内的色相会发生改变，如图4-17所示。下面是具体的操作步骤。

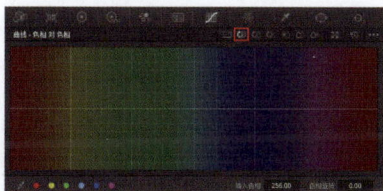

图4-16

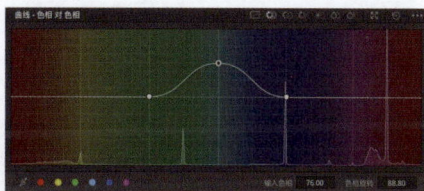

图4-17

步骤1：打开项目文件"4.2.2 色相对色相曲线.drp"，进入"调色"步骤面板，在工具栏中单击"曲线"按钮██，调出"曲线"面板，切换至"曲线-色相对色相"模式。

步骤2：在"检视器"面板中，用拾取器在金色甲虫的背部单击，拾取色相范围，如图4-18所示。

步骤3：在"曲线"面板中，将右边的控制点向右拖曳，以扩大色相范围，如图4-19所示。

步骤4：将中间的控制点上下拖曳，如图4-20所示，可以看到金色甲虫的颜色发生了变化。

图4-18

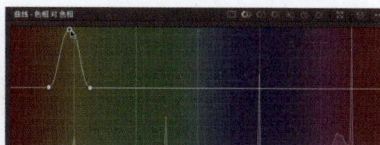

图4-19

图4-20

操作完成后，可在"检视器"面板中查看最终的效果，原图与效果对比如图4-21所示。

图4-21

4.2.3 色相对饱和度曲线

在"曲线"面板中单击"色相对饱和度"按钮 ，可使该面板切换至"曲线-色相对饱和度"模式，如图4-22所示。

色相对饱和度曲线允许用户根据色相调整饱和度。通过在曲线上添加和移动控制点，用户可以提高或降低特定颜色的饱和度，而不影响其他色相。该功能使得色彩校正更加精确，适用于调节特定颜色的鲜艳度。下面是具体的操作步骤。

步骤1：打开项目文件"4.2.3 色相对饱和度曲线.drp"，进入"调色"步骤面板，在工具栏中单击"曲线"按钮 ，调出"曲线"面板，切换至"曲线-色相对饱和度"模式。

步骤2：在"检视器"面板中，用拾取器在绿色叶子处单击，拾取色相范围，如图4-23所示。

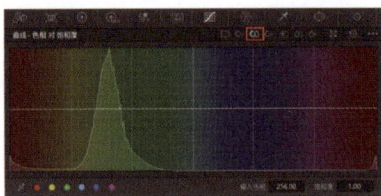

图4-22　　　　　　　　　　　图4-23

步骤3：在"曲线"面板中选中中间的控制点，向上拖曳至最高点，如图4-24所示。

操作完成后，画面中的绿色变得更加鲜艳，可在"检视器"面板中查看最终的效果，原图与效果对比如图4-25所示。

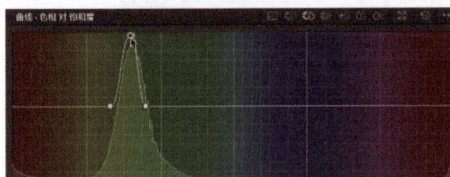

图4-24　　　　　　　　　　　图4-25

4.2.4 色相对亮度曲线

在"曲线"面板中单击"色相对亮度"按钮 ，可使该面板切换至"曲线-色相对亮度"模式，如图4-26所示。

色相对亮度曲线允许用户根据色相调整亮度。通过在曲线上添加和移动控制点，用户可以增加或减少特定颜色的亮度，而不影响其他色相。该功能有助于精确控制特定颜色的明暗度。下面是具体的操作步骤。

步骤1：打开项目文件"4.2.4 色相对亮度曲线.drp"，进入"调色"步骤面板，在工具栏中单击"曲线"按钮 ，调出"曲线"面板，切换至"曲线-色相对亮度"模式。

步骤2：在"检视器"面板中，用拾取器在黄色花朵上单击，拾取色相范围，如图4-27所示。

图4-26　　　　　　　　　　　图4-27

步骤3：在"曲线"面板中选中中间的控制点，向下拖曳至合适的位置，以降低黄色花朵的亮度，如图4-28所示。

操作完成后，黄色花朵的亮度被降低，可在"检视器"面板中查看最终的效果，原图与效果对比如图4-29所示。

图4-28

图4-29

4.2.5　亮度对饱和度曲线

在"曲线"面板中单击"亮度对饱和度"按钮，可使该面板切换至"曲线-亮度对饱和度"模式，如图4-30所示。

亮度对饱和度曲线允许用户根据亮度调整饱和度。通过在曲线上添加和移动控制点，用户可以在不同的亮度范围内提高或降低饱和度。横向来看，从左至右，亮度逐渐递增。该功能使用户能够精确控制图像中暗部和亮部的色彩饱和度，实现更均衡和专业的调色效果。下面是具体的操作步骤。

步骤1：打开项目文件"4.2.5 亮度对饱和度曲线.drp"，进入"调色"步骤面板。在工具栏中单击"曲线"按钮，调出"曲线"面板，切换至"曲线-亮度对饱和度"模式。

步骤2：在"检视器"面板中，用拾取器在屋墙上单击，拾取亮度范围，如图4-31所示。

图4-30

图4-31

步骤3：在"曲线"面板中选中中间的控制点，向上拖曳至合适的位置，如图4-32所示。

操作完成后，画面中亮度在控制点范围内的所有像素的饱和度均得到提高，可在"检视器"面板中查看最终的效果，原图与效果对比如图4-33所示。

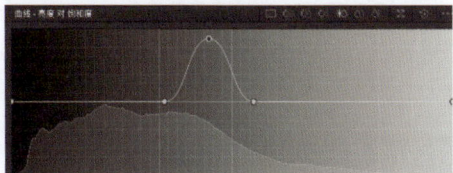

图4-32

图4-33

4.2.6　饱和度对饱和度曲线

在"曲线"面板中单击"饱和度对饱和度"按钮，可使该面板切换至"曲线-饱和度对饱和度"模式，如图4-34所示。

饱和度对饱和度曲线允许用户根据现有饱和度水平调整饱和度。通过在曲线上添加和移动控制点，用户可以增强或降低特定饱和度范围内的颜色强度。横向来看，从左至右，饱和度逐渐递增。该功能有助于在不同的饱和度水平上实现精确的色彩控制，使整体图像的色彩表现更加一致和协调。下面是具体的操作步骤。

步骤1：打开项目文件"4.2.6 饱和度对饱和度曲线.drp"，进入"调色"步骤面板，在工具栏中单击"曲线"按钮，调出"曲线"面板，切换至"曲线-饱和度对饱和度"模式。

步骤2：在"检视器"面板中，用拾取器在浅色衣服上单击，拾取饱和度范围，如图4-35所示。

图4-34

图4-35

步骤3：在"曲线"面板中选中控制点，向下拖曳至合适的位置，如图4-36所示。

操作完成后，画面中饱和度与拾取器所拾取的饱和度水平差不多的所有像素，其饱和度均会被降低，可在"检视器"面板中查看最终的效果，原图与效果对比如图4-37所示。

图4-36

图4-37

4.2.7　饱和度对亮度曲线

在"曲线"面板中单击"饱和度对亮度"按钮，可使该面板切换至"曲线-饱和度对亮度"模式，如图4-38所示。

饱和度对亮度曲线允许用户根据饱和度调整亮度。通过在曲线上添加和移动控制点，用户可以在不同的饱和度范围内提高或降低亮度。该功能使得用户能够在保持或调整色彩鲜艳度的同时，精确控制图像的亮度，提升调色效果的细腻度和专业性。下面是具体的操作步骤。

步骤1：打开项目文件"4.2.7 饱和度对亮度曲线.drp"，进入"调色"步骤面板，在工具栏中单击"曲线"按钮，调出"曲线"面板，切换至"曲线-饱和度对亮度"模式。

步骤2：在"检视器"面板中，用拾取器在右边的酱缸上单击，拾取饱和度范围，如图4-39所示。

图4-38

图4-39

步骤3：在"曲线"面板中选中控制点，向上拖曳至合适的位置，如图4-40所示。

操作完成后，画面中饱和度与拾取器所拾取的饱和度水平差不多的所有像素，其亮度均会被提高，可在"检视器"面板中查看最终的效果，原图与效果对比如图4-41所示。

图4-40　　　　　　　　　　　　　　　　　图4-41

> **技巧与提示**
>
> 　　当"曲线"面板切换至"曲线-色相对色相""曲线-色相对饱和度""曲线-色相对亮度"模式时，面板左下方有6个圆形色块，分别为红、黄、绿、青、蓝、品红，如图4-42所示。
>
> 　　单击其中任意一个色块，曲线编辑器都会在相应的色相范围内自动添加3个控制点。中间的控制点默认为圆形色块对应的色相，拖曳该控制点，可控制该像素的色相、饱和度或亮度；左右两侧的控制点用来确定邻近色相的范围，亦可拖曳该控制点进行调整。

图4-42

案例 4-1　骏马奔腾

文件位置	CH04>项目文件>骏马奔腾.drp
素材位置	CH04>素材文件>骏马奔腾.mp4
技术掌握	曲线调色

案例 4-1

骏马奔腾

　　步骤1：启动软件，新建项目，将项目命名为"骏马奔腾"，进入"剪辑"步骤面板。

　　步骤2：在菜单栏执行"文件 > 导入 > 媒体"命令。

　　步骤3：在弹出的"导入媒体"对话框中导航至目标文件夹，选中"骏马奔腾.mp4"文件，单击右下角的"打开"按钮，如图4-43所示。

　　步骤4：在"媒体池"面板中选中素材文件，将其拖曳至"时间线"面板，如图4-44所示。

图4-43

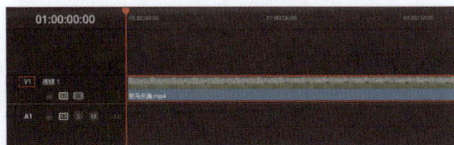

图4-44

步骤5：切换至"调色"步骤面板，在工具栏中单击"曲线"按钮，调出"曲线"面板，切换至"曲线-白定义"模式，如图4-45所示。在"检视器"面板中可以看到画面整体偏灰，亮部不亮，暗部不暗，图像看起来灰蒙蒙的，如图4-46所示。

曲线编辑器的直方图显示画面的亮度信息主要集中在中间调部分，这里需要对阴影和高光处的控制点进行处理，以还原亮度信息。

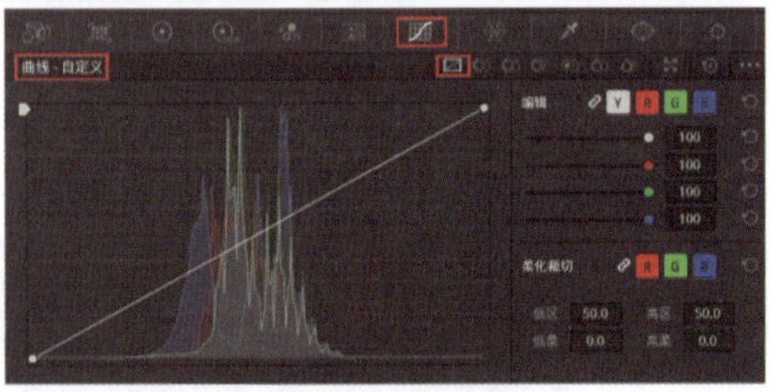

图4-45 　　　　　　　　　　　　　　图4-46

步骤6：选中左下角的控制点，水平向右拖曳至出现亮度信息的最左端，然后选中右上角的控制点，水平向左拖曳至出现亮度信息的最右端，即将两个控制点拖曳至图4-47所示的位置时释放鼠标。

操作完成后，亮部提亮了，暗部变暗了，灰度系数降低了，明暗之间的对比层次也出现了，如图4-48所示。

步骤7：单击"色相对色相"按钮，切换至"曲线-色相对饱和度"模式。在"检视器"面板中，用拾取器分别在草地和蓝天处单击，拾取两个色相范围，如图4-49所示。

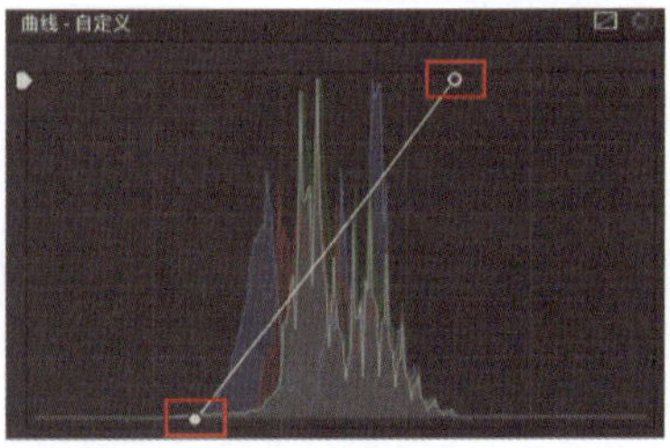

图4-47 　　　　　　　　图4-48 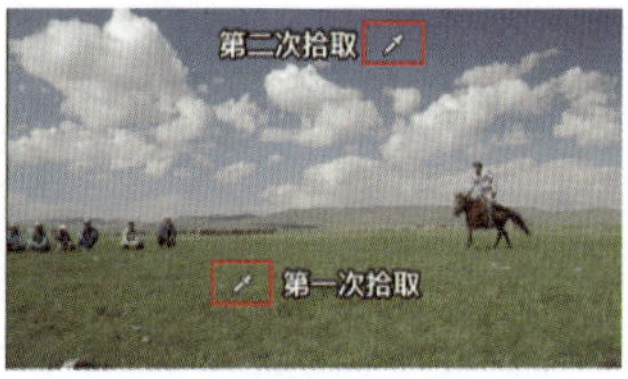　　　　　　　　图4-49

步骤8：在曲线编辑器中，将绿色色相范围中间的控制点向上拖曳，将蓝色色相范围中间的控制点向上拖曳，拖曳至图4-50所示的位置时释放鼠标。

操作完成后，可在"检视器"面板中查看最终的效果，原图与效果对比如图4-51所示。

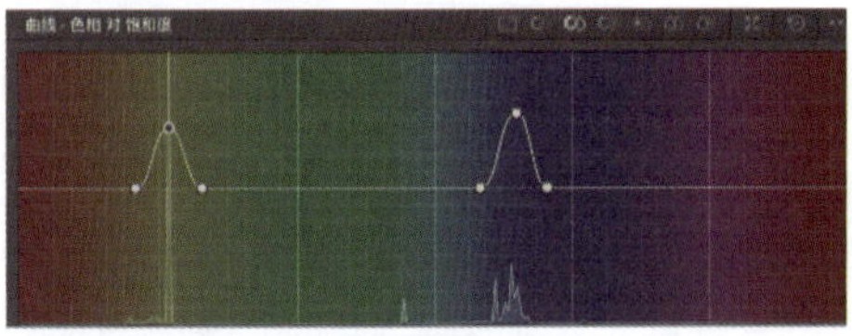

图4-50　　　　　　　　　　　　　　图4-51

4.3　限定器抠像调色

抠像调色对于二级调色至关重要，它允许精确选择和调整特定颜色或图像区域，实现细腻的颜色校正和创意效果。DaVinci Resolve 18中的限定器可用于创建精确的选取区域进行抠像调

色。用户通过调整色相、饱和度和亮度来定义特定颜色或亮度范围。限定器有4种模式，分别为
HSL限定器、RGB限定器、亮度限定器和3D限定器。

4.3.1　HSL限定器

在"调色"步骤面板的工具栏中单击"限定器"按钮![]，可调出"限定器"面板，单击"限
定器"面板中的"HSL"按钮![]即可将面板切换至"限定器-HSL"模式，如图4-52所示。

HSL限定器允许用户通过调整色相、饱和度和亮度来选择特定颜色区域。在正式学习如何使
用限定器之前，需要认识面板工具栏中的几个小工具，如图4-53所示。

图4-52　　　　　　　　　　　　　　　　　图4-53

- 拾取器![]：该工具允许用户直接在图像上选择特定颜色区域，从而快速定义和隔离所需
  的颜色范围进行调色。
- 拾取器减![]：该工具允许用户从已经选取的颜色区域中移除特定颜色。通过在图像上选
  择不需要的颜色区域，可以精确调整选区，进一步优化调色效果。
- 拾取器加![]：该工具允许用户将额外的颜色添加到已选区域中。通过在图像上选择想要
  包含的颜色，可以扩展选区，确保调色更加全面和精确。
- 柔化减![]：该工具允许用户在选定的颜色区域边缘应用柔化效果，使调整更加平滑、自
  然，有助于消除硬边界，使颜色过渡更加自然和无缝。
- 柔化加![]：该工具允许用户在选定的颜色区域边缘增加柔化效果，使颜色过渡更加平滑
  和渐变，有助于在调色过程中更细腻地控制颜色的边界和过渡。
- 反向![]：该工具允许用户反转当前选定的颜色区域，即将已选择和未选择的部分对调，
  从而快速改变调整的焦点，或者在需要时方便地对调整进行反转操作。

下面是具体的操作步骤。

步骤1：打开项目文件"4.3.1　HSL限定器.drp"，进入"调色"步骤面板，在工具栏中单击
"限定器"按钮![]，调出"限定器"面板，切换至"限定器-HSL"模式。

步骤2：在工具栏中单击"拾取器"按钮![]，用拾取器在"检视器"面板中单击野菊的黄色
花瓣，如图4-54所示。

执行操作后，被拾取的HSL范围就被记录在侧边的编辑器中，如图4-55所示。

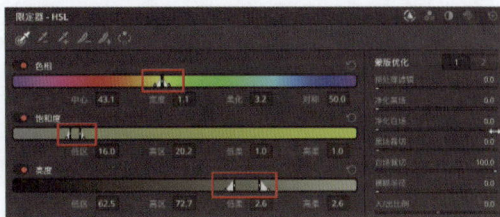

图4-54　　　　　　　　　　　　　　　　　图4-55

步骤3：单击"检视器"面板右上方的隐藏菜单按钮■■■，执行"突出显示 > 突出显示"命令，如图4-56所示。执行操作后，被拾取的抠像区域突出显示在画面中，而未被选中的区域则呈现灰白色，如图4-57所示。

步骤4：黄色花瓣未被完全选中，还需进一步操作。用拾取器在黄色花瓣范围内上下左右地涂抹，直至黄色花瓣被最大程度地选中后再释放鼠标，如图4-58所示。

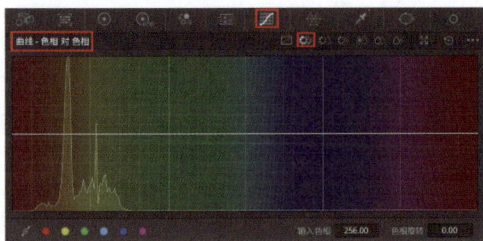

图4-56　　　　　　　　图4-57　　　　　　　　图4-58

步骤5：在"调色"步骤面板的工具栏中单击"曲线"按钮■，调出"曲线"面板，切换至"曲线-色相对色相"模式，如图4-59所示。

步骤6：用拾取器在"检视器"面板的黄色花瓣上单击，拾取色相范围，然后将曲线编辑器上中间的控制点向上拖曳，调整色相，如图4-60所示。

图4-59　　　　　　　　　　　　　　图4-60

执行操作后，"检视器"面板中的黄色花瓣变得偏粉色，如图4-61所示。

步骤7：再次单击"检视器"面板右上方的隐藏菜单按钮■■■，执行"突出显示 > 突出显示"命令，未被拾取的区域即被恢复回来，如图4-62所示。

操作完成后，可在"检视器"面板中查看最终的效果，原图与效果对比如图4-63所示。

图4-61　　　　　　　　图4-62　　　　　　　　图4-63

技巧与提示

"限定器"面板右侧的参数控制器由"蒙版优化1"和"蒙版优化2"两部分构成，单击数字按钮■ 1 ■ 2 可在两个蒙版之间切换，调整这些参数的目的在于优化和调整选区。

"蒙版优化1"的参数如图4-64所示。

预处理滤镜：该参数用于在应用蒙版之前对图像进行初步优化。通过调整该参数值，可以减少噪点和伪影，确保选区更加精准和平滑。

净化黑场：该参数用于优化蒙版的暗部区域。通过调整该参数值，可以减少黑场区域的噪点和杂色，使蒙版边缘更干净和平滑。

净化白场：该参数用于优化蒙版的亮部区域。通过调整该参数值，可以减少白场区域的噪点和杂色，使蒙版边界更加干净和平滑。

黑场裁切：该参数用于调节蒙版中暗部区域的阈值。通过增加该参数值，可以去除低亮度区域的杂色，使暗部更加纯净，提升蒙版精度。

白场裁切：该参数用于调节蒙版中亮部区域的阈值。通过增加该参数值，可以去除高亮度区域的杂色，使亮部更加纯净，提升蒙版精度。

模糊半径：该参数用于调整蒙版边缘的模糊程度。通过增加该参数值，可以使蒙版边缘更柔和，减少锐利边缘，从而实现更自然的过渡效果。

入/出比例：该参数用于调整蒙版边缘的扩展或收缩程度。通过调整该参数值，可以扩大或缩小蒙版选区，精确控制选取区域的边界，以实现更准确的调色效果。

"蒙版优化2"的参数如图4-65所示。

变形操作：该选项用于调整蒙版的收缩、扩展、开放及闭合等不同状态。

变形半径：该参数用于调整蒙版边缘的变形程度。

降噪：该参数用于减少蒙版区域内的噪点和杂色。通过调整该参数值，可以使蒙版更加干净和平滑。

阴影：该参数用于调节蒙版选区中暗部区域的表现。通过调整该参数值，可以精确控制蒙版中阴影区域的细节和对比度。

图4-64　　　　图4-65

中间调：该参数用于在蒙版内部调整中间色调的明暗程度。通过调整该参数值，可以优化蒙版区域内部的色调平衡，确保颜色过渡自然、流畅。

高光：该参数用于控制蒙版区域内高光部分的表现。通过调整该参数值，可以精确地管理蒙版中高光部分的亮度和细节。

后处理滤镜：该参数用于在应用蒙版后对图像进行最终的优化和调整。通过调整该参数值，可以进一步平滑选区边缘、增强对比度或色彩。

使用限定器进行抠像调色时，不仅仅是简单地建立一个选区，对选区进行优化和调整也是非常重要的。其目的在于精确控制、边缘平滑、去除噪点和杂色、增强对比度和细节。优化和调整选区可以确保调色效果的精确性、自然性和专业性，使最终的图像表现更加理想和令人满意。

4.3.2　RGB限定器

在"限定器"面板中单击"RGB"按钮 ⬚，即可切换至"限定器-RGB"模式，如图4-66所示。

RGB限定器允许用户根据红色、绿色、蓝色通道独立选择和调整图像的特定颜色区域。通过调整这些颜色通道上的曲线，用户可以精确定义和调整特定颜色的亮度和饱和度，从而实现更精细的调色效果。下面是具体的操作步骤。

步骤1：打开项目文件"4.3.2　RGB限定器.drp"，进入"调色"步骤面板，在工具栏中单击"限定器"按钮 ⬚，调出"限定器"面板，切换至"限定器-RGB"模式。

步骤2：在工具栏中单击"拾取器"按钮 ⬚，用拾取器在"检视器"面板中单击沙漠，拾取RGB范围，如图4-67所示。

步骤3：单击"检视器"面板右上方的隐藏菜单按钮 ⬚，执行"突出显示＞突出显示"命令，让被拾取的抠像区域突出显示出来。

步骤4：用"拾取器加"工具 ⚡ 在选取范围内涂抹，直至沙漠部分被最大程度地拾取出来，如图4-68所示。

图4-66　　　　　　图4-67　　　　　　图4-68

步骤5：在"调色"步骤面板的工具栏中单击"曲线"按钮 ∫ ，调出"曲线"面板，切换至"曲线-色相对饱和度"模式。

步骤6：用拾取器在"检视器"面板的沙漠上单击，拾取色相范围，然后将曲线编辑器上中间的控制点向上拖曳，提高选取色相的饱和度，如图4-69所示。

步骤7：再次单击"检视器"面板右上方的隐藏菜单按钮 ⋯ ，执行"突出显示 > 突出显示"命令，未被拾取的区域即被恢复回来。

操作完成后，可在"检视器"面板中查看最终的效果，原图与效果对比如图4-70所示。

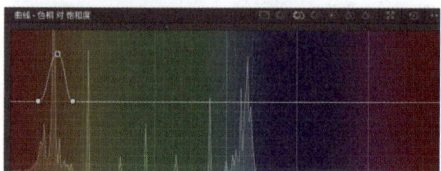

图4-69　　　　　　　　　　　图4-70

4.3.3　亮度限定器

在"限定器"面板中单击"亮度"按钮 ◑ ，即可切换至"限定器-亮度"模式，如图4-71所示。

亮度限定器允许用户基于图像的亮度范围进行精确的调色。通过调整亮度曲线，用户可以定义并修改特定亮度区域内的颜色和对比度，而不影响其他部分。这种功能特别适用于需要分别调整图像中不同亮度区域的场景，如强调阴影或高光部分。下面是具体的操作步骤。

步骤1：打开项目文件"4.3.3 亮度限定器.drp"，进入"调色"步骤面板，在工具栏中单击"限定器"按钮 ✕ ，调出"限定器"面板，切换至"限定器-亮度"模式。

步骤2：在工具栏中单击"拾取器"按钮 ⚡ ，用拾取器在"检视器"面板中单击街灯光亮处，拾取亮度范围，如图4-72所示。

步骤3：单击"检视器"面板右上方的隐藏菜单按钮 ⋯ ，执行"突出显示 > 突出显示"命令，让被拾取的抠像区域突出显示出来。

步骤4：用"拾取器加"工具 ⚡ 在选取范围内涂抹，适度地扩大亮度范围，如图4-73所示。

图4-71　　　　　　图4-72　　　　　　图4-73

步骤5：在"调色"步骤面板的工具栏中单击"色轮"按钮，调出"色轮"面板。将"中灰"下方的轮盘向右拖曳，直至"中灰"各参数增至0.10时释放鼠标；再将"亮部"下方的轮盘向右拖曳，直至"亮部"各参数增至3时释放鼠标，如图4-74所示。

步骤6：再次单击"检视器"面板右上方的隐藏菜单按钮，执行"突出显示＞突出显示"命令，被拾取的街灯区域明显变亮了很多。

操作完成后，可在"检视器"面板中查看最终的效果，原图与效果对比如图4-75所示。

图4-74

图4-75

4.3.4　3D限定器

在"限定器"面板中单击"3D"按钮，即可切换至"限定器-3D"模式，如图4-76所示。

3D限定器允许用户基于色相、饱和度和亮度同时选择和调整图像中的颜色区域。通过在3D色彩空间中定义颜色范围，用户可以更精确地隔离和调整特定颜色。操作时，只需在"检视器"面板的画面上画一条线，即可拾取所需抠像的选区。下面是具体的操作步骤。

步骤1：打开项目文件"4.3.4　3D限定器.drp"，进入"调色"步骤面板，在工具栏中单击"限定器"按钮，调出"限定器"面板，切换至"限定器-3D"模式。

步骤2：在工具栏中单击"拾取器"按钮，用拾取器在"检视器"面板中沿着云下的天空画线，拾取抠像范围，如图4-77所示。

绘制过程中，线条经过的范围会呈现白色，即拾取的区域，非拾取区域则呈现黑色，如图4-78所示。

图4-76

图4-77

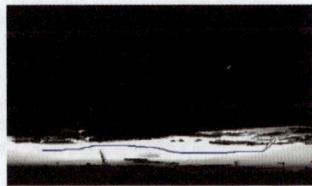

图4-78

释放鼠标后，画面会变回原图，但蓝色线条依然留在画面中，如图4-79所示。

在"限定器"面板的工具栏中单击"显示路径"按钮，如图4-80所示，可使蓝色线条在显示与隐藏之间切换。

步骤3：单击"检视器"面板右上方的隐藏菜单按钮，执行"突出显示＞突出显示"命令，让被拾取的抠像区域突出显示出来，如图4-81所示。

步骤4：切换至"色轮"面板，将面板下方的"饱和度"调为80，"色相"调为100，如图4-82所示。

步骤5：再次单击"检视器"面板右上方的隐藏菜单按钮，执行"突出显示＞突出显示"命令。切换回"限定器"面板，进入"限定器-3D"模式，单击"显示路径"按钮，将蓝色线条隐藏起来。

操作完成后，可在"检视器"面板中查看最终的效果，原图与效果对比如图4-83所示。

图4-79

图4-80

图4-81

图4-82

图4-83

4.4 窗口面板调色

DaVinci Resolve 18的"窗口"面板提供了多种形状工具，用户可以选择四边形、圆形、多边形或自定义形状蒙版，以精确定位需要调色或特效的区域。通过调节形状蒙版的尺寸、位置和羽化程度，用户能够实现精细的区域控制，从而提高调色的精度和效果。

4.4.1 认识"窗口"面板

在"调色"步骤面板的工具栏中单击"窗口"按钮 ，可调出"窗口"面板，如图4-84所示。先来认识一下"窗口"面板的各组成部分。

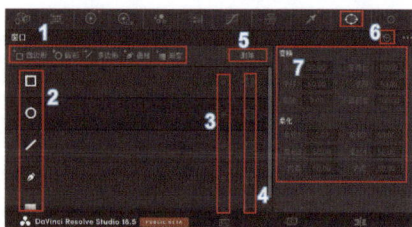

图4-84

（1）形状工具按钮 □四边形 ○圆形 ◇多边形 ✎曲线 ▦渐变：用于绘制四边形、圆形、多边形、曲线和渐变等不同类型的形状蒙版。单击任意一个形状工具按钮，下方的窗口预览面板都会新增一个相应的窗口。

（2）"窗口激活"按钮 ■：用于激活或禁用当前的形状蒙版。单击某一窗口遮罩的激活按钮后，该按钮四周会出现橙色边框，"检视器"面板中会出现对应的形状蒙版。再次单击该按钮，即可关闭该形状蒙版。

（3）"反向"按钮 ◖：用于反转选区，将原本选中的区域变为未选中的区域，未选中的区域变为选中的区域。

（4）"遮罩"按钮 ▤：用于创建特定形状的选区。用户可以选择四边形、圆形、多边形或自定义形状来定义遮罩区域，从而对图像中的特定部分进行调色和特效处理。

（5）"删除"按钮 删除：用于移除当前选中的形状蒙版。使用此按钮，可以快速删除不需要的选区。

（6）"全部重置"按钮 ⊕：用于恢复所有形状蒙版到其默认状态。使用此按钮，可以清除所有已创建的选区和调整，方便用户重新设置窗口。

（7）参数控制器："窗口"面板的参数控制器由"变换"和"柔化"两部分组成，用于控制形状蒙版的大小、位置、旋转、不透明度和柔化程度。

4.4.2　绘制与调整窗口

绘制与调整窗口是二级调色中十分重要的操作，下面按类别来做专门介绍。

1. 四边形和圆形窗口

四边形窗口工具用于创建规则或不规则的四边形蒙版。下面是具体的操作步骤。

步骤1：打开项目文件"4.4.2 绘制与调整窗口"，进入"调色"步骤面板，调出"窗口"面板，在窗口预览面板中单击四边形"窗口激活"按钮■，如图4-85所示。

执行操作后，"检视器"面板中会出现一个四边形蒙版，如图4-86所示。

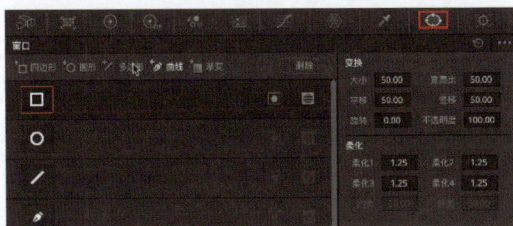
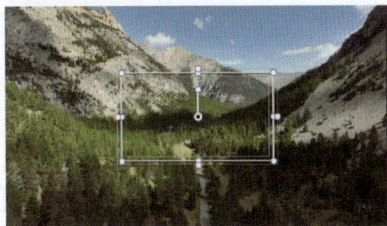

图4-85　　　　　　　　　　　　　　　　　图4-86

将鼠标指针置于四边形窗口内部时，鼠标指针会变为挪移状态✥，在此状态下，上下左右拖曳可更改四边形窗口的平移位置和垂直位置。将鼠标指针置于蓝色或粉色控制点上时，鼠标指针会变为笔尖状态✎，拖曳左上、左下、右上、右下的蓝色控制点，可单独调整这4个控制点的位置，如图4-87所示。

拖曳上中、下中、左中、右中的蓝色控制点，可以同时调整同一侧3个控制点的位置，如图4-88所示。

拖曳上中、下中、左中、右中的粉色控制点，可单独调整4个柔化点的参数值，如图4-89所示。

图4-87　　　　　　　　　　图4-88　　　　　　　　　　图4-89

将鼠标指针置于四边形窗口中间的手柄处时，鼠标指针会变为旋转状态↻，左右拖曳可调整四边形窗口的旋转角度，如图4-90所示。

控制点被调整后，参数的变化情况会在"窗口"面板的参数控制器中反映出来。关于控制点的拖曳调整，同样适用于下文中其他类型的窗口。

步骤2：将四边形窗口调整为图4-91所示的状态。

步骤3：切换至"色轮"面板，在"一级-校色轮"模式中将"暗部"和"中灰"各参数均调为0.18，调整后的画面如图4-92所示。

步骤4：切换回"窗口"面板，单击四边形右侧的"反向"按钮◪，如图4-93所示。执行操作后，四边形窗口内外的效果被反转，如图4-94所示。

图4-90

图4-91

图4-92

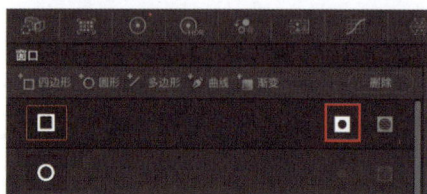

图4-93

图4-94

圆形窗口工具用于创建圆形或椭圆形窗口，其用法与四边形窗口工具一样，此处不赘述。

2. 多边形窗口

多边形窗口工具的用法与四边形窗口工具的大同小异，区别较大之处在于，该工具不仅可以调整控制点，还可以根据需要增加或删除必要的控制点。下面是具体的操作步骤。

步骤1：重新打开项目文件"4.4.2 绘制与调整窗口"，进入"调色"步骤面板，调出"窗口"面板，在窗口预览面板中单击多边形"窗口激活"按钮 ，如图4-95所示。

执行操作后，"检视器"面板中会出现一个四边形窗口。

步骤2：将鼠标指针移至四边形窗口的蓝色边框上，选中合适位置，单击线条，单击处会生成一个新的蓝色控制点，如图4-96所示。

步骤3：将多边形窗口移至天空处，添加若干必要的控制点，然后调整控制点的位置，使多边形窗口与天空轮廓相吻合，如图4-97所示。

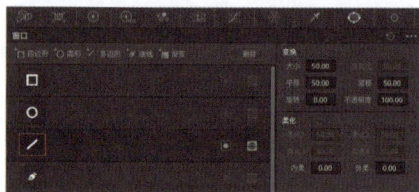

图4-95

图4-96

图4-97

步骤4：切换至"色轮"面板，在"一级-校色轮"模式中将下方的"饱和度"调至100，"色相"调至90，如图4-98所示。

操作完成后，可切换至"剪辑"步骤面板，在"检视器"面板中查看最终的效果，原图与效果对比如图4-99所示。

图4-98

图4-99

3. 曲线窗口

曲线窗口工具允许用户绘制自定义形状蒙版，以实现更精确和灵活的调色和特效处理。下面是具体的操作步骤。

步骤1：在窗口预览面板中单击曲线"窗口激活"按钮![icon]（见图4-100）后，可直接利用鼠标在"检视器"面板的画面上添加控制点、调整控制点，从而绘制出合适的曲线窗口。

步骤2：在画面上单击，每单击一次会添加一个控制点，单击若干次后，使最后一个控制点与第一个控制点重合，即可得到一个闭合状态的非规则多边形窗口，如图4-101所示。

图4-100

步骤3：在画面某一处单击，先添加一个控制点，在第二处单击时，先不释放鼠标，而是拖曳一下，那么产生的第二个控制点就带有弧度和方向，如图4-102所示。

步骤4：用同样的方法完成其他控制点的添加，并使最后一个控制点与第一个控制点重合，即可得到一个闭合状态的非规则曲线窗口，如图4-103所示。

图4-101 　　　　　图4-102 　　　　　图4-103

4. 渐变窗口

渐变窗口工具用于创建线性渐变蒙版，以实现平滑的色彩过渡和精确的调色效果。下面是具体的操作步骤。

步骤1：重新打开项目文件"4.4.2 绘制与调整窗口"，进入"调色"步骤面板，调出"窗口"面板，在窗口预览面板中单击渐变"窗口激活"按钮![icon]，如图4-104所示。

执行操作后，"检视器"面板中会出现一个渐变图标，且标注出渐变的位置和方向，如图4-105所示。

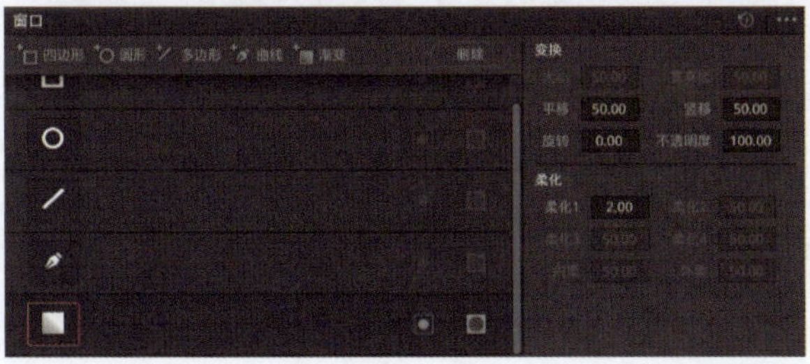

图4-104 　　　　　图4-105

步骤2：切换至"RGB混合器"面板，将"绿色输出"下的绿色参数调至0.20，如图4-106所示。

步骤3：切换回"窗口"面板，在"检视器"面板中选中渐变图标的中心点，向上拖曳至图4-107所示的位置。

步骤4：在"窗口"面板右侧将"柔化1"参数调至10，如图4-108所示。

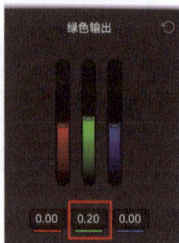

图4-106　　　　　　图4-107　　　　　　　　　　　　图4-108

操作完成后，可在"检视器"面板中查看最终的效果，原图与效果对比如图4-109所示。

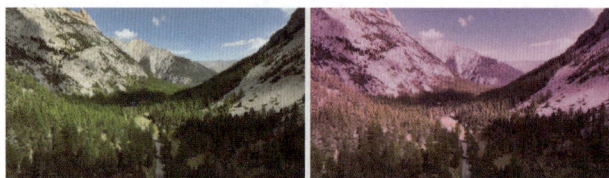

图4-109

4.4.3　删除与重置窗口

在DaVinci Resolve 18中，删除窗口可以帮助用户清除不需要的蒙版，简化调色和特效处理的流程，确保只保留必要的调整；重置窗口则能快速清除所有已创建的选区和调整，使用户可以重新设置窗口，实现更准确和精细的图像处理效果。下面是具体的操作步骤。

步骤1：打开项目文件"4.4.3 删除与重置窗口"，进入"调色"步骤面板，调出"窗口"面板，如图4-110所示，项目中已同时出现了多个窗口。此时，"检视器"面板中的画面效果如图4-111所示。

步骤2：在四边形"窗口激活"按钮■右侧的空白区域单击，选中四边形窗口，然后单击面板中的"删除"按钮 删除 ，如图4-112所示。

图4-110　　　　　　　　图4-111　　　　　　　　图4-112

执行操作后，该窗口被清除出窗口预览面板，"检查器"面板中画面左上方的四边形窗口也消失了，如图4-113所示。

步骤3：单击"窗口"面板右上方的"全部重置"按钮，如图4-114所示，窗口预览面板中的所有窗口都将被重置为初始未激活状态，如图4-115所示。

技巧与提示

在DaVinci Resolve 18中，只能删除手动创建的窗口，默认窗口是无法被删除的，如图4-116所示。

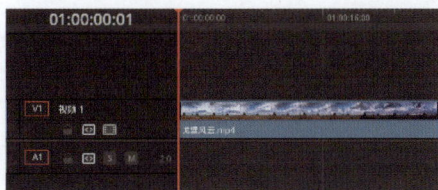

图4-113　　　　图4-114　　　　图4-115　　　　图4-116

案例 4-2　戈壁风云

文件位置	CH04>项目文件>戈壁风云.drp
素材位置	CH04>素材文件>戈壁风云.mp4
技术掌握	绘制不规则窗口，窗口面板调色

案例 4-2
戈壁风云

步骤1：启动软件，新建项目，将项目命名为"戈壁风云"，进入"剪辑"步骤面板；将"戈壁风云.mp4"文件导入"媒体池"面板，并将其拖曳至"时间线"面板，如图4-117所示。

步骤2：切换至"调色"步骤面板，在工具栏中单击"窗口"按钮，调出"窗口"面板，在窗口预览面板中单击曲线"窗口激活"按钮，如图4-118所示。

步骤3：在"检视器"面板中，绘制不规则蒙版，使蒙版刚好将戈壁上的天空遮住，如图4-119所示。

图4-117　　　　　　　　图4-118　　　　　　　　图4-119

步骤4：切换至"色轮"面板，在"一级-校色轮"模式中将"中灰"的亮度参数调为-0.08，红色参数调为0.25，绿色参数调为0.75，蓝色参数调为0.50，如图4-120所示。调整后，窗口内的画面变为暗青色。

步骤5：切换回"窗口"面板，在参数控制器中将"柔化1"参数调为15，如图4-121所示。

操作完成后，可在"检视器"面板中查看最终的效果，原图与效果对比如图4-122所示。

图4-120　　　　　　　　图4-121　　　　　　　　图4-122

4.5　跟踪器

DaVinci Resolve 18中的跟踪器用于跟踪视频中的对象和稳定画面。它通过分析帧与帧之间的移动，自动跟踪选定区域的运动路径，可实现高效而精确的视觉控制。用户可以选择不同的跟踪模式，如平面跟踪、点跟踪和3D跟踪等，以适应各种场景需求。

在"调色"步骤面板的工具栏中单击"跟踪器"按钮 ⊕，可调出"跟踪器"面板。

4.5.1　跟踪对象

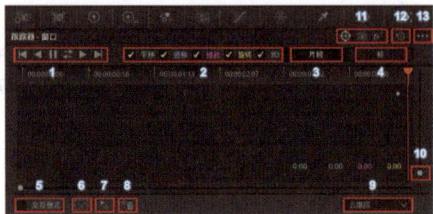

图4-123

先来认识一下"跟踪器"面板的各组成部分，如图4-123所示。

（1）"跟踪操作"区：用于对对象进行跟踪处理，其中包含"向后跟踪一帧" ◀|、"向后跟踪" ◀、"停止跟踪" ▋▋、"正向跟踪与反向跟踪" ⇄、"正向跟踪" ▶、"向前跟踪一帧" |▶等6个不同的操作按钮。

（2）"跟踪类型"选项组：用于选择跟踪的类型，有平移、竖移、缩放、旋转和3D等5个不同类型可供选择。

（3）"片段"按钮 [片段]：用于手动选择视频片段以进行跟踪，使用户可以在特定时间段内应用跟踪效果。

（4）"帧"按钮 [帧]：用于逐帧手动调整跟踪路径，确保在每一帧上实现精确跟踪和效果应用。

（5）"交互模式"选项：用于增强自动跟踪的精度，适用于复杂或快速移动的场景。

（6）"插入"按钮 ■：用于在当前时间点插入一个新的跟踪关键帧，以便手动调整跟踪路径。

（7）"设置跟踪点"按钮 ▶：用于在指定位置或对象上添加一个或多个跟踪点。

（8）"删除"按钮 ▶：用于删除跟踪点。

（9）"跟踪模式"选项：用于切换跟踪模式，其中"云跟踪"模式可以自动跟踪画面上的所有跟踪点，"点跟踪"模式可以在画面上创建一个或多个十字跟踪点。

（10）"缩放"滑块 ●：用于调整跟踪曲线的间隙。

（11）"模式"选项组：用于使"跟踪器"面板在窗口、稳定器和特效FX等不同模式之间切换。

（12）"清除所有跟踪点"按钮 ⊕：用于重置"跟踪器"面板中的所有操作。

（13）"设置"按钮 •••：用于弹出"跟踪器"面板的隐藏菜单及命令。

在"跟踪器"面板中，用户可以手动调整跟踪点，确保在复杂或快速移动的场景中也能保持高精度。通过结合"窗口"面板和"跟踪器"面板，用户能够实现高级的效果，如动态遮罩、精确色彩校正和对象替换，从而提升视频的视觉效果和专业性。下面是具体的操作步骤。

步骤1：打开项目文件"4.5.1 跟踪对象.drp"，进入"调色"步骤面板，调出"窗口"面板，在窗口预览面板中单击曲线"窗口激活"按钮 ✐，如图4-124所示。

步骤2：将"跟踪器"面板中的时间指示器拖曳至最左端，然后在"检视器"面板中沿着红色立方体积木绘制蒙版，如图4-125所示。操作过程中，可在画面上滚动鼠标滚轮，缩放画面大小，以方便用户添加和调整控制点。在"窗口"面板中将"柔化1"参数调为0.50。

步骤3：切换至"色轮"面板，在"一级-校色轮"模式中调整"偏移"色轮控制点的位置，如图4-126所示。

在"检视器"面板中单击"播放"按钮 ▶，可以看到，随着镜头运动，红色立方体积木的位置发生了变化，而形状蒙版依然停留在原处，离开蒙版的部分重新恢复为原来的颜色，如图4-127所示。

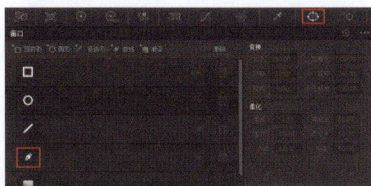

图4-124　　　　　　　图4-125　　　　　　　图4-126　　　　　　　图4-127

步骤4：切换至"跟踪器"面板，在"跟踪器-窗口"模式下勾选"交互模式"复选框，单击"插入"按钮 ，如图4-128所示。

步骤5：单击"跟踪器"面板左上方的"正向跟踪"按钮 ▶，系统开始进行跟踪运算，并生成跟踪曲线，如图4-129所示。

图4-128　　　　　　　　　　　　　　图4-129

操作完成后，可在"检视器"面板中查看最终的跟踪效果，原图与效果对比如图4-130所示。

图4-130

4.5.2　稳定画面

"跟踪器"面板中的稳定器功能用于减少和消除视频中的抖动和不稳定性。通过分析帧间的运动轨迹，稳定器能够平滑视频画面，使其更加流畅和稳定，非常适用于手持拍摄或有不规则运动的场景。下面是具体的操作步骤。

步骤1：打开项目文件"4.5.2 稳定画面.drp"，进入"调色"步骤面板，调出"跟踪器"面板。通过在"检视器"面板中播放预览，可以发现操场画面微微晃动。

步骤2：单击"跟踪器"面板右上方的"稳定器"按钮 ，将面板切换为"跟踪器-稳定器"模式，同时确保"跟踪器"面板中的时间指示器在最左端，如图4-131所示。

步骤3：勾选面板下方的"摄影机锁定"复选框，单击右上方的"稳定"按钮，如图4-132所示。

执行操作后，自动弹出"视频稳定"对话框，系统开始进行稳定运算，如图4-133所示。

图4-131　　　　　　　图4-132　　　　　　　图4-133

操作完成后，可在"检视器"面板中查看最终的稳定效果。

> **技巧与提示**
>
> 　　跟踪器有3种不同的解算模式，分别为透视解算模式、相似度解算模式
> 和平移解算模式。用户可根据需求选择合适的解算模式，以实现更好的稳
> 定效果。单击"跟踪器"面板右下角"透视解算模式"右侧的下拉按钮，
> 即可切换使用不同的解算模式，如图4-134所示。
>
>
> 图4-134
>
> 　　透视解算模式：通过调整画面透视来消除抖动，适用于具有复杂运动
> 和角度变化的镜头。
>
> 　　相似度解算模式：通过调整缩放、旋转和位移来稳定画面，适用于轻微抖动的镜头。
>
> 　　平移解算模式：通过调整画面的位置来消除抖动，适用于简单的水平或垂直运动镜头。

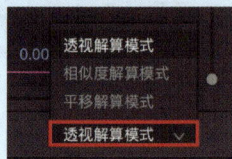

4.6 神奇遮罩

　　DaVinci Resolve 18中的神奇遮罩用于快速实现复杂的遮罩效果。通过机器学习和人工智能技术，神奇遮罩能够自动识别和跟踪视频中的人物、物体或特定区域，用户无须手动绘制遮罩。用户只需在图像上单击，即可选择要遮罩的区域，然后神奇遮罩会自动生成精确的遮罩路径，并在整个视频片段中跟踪该区域。这一功能极大地简化了复杂场景中遮罩的创建过程，尤其适用于需要在视频中隔离人物、改变背景或应用特定效果的场景。

图4-135

　　在"调色"步骤面板的工具栏中单击"神奇遮罩"按钮 ，可调出"神奇遮罩"面板。该面板由工具栏、"遮罩"面板和参数控制器3部分构成，如图4-135所示。

　　神奇遮罩有"神奇遮罩-物体"和"神奇遮罩-人体"两种模式，其工具按钮与"跟踪器"面板中的工具按钮大体相似，此处不赘述。

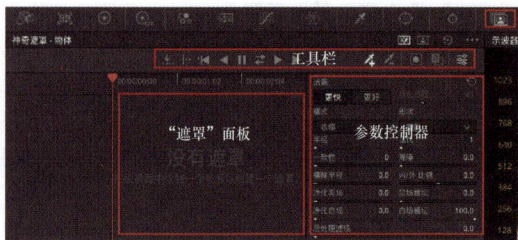

4.6.1 物体遮罩

　　单击"神奇遮罩"面板右上方的"物体遮罩"按钮 ，可进入"神奇遮罩-物体"模式。物体遮罩可利用人工智能自动识别和跟踪视频中的特定物体，创建精准的遮罩，方便用户进行独立调色和特效处理。下面是具体的操作步骤。

　　步骤1：打开项目文件"4.6.1 物体遮罩.drp"，进入"调色"步骤面板，调出"神奇遮罩"面板，切换至"神奇遮罩-物体"模式。

　　步骤2：在"检视器"面板中，鼠标指针会变为"拾取器加"状态 ，在画面的花朵上单击并拖曳鼠标，绘制一个粗略的区域，覆盖想要跟踪的物体，神奇遮罩将自动识别并创建初步遮罩，如图4-136所示。

　　步骤3：在参数控制器中，将"质量"设置为"更好"，将"模糊半径"调为0.2，如图4-137所示。

　　步骤4：确保时间指示器在"遮罩"面板的最左端，单击工具栏中的"正向跟踪"按钮 ，

如图4-138所示。

执行操作后，自动弹出"神奇遮罩"对话框，系统开始进行跟踪运算，如图4-139所示。

图4-136	图4-137	图4-138	图4-139

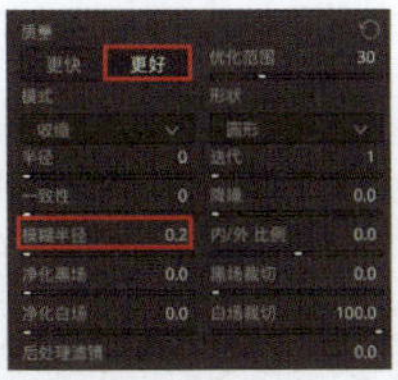

步骤5：切换至"RGB混合器"面板，在"红色输出"中将红色参数调为0.45，如图4-140所示。

操作完成后，可在"检视器"面板中查看最终的跟踪调色效果，原图与效果对比如图4-141所示。

图4-140

图4-141

4.6.2　人体遮罩

单击"神奇遮罩"面板右上方的"人体遮罩"按钮，可进入"神奇遮罩-人体"模式。人体遮罩可自动识别和跟踪视频中的人体，生成精确的遮罩。与物体遮罩不同的是，人体遮罩可对画面中人物的主体和特征进行精细识别。单击"特征"下方的下拉按钮，可选择需要重点识别的人体部分，如图4-142所示。下面是具体的操作步骤。

步骤1：打开项目文件"4.6.2 人体遮罩.drp"，进入"调色"步骤面板，调出"神奇遮罩"面板，切换至"神奇遮罩-人体"模式。

步骤2：在"检视器"面板中，鼠标指针会变为"拾取器加"状态，在画面的女生的衣服上单击并拖曳鼠标，绘制一个粗略的区域，覆盖想要跟踪的物体，神奇遮罩将自动识别并创建初步遮罩，如图4-143所示。

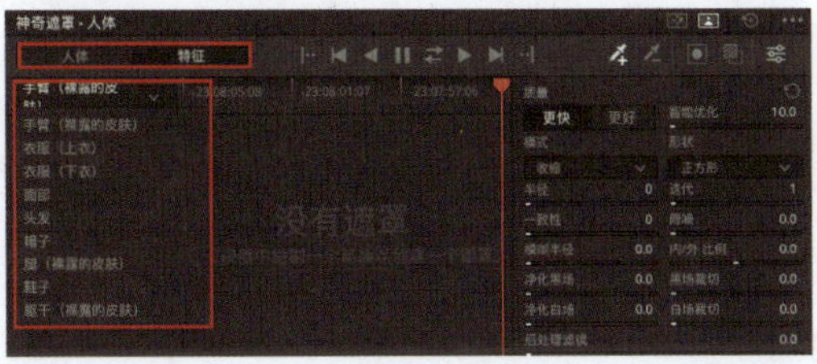

图4-142

图4-143

步骤3：单击面板左上方的"特征"按钮 特征 ，单击下拉按钮，选择"衣服（上衣）"选项，如图4-144所示。

步骤4：确保时间指示器在"遮罩"面板的最左端，单击工具栏中的"正向跟踪"按钮▶，系统自动进行跟踪运算。

步骤5：切换至"色轮"面板，将"中灰"下的蓝色参数值调为0.70，如图4-145所示。

切换回"神奇遮罩"面板，在参数控制器中适度调整各参数。操作完成后，可在"检视器"面板中查看最终的跟踪调色效果，原图与效果对比如图4-146所示。

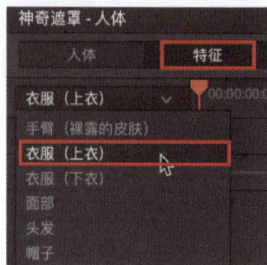
图4-144

图4-145

图4-146

技巧与提示

单击工具栏中的"蒙版设置"按钮，可展开或隐藏神奇遮罩的参数控制器，如图4-147所示。

质量：用于调整遮罩生成和跟踪的精度，包含"更快"和"更好"两种模式。"更快"模式优先提高处理速度，"更好"模式优先提高遮罩的精度。

模式：用于精细调整遮罩区域，包含"收缩""扩展""开放""闭合"这4种模式。"收缩"模式可减少遮罩的边界，使选区变小；"扩展"模式可增加遮罩的边界，使选区变大；"开放"模式可去除遮罩中的小区域，平滑遮罩边缘；"闭合"模式可填充遮罩中的小洞，连接分离的区域。

半径：影响神奇遮罩的搜索范围，用于检测和跟踪对象的轮廓。较大的半径值会增加遮罩的搜索区域，较小的半径值则会限制搜索范围，适用于相对简单或者静止的场景。

图4-147

一致性：用于调整遮罩边缘的稳定性和连续性，该参数控制遮罩在帧与帧之间的变化平滑程度。

净化黑场：用于清理遮罩区域内的黑色部分。

净化白场：用于清理遮罩区域内的白色部分。

智能优化：用于自动优化遮罩的边缘和内部区域，通过智能算法减少噪点和不必要的细节，提升遮罩的整体质量。

形状：允许用户选择不同的遮罩形状，以便快速创建基本几何形状的遮罩区域，如正方形、圆形和菱形等。

迭代：用于控制遮罩跟踪过程中反复调整的次数，影响遮罩的精度和细节。较小的迭代值会使遮罩跟踪过程中的调整次数较少，处理速度较快，但遮罩的精度可能较低；较大的迭代值会使遮罩跟踪过程中进行更多次的调整，处理速度较慢，但遮罩的精度较高。

降噪：用于减少遮罩中的噪点和颗粒。

内/外比例：用于控制遮罩的内外比例。

黑场裁切：用于裁切遮罩区域内的黑色部分。

白场裁切：用于裁切遮罩区域内的白色部分。

后处理滤镜：用于进一步优化和调整遮罩效果。

案例 4-3   灿烂笑容

文件位置	CH04>项目文件>灿烂笑容.drp
素材位置	CH04>素材文件>灿烂笑容.mp4
技术掌握	神奇遮罩

案例4-3
灿烂笑容

步骤1：启动软件，新建项目，将项目命名为"灿烂笑容"，进入"剪辑"步骤面板；将"灿烂笑容.mp4"文件导入"媒体池"面板，并将其拖曳至"时间线"面板，如图4-148所示。

步骤2：切换至"调色"步骤面板，单击工具栏中的"神奇遮罩"按钮  ，调出"神奇遮罩"面板；然后单击面板右上方的"人体遮罩"按钮 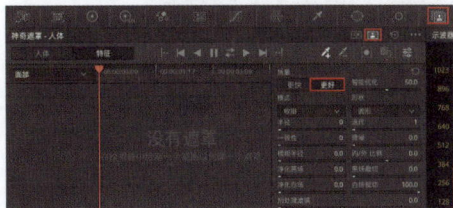 ，进入"神奇遮罩-人体"模式，选择"更好"选项，如图4-149所示。

图4-148   图4-149

步骤3：单击面板左上方的"特征"按钮 ▌▌▌▌特征 ，单击下拉按钮，选择"面部"选项，如图4-150所示。

步骤4：在"检视器"面板的画面上单击并拖曳鼠标，绘制跟踪区域，如图4-151所示。

步骤5：确保时间指示器在面板的最左端，单击工具栏中的"正向跟踪"按钮 ▶ ，系统开始进行跟踪运算，并生成跟踪曲线，如图4-152所示。

图4-150   图4-151   图4-152

步骤6：切换至"曲线"面板，在参数控制器中单击蓝色按钮，调整蓝色曲线，如图4-153所示。

操作完成后，可在"检视器"面板中查看最终的跟踪调色效果，原图与效果对比如图4-154所示。

图4-153   图4-154

4.7 模糊、锐化与雾化

DaVinci Resolve 18中的"模糊"面板提供了3种不同的操作模式，分别是"模糊-模糊""模糊-锐化"和"模糊-雾化"。在"调色"步骤面板的工具栏中单击"模糊"按钮，即可调出"模糊"面板，如图4-155所示。

图4-155

4.7.1 模糊处理

图4-156

单击"模糊"面板右上方的"模糊"按钮，可进入"模糊-模糊"模式，如图4-156所示。

模糊功能可用于柔化图像细节，实现运动模糊效果或模拟景深效果。其中，"半径"参数用于调整模糊效果的强度，半径越大，图像越模糊；"水平/垂直比率"参数用于调整模糊效果在水平方向和垂直方向上的比例，实现不同方向的模糊效果；"缩放比例"参数用于调整模糊效果的范围和比例，影响整体模糊的范围和细节。下面是具体的操作步骤。

步骤1：打开项目文件"4.7.1 模糊处理.drp"，进入"调色"步骤面板，调出"窗口"面板。

步骤2：在窗口预览面板中单击圆形"窗口激活"按钮，如图4-157所示。

步骤3：在"检视器"面板中调整圆形窗口遮罩，使其刚好罩在蝴蝶上，如图4-158所示。

步骤4：在窗口预览面板中单击圆形右侧的"反向"按钮，将"柔化1"参数调为4，如图4-159所示。

图4-157 图4-158 图4-159

步骤5：切换至"模糊"面板，进入"模糊-模糊"模式，向上拖曳"半径"滑块，将所有参数增加至1.50时释放鼠标，如图4-160所示。

操作完成后，可在"检视器"面板中查看最终的效果，原图与效果对比如图4-161所示。

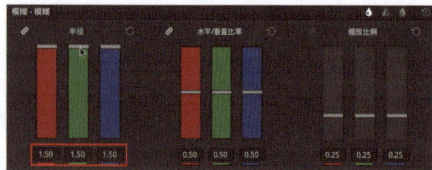

图4-160 图4-161

4.7.2 锐化处理

单击"模糊"面板右上方的"锐化"按钮，可进入"模糊-锐化"模式，如图4-162所示。

锐化功能可用于增强图像边缘和细节，其参数与模糊功能的参数一样，但它是专门用来调整画面的锐化程度的，降低"半径"参数时，可增强画面的锐化程度与清晰度。下面是具体的操作步骤。

步骤1~步骤4同4.7.1节。

步骤5：切换至"模糊"面板，进入"模糊-锐化"模式，向下拖曳"半径"滑块，将所有参数降低至0时释放鼠标，如图4-163所示。

操作完成后，可以看到蝴蝶周围的植物变得更清晰了，可在"检视器"面板中查看最终的效果，原图与效果对比如图4-164所示。

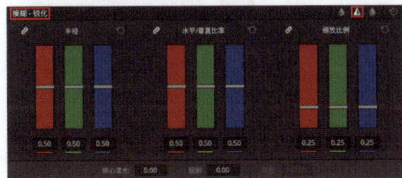 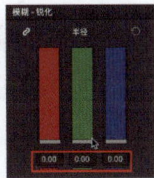 

图4-162　　　　　　　图4-163　　　　　　　图4-164

4.7.3　雾化处理

单击"模糊"面板右上方的"雾化"按钮，可进入"模糊-雾化"模式，如图4-165所示。

雾化功能可用于为图像添加柔和的朦胧效果，适合营造梦幻或浪漫氛围。"半径"参数越大，模糊效果越明显，"半径"参数越小，锐化效果越明显；"混合"参数用于调整雾化效果与原始图像的混合程度，控制雾化效果的透明度和强度。下面是具体的操作步骤。

步骤1：打开项目文件"4.7.3 雾化处理.drp"，进入"调色"步骤面板，调出"模糊"面板，进入"模糊-雾化"模式。

步骤2：在"模糊"面板中，向下拖曳"半径"滑块，将所有参数降低至0.25时释放鼠标，再将"混合"参数调为25，如图4-166所示。

操作完成后，可以看到森林好像被一层朦胧的雾气笼罩，可在"检视器"面板中查看最终的效果，原图与效果对比如图4-167所示。

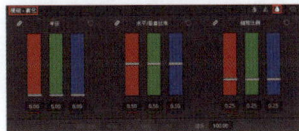 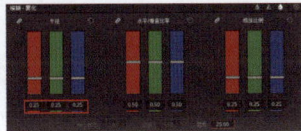 

图4-165　　　　　　　图4-166　　　　　　　图4-167

4.8　键控处理

Alpha通道（透明度通道）可以定义图像的哪些部分是完全透明、半透明或不透明的，广泛用于合成、遮罩和层叠效果。通过调整Alpha通道，用户可以实现精细的透明效果，从而实现无缝的图像融合和专业的视觉合成。Alpha通道由黑白图表示画面的透明信息，黑色代表画面中完全透明的区域，白色代表画面中完全不透明的区域，灰色代表画面中半透明的区域。

在DaVinci Resolve 18中，"键"指的是Alpha通道，用户可利用"键"面板控制和调整Alpha通道，从而达到二级调色的目的。

4.8.1　认识"键"面板

在"调色"步骤面板的工具栏中单击"键"按钮 ，即可调出"键"面板，如图4-168所示。"键"面板由三大区域构成，分别为工具区、参数区和键图示区，如图4-169所示。

图4-168 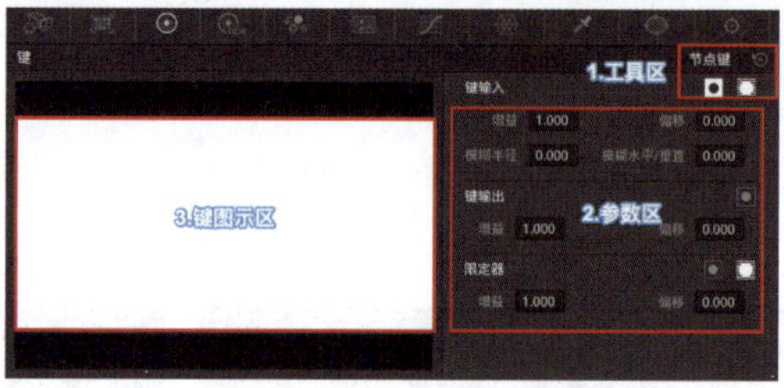　　　　　　　　　　　　　　　　　图4-169

1.　工具区

"节点键"按钮 节点键 ：用于对节点应用键控效果，使用户能够在节点树中精确调整透明度和合成效果。

"遮罩"按钮 ：用于创建和调整遮罩区域，精确控制图像的透明度和键控效果，单击该按钮后可开启或关闭键控区域。

"键"按钮 ：用于创建、编辑和管理色度键和亮度键，单击该按钮后可将键转换为遮罩。

"全部重置"按钮 ：用于重置所有的键控操作。

2.　参数区

键输入：用于调整键控效果的输入结果，包括"增益""偏移""模糊半径""模糊水平/垂直"4个参数。"增益"和"偏移"参数用于调节键控区域的黑白亮度和对比度，"模糊半径"和"模糊水平/垂直"参数用于控制键控边缘的柔化程度和方向性。

键输出：用于调整键控效果的输出结果，用户可以通过这些参数控制键控区域的透明度、边缘柔化和色彩混合。

3.　键图示区

键图示区用于显示键控图像。

4.8.2　使用Alpha通道

在DaVinci Resolve 18中，利用"键"面板控制Alpha通道进行二级调色的原理是通过键控技术选取特定颜色或亮度范围，生成一个Alpha通道遮罩。这些遮罩限定了调色影响的区域，使得调色师可以精准地调整图像或视频的特定部分。通过调节"键"面板中的参数，如增益、偏移、模糊半径等，可以精细地控制Alpha通道的形状和边缘，从而实现局部的色彩校正和效果应用，同时保持其他区域不受影响。下面是具体的操作步骤。

步骤1：打开项目文件"4.8.2 使用Alpha通道.drp"，进入"调色"步骤面板，调出"窗口"面板。

步骤2：在窗口预览面板中单击多边形"窗门激活"按钮 ，如图4-170所示。

步骤3：在"检视器"面板中调整多边形窗口遮罩，使其刚好罩在大厦灯塔的发光区域，如图4-171所示。

步骤4：切换至"跟踪器"面板，在"跟踪器-窗口"模式下勾选"交互模式"复选框，单击"插入"按钮▒▒，如图4-172所示。

图4-170

图4-171

图4-172

步骤5：在"跟踪器"面板中单击"正向跟踪"按钮▶，完成遮罩跟踪操作。

步骤6：在"节点"面板中选中01节点，然后将01节点处的"键输入"图标▶向左下拖曳，拖曳过程中会产生一条虚线，待拖曳至"源"图标●上并与其重合时释放鼠标，如图4-173所示。

步骤7：在"节点"面板空白处单击鼠标右键，弹出快捷菜单，执行"添加Alpha输出"命令，如图4-174所示。执行命令后，"节点"面板右下方出现一个"Alpha最终输出"图标●，如图4-175所示。

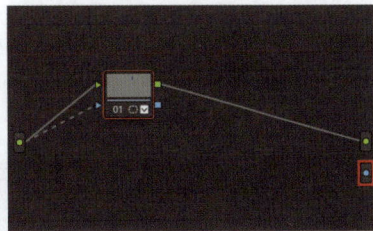
图4-173

图4-174

图4-175

步骤8：将01节点处的"键输出"图标■向右下拖曳，使其与"Alpha最终输出"图标●相连，如图4-176所示。

步骤9：切换至"色轮"面板，将"暗部"和"中灰"各参数均调为0.15，将"偏移"色轮的控制点拖曳至红色色相范围，如图4-177所示。

步骤10：切换至"剪辑"步骤面板，在"时间线"面板中将已调色素材向上拖曳至V2轨道，再在"媒体池"面板中将原素材拖曳至"时间线"面板最左端，使其与V2轨道素材对齐，如图4-178所示。

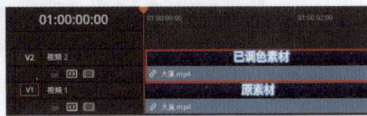
图4-176

图4-177

图4-178

执行操作后，画面中除遮罩灯塔之外的透明区域（黑色区域）变为半透明状态（灰色区域），这一过程会在键图示区的黑白图中显示出来。

操作完成后，可在"检视器"面板中查看最终的效果，原图与效果对比如图4-179所示。

图4-179

4.9 课堂案例：浅草没马蹄

文件位置	CH04>项目文件>浅草没马蹄.drp
素材位置	CH04>素材文件>浅草没马蹄.mp4
技术掌握	二级调色相关技巧

本案例的最终效果如图4-180所示。

步骤1：启动软件，新建项目，将项目命名为"浅草没马蹄"，如图4-181所示。

步骤2：将"浅草没马蹄.mp4"文件导入"媒体池"面板，并将其拖曳至"时间线"面板，如图4-182所示。

步骤3：切换至"调色"步骤面板，单击工具栏中的"限定器"按钮，调出"限定器"面板。

图4-180

步骤4：用拾取器在"检视器"面板中画面的天空处单击，拾取HSL范围，如图4-183所示。

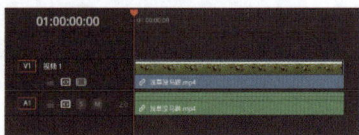

图4-181   图4-182   图4-183

步骤5：单击"检视器"面板右上方的隐藏菜单按钮，执行"突出显示>突出显示"命令，如图4-184所示。

执行操作后，被拾取的抠像区域突出显示在画面中，而未被选中的区域则呈现灰白色，如图4-185所示。

图4-184   图4-185

步骤6：切换至"曲线"面板，分别调整红色和绿色曲线，如图4-186所示。

步骤7：再次执行"突出显示>突出显示"命令，在"检视器"面板中查看调整曲线后的效果，如图4-187所示。

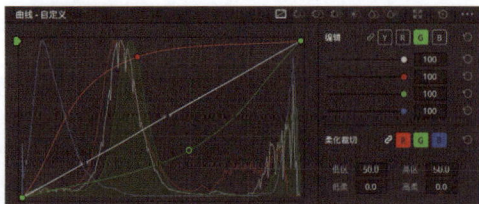

图4-186   图4-187

步骤8：在"节点"面板的01节点上单击鼠标右键，弹出快捷菜单，执行"添加节点 > 添加外部节点"命令，如图4-188所示。

执行操作后，"节点"面板中会添加一个编码为02的节点，选中02节点，如图4-189所示。

步骤9：切换至"色轮"面板，在"一级-校色轮"模式中将"中灰"各参数调至0.05，"饱和度"调为85，如图4-190所示。

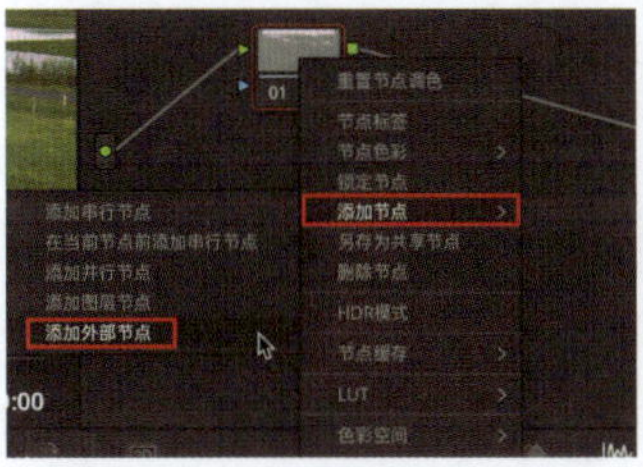

图4-188 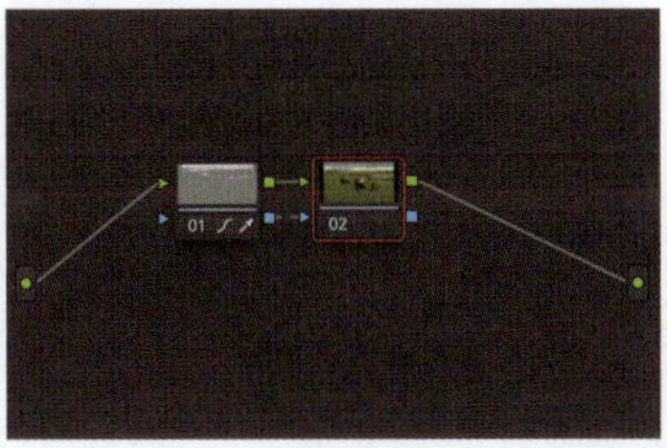　　　　　　　　　图4-189 　　　　　　　　　图4-190

至此，本案例就完成了。可在"检视器"面板中查看最终的效果，原图与效果对比如图4-191所示。

图4-191

4.10　本章小结

本章深入探讨了DaVinci Resolve 18中用于二级调色的多种工具和技术。

利用"曲线"面板，可以对特定色彩、亮度范围进行精准调整，从而实现更加细腻的调色效果。利用"限定器"面板，可以选择和调整图像中的特定颜色和亮度区域，使调色范围更加精确。利用"窗口"面板，可以用各种形状（如圆形、四边形等）窗口来限定调色区域，还可以通过调整窗口参数来实现更细致的局部调整。利用"跟踪器"面板，可以跟踪动态场景中的对象，并在跟踪过程中保持调色效果的稳定性和一致性。利用"神奇遮罩"面板，可以自动识别和遮罩复杂形状，使得调色更加高效和精确。利用"键"面板，可以控制和调整Alpha通道，实现精准的局部调色。

通过本章的学习，用户应该掌握如何利用这些强大的工具和技术进行专业级的二级调色，能够在保持整体视觉效果的同时，对特定区域进行精细调整，提升作品的质量和视觉吸引力。

知识拓展　蒙版/遮罩

蒙版/遮罩的定义如下。

蒙版（Mask）是图像处理和视频编辑中的一种工具，用于在图像或视频的特定区域内应用效果或调整，而不影响其他部分。蒙版通过定义透明和不透明区域，精确控制这些区域的处理，使得用户能够在图像或视频的特定部分进行独立操作，从而实现更加细致和局部化的编辑。

遮罩（Matte）是图像处理和视频编辑中的一种技术，用于控制图像或视频的特定区域的透明度或可见性。遮罩通过定义哪些区域应该显示或隐藏，实现精确的图像合成、特效应用和局部调整。遮罩通常使用Alpha通道信息来确定图像或视频中每个像素的透明度，从而实现不同部分的独立编辑和处理。

蒙版/遮罩的作用如下。

（1）局部调整：通过蒙版/遮罩，可以对图像或视频的特定区域进行颜色校正、亮度调整、模糊、锐化等处理，而不影响其他部分。

（2）特效应用：在视频特效中，蒙版/遮罩用于创建特定形状的效果区域，例如光晕、阴影或纹理叠加。

（3）图像合成：在合成多个图像或视频时，蒙版/遮罩用于精确控制各层之间的透明度和混合效果，实现无缝合成。

蒙版/遮罩的工作原理如下。

二者皆基于Alpha通道，定义了图像或视频中每个像素的透明度。Alpha通道的值范围为0～255，其中0表示完全透明，255表示完全不透明。通过调整Alpha通道的值，用户可以控制图像或视频的不同部分的透明度。

蒙版/遮罩的使用步骤如下。

（1）创建蒙版/遮罩：使用绘制工具或自动选择工具在图像或视频中创建一个蒙版/遮罩区域。这个区域可以是任意形状，例如四边形、圆形、渐变或复杂的手绘形状。

（2）调整蒙版/遮罩：调整蒙版/遮罩的边缘羽化（模糊边缘）和透明度，使蒙版/遮罩区域与周围部分自然过渡。

（3）应用效果：在创建好的蒙版/遮罩区域内应用所需的效果或调整。例如，可以在蒙版/遮罩区域内增加亮度、改变颜色或应用模糊效果。

在视频中，蒙版/遮罩可以随时间变化或跟踪移动对象，实现动态效果。使用跟踪器或关键帧动画，可以让蒙版/遮罩跟随视频中的特定元素移动。

4.11　课后练习：萌宠光环

文件位置	CH04>项目文件>萌宠光环.drp
素材位置	CH04>素材文件>萌宠光环.mp4
技术掌握	限定器、窗口、跟踪器、键

课后练习的最终效果如图4-192所示。

图4-192

参考步骤

（1）启动软件，新建项目，进入"剪辑"步骤面板。

（2）导入素材，将素材拖曳至"时间线"面板。

（3）进入"调色"步骤面板，通过"限定器"和"曲线"面板调整背景草地的颜色。

（4）添加节点，选中新节点。

（5）在小狗头顶上绘制椭圆形遮罩，通过"RGB混合器"和"曲线"面板调整"光环"颜色。

（6）在"跟踪器"面板中，设置跟踪遮罩。

（7）在"键"面板中，调整参数值。

第 5 章

进阶操作：节点调色

节点（Node）是 DaVinci Resolve 18 强大调色功能的核心。节点系统允许用户以灵活、模块化的方式处理和组合多种视觉效果、调色操作和图像合成。

学习重点

◎ 节点概念

◎ 串行节点

◎ 并行节点

◎ 键混合器节点

◎ 分离器 / 结合器节点

5.1 认识节点

在DaVinci Resolve 18中，节点是图像处理和效果应用的基本单元，可以将其类比为After Effects或Photoshop中的图层。每个节点代表一个特定的处理步骤，如颜色校正、特效添加或区域调整。节点可以任意连接和组合，形成复杂的处理链，实现高度自定义的视觉效果。节点系统提供非破坏性编辑和直观的可视化界面，使用户能够灵活调整和管理每一步的处理流程，从而实现专业级的视频编辑和调色效果。

5.1.1 打开"节点"面板

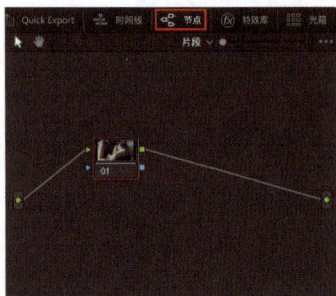

图5-1

启动DaVinci Resolve 18，切换至"调色"步骤面板，单击右上角的"节点"按钮，即可打开"节点"面板，如图5-1所示。

用户可在"节点"面板中添加节点、删除节点、编辑节点，以实现更好的二级调色效果。节点有串行节点、并行节点、图层节点和外部节点等多种类型，不同的节点可以在调色过程中发挥不同的作用。

关于"节点"面板，用户还需了解以下几点。

1. 节点界面

节点编辑器：这是主要的工作区域，用户可以在这里添加、删除、连接和调整节点。

节点树：显示当前所选剪辑的节点结构，方便用户查看和管理各个节点。

调色盘：用于具体的颜色调整和效果应用。

2. 节点的使用场景

一级调色：使用单一颜色校正节点，对剪辑进行基本的颜色调整。

二级调色：通过多个节点的组合和复杂连接，实现精细的调色和效果处理。

合成和特效：使用混合节点和效果节点实现复杂的视觉特效和图像合成效果。

3. 节点操作的优点

灵活性：节点系统允许用户以任何顺序、任何组合进行效果处理，极大地提高了操作的灵活性。

非破坏性：所有的调整都是非破坏性的，可以随时修改或撤销，不影响原始素材。

可视化：通过节点界面，用户可以直观地看到每一步处理的效果和流程。

5.1.2 "节点"面板的功能

在DaVinci Resolve 18中，"节点"面板的功能相对复杂，下面将按顺序介绍它的不同工具及功能图标，如图5-2所示。

（1）"指针模式"工具：用于在"节点"面板中选择、拖曳节点。

（2）"手模式"工具：用于在"节点"面板中对所有节点执行上下左右平移操作。

（3）"节点模式"下拉按钮："节点"面板默认为"片段"模式，单击该按钮后，可使"节点"面板在"片段"和"时间线"模式之间切换。

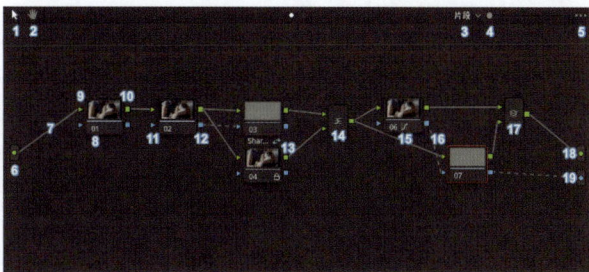

图5-2

（4）"缩放"滑块◯：左右拖曳滑块可调整"节点"面板中节点的大小。

（5）"隐藏菜单"按钮•••：单击该按钮后，可在弹出的菜单中执行相关命令，以调整"节点"面板。

（6）"源"图标◯：表示素材片段的源头，从源头传递素材的RGB信息。

（7）RGB信息连接线：可将上一节点的RGB信息传递给下一节点，是两个节点之间接收信息的桥梁，以实线显示。

（8）节点编码01：按添加节点先后顺序给出的编码，每个节点均有一个编码。

（9）"RGB输入"图标▶：节点左侧的绿色三角形，表示素材RGB信息的输入。

（10）"RGB输出"图标■：节点右侧的绿色正方形，表示素材RGB信息的输出。

（11）"键输入"图标▶：节点左侧的蓝色三角形，表示素材Alpha通道信息的输入。

（12）"键输出"图标■：节点右侧的蓝色正方形，表示素材Alpha通道信息的输出。

（13）"共享节点"图标⇄：右键单击某节点，弹出快捷菜单，执行"另存为共享节点"命令，可将该节点设置为共享节点，该节点的调色信息会被共享给其他素材片段。执行此操作后，该节点图标上会出现一个"锁定"图标🔒。

（14）"图层混合器"节点⭢：若想使用多个节点叠加调色，需添加"并行混合器"节点或"图层混合器"节点进行重组输出。"图层混合器"节点会按照上下顺序选择连接最低输入图标的节点进行信息分配处理，支持多个输入连接图标和一个输出连接图标。

（15）"调色提示"图标〰：用于提示用户在该节点上使用了怎样的调色处理，例如此处显示为"曲线"调色。

（16）Alpha通道信息连接线：连接"键输入"与"键输出"图标，是在两个节点之间传递Alpha通道信息的枢纽，以虚线显示。

（17）"并行混合器"节点▧：显示在校正器节点和并行节点的输出位置，支持多个输入连接图标和一个输出连接图标，可汇总多个并列节点的调色信息再统一输出。

（18）"RGB最终输出"图标◉：用户完成调色后，需连接该图标才能将素材片段的RGB信息进行最终输出。

（19）"Alpha最终输出"图标◉：用户完成调色后，需连接该图标才能将素材片段的Alpha通道信息进行最终输出。

5.2 不同类型的节点调色

在DaVinci Resolve 18中，将节点连接在一起，可以建立复杂的效果链条。节点的输出可以连接到下一个节点的输入，形成流水线式的处理流程。不同类型的节点具有不一样的功能效果。

5.2.1 串行节点

串行节点是按顺序连接的节点，每个节点依次处理前一个节点的输出。串行节点用于逐步应用多个调整和效果，形成线性处理链条，实现精细且渐进的图像处理效果。下面是具体的操作步骤。

步骤1：打开项目文件"5.2.1 串行节点.drp"，进入"调色"步骤面板，单击右上角的"节点"按钮 ⧉ 节点 ，调出"节点"面板，在"节点"面板中选中01节点，如图5-3所示。

步骤2：切换至"曲线"面板，单击"亮度"按钮 Y ，将亮度曲线调为图5-4所示的状态。

图5-3 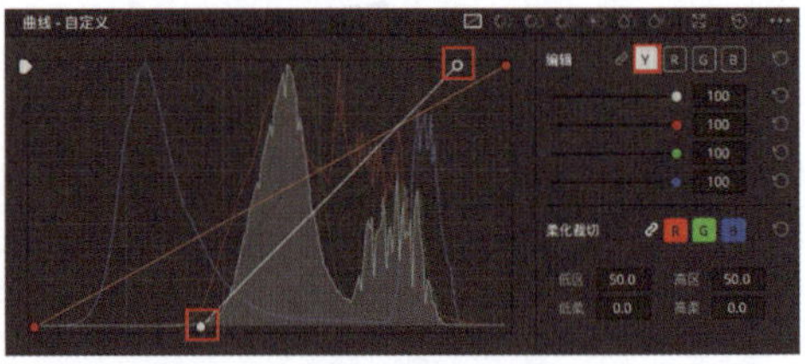　　　　　　　　　　　　　图5-4

步骤3：在"节点"面板中右键单击01节点，弹出快捷菜单，执行"添加节点 > 添加串行节点"命令，如图5-5所示。

执行命令后，02节点被添加至01节点右侧，如图5-6所示。因为串行节点是上下层关系，所以01节点的"RGB输出"图标■直接与02节点的"RGB输入"图标▶相连，01节点的调色效果会传递给02节点，用户可以在01节点的基础上，继续在02节点上进行调色。

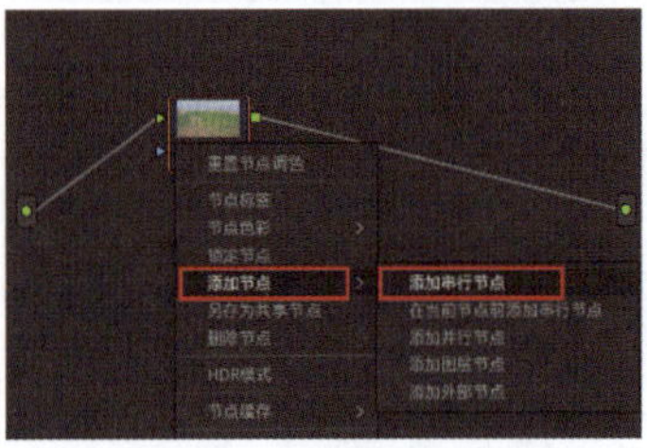

图5-5 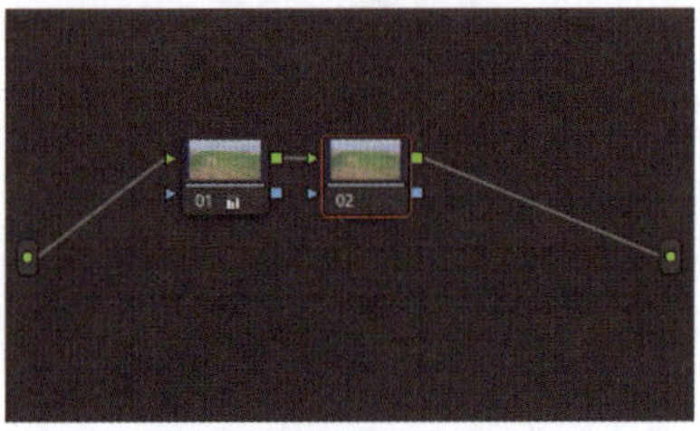　　　　　　　　　　　　　图5-6

步骤4：选中02节点，切换至"色轮"面板，在"一级-校色轮"模式中将"暗部"和"中灰"的绿色参数值调为0.05，将"亮部"的蓝色参数值调为1.35，如图5-7所示。

步骤5：在"节点"面板中右键单击02节点，弹出快捷菜单，执行"添加节点 > 添加串行节点"命令，03节点被添加至02节点右侧，如图5-8所示。

图5-7　　　　　　　　　　　　　图5-8

步骤6：选中03节点，切换至"RGB混合器"面板，将"蓝色输出"中的蓝色参数值调为0.8，如图5-9所示。

步骤7：切换至"剪辑"步骤面板，可在"检视器"面板中查看最终效果，原图与效果对比如图5-10所示。

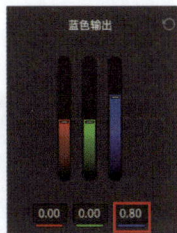

　　图5-9　　　　　　　　　　　　　　　　　图5-10

5.2.2　并行节点

　　并行节点允许多个节点同时处理同一输入信号，然后将它们的输出合并。并行节点用于同时应用不同的调整和效果，从而实现复杂的合成和多层处理效果，提供更强的灵活性和控制力。下面是具体的操作步骤。

　　步骤1：打开项目文件"5.2.2 并行节点.drp"，进入"调色"步骤面板，单击右上角的"节点"按钮，调出"节点"面板，在"节点"面板中选中01节点，如图5-11所示。

　　步骤2：切换至"曲线"面板，单击"亮度"按钮 Y ，将亮度曲线调为图5-12所示的状态。

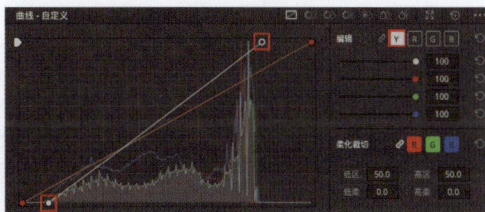

　　　　图5-11　　　　　　　　　　　　　　　　图5-12

　　步骤3：切换至"色轮"面板，在"一级-校色轮"模式中将"亮部"各参数均调为1.05，如图5-13所示。

　　步骤4：在"节点"面板中右键单击01节点，弹出快捷菜单，执行"添加节点>添加并行节点"命令，如图5-14所示。

　　执行命令后，02节点被添加至01节点下方，右侧出现一个"并行混合器"节点。从节点树示意图中可以看出，因为01节点与02节点是并列关系，所以02节点的"RGB输入"图标▶并未与01节点的"RGB输出"图标■相连，而直接与"源"图标●连接在一起。另外，01节点和02节点的"RGB输出"图标均连接在右侧"并行混合器"节点的"RGB输入"图标上，如图5-15所示。

　　步骤5：选中02节点，切换至"曲线"面板，进入"曲线-色相对饱和度"模式，用拾取器在画面中单击红色花朵部分，拾取色相范围，如图5-16所示。

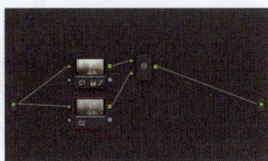

　　图5-13　　　　　　　图5-14　　　　　　　　图5-15　　　　　　　图5-16

步骤6：在"曲线"面板中将色相控制点拖曳至最上方，如图5-17所示。

步骤7：用同样的方法拾取右侧黄色花朵的色相范围，并将其控制点拖曳至最上方，如图5-18所示。

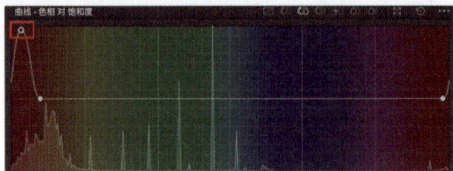 

图5-17 图5-18

执行操作后，画面中红色花朵和黄色花朵的饱和度均得到显著提升，如图5-19所示。

步骤8：切换至"运动特效"面板，将"时域降噪"的"帧数"参数调为3，将"时域阈值"的"亮度"和"色度"参数调为3，将"运动模糊"参数调为2，如图5-20所示。

 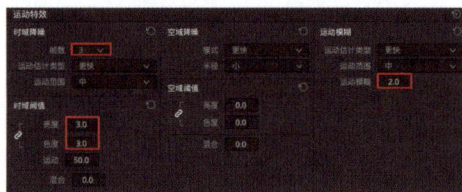

图5-19 图5-20

步骤9：操作结束后，"节点"面板中01节点和02节点的调色信息将会被合并至"并行混合器"节点，然后综合输出。

切换至"剪辑"步骤面板，可在"检视器"面板中查看最终效果，原图与效果对比如图5-21所示。

图5-21

技巧与提示

串行节点与并行节点都是DaVinci Resolve 18中常用的节点类型，其特点和区别如下。

1. 串行节点

处理方式：节点按顺序一个接一个地处理，每个节点依次处理前一个节点的输出。

调整效果：适用于逐步应用多个效果，形成线性处理链条。

应用场景：用于需要逐步进行颜色校正、特效添加的场景，便于控制每一步的变化。

流程控制：提供清晰的流程控制，每个节点的输出直接影响下一个节点的输入。

2. 并行节点

处理方式：多个节点同时处理同一输入信号，各节点独立进行调整。

调整效果：适用于同时应用不同的效果，形成并行处理链条。

应用场景：用于复杂的合成和多层处理场景，可以同时进行不同类型的处理。

流程控制：各节点的输出合并在一起，提供更强的灵活性和创造力。

5.2.3　键混合器节点

键混合器节点用于合成和混合多个键信号，以实现复杂的遮罩效果。每个节点都有"键输入"图标▶和"键输出"图标■。键混合器节点允许用户将来自多个键的键输入信息组合在一起，控制它们的混合方式，从而实现精细的遮罩和合成效果。键混合器节点通常用于需要多个遮罩层的场景，需要同时应用不同的遮罩区域或进行复杂的抠像处理。通过调整每个键的权重和混合模式，用户可以精确地控制最终的合成结果，提高图像处理的灵活性和效果。下面是具体的操作步骤。

步骤1：打开项目文件"5.2.3 键混合器节点.drp"，进入"调色"步骤面板，单击右上角的"节点"按钮，调出"节点"面板，在"节点"面板中选中01节点，如图5-22所示。

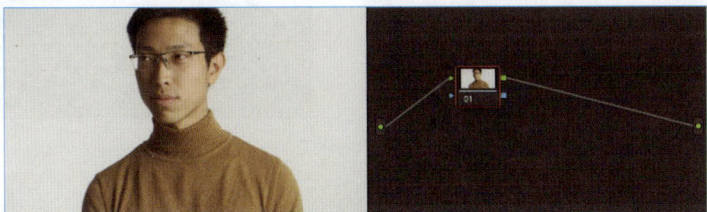

图5-22

步骤2：切换至"限定器"面板，单击"检视器"面板右上角的"快捷菜单"按钮，执行"突出显示 > 突出显示"命令。

步骤3：在"限定器-HSL"模式下用拾取器在画面中男生的嘴唇上单击，拾取HSL范围，如图5-23所示。

若嘴唇未被完全选中，可在嘴唇上拖曳，以调整选区范围，如图5-24所示。

步骤4：在"节点"面板中右键单击01节点，弹出快捷菜单，执行"添加节点 > 添加并行节点"命令，02节点被添加至01节点下方，"并行混合器"节点被添加至右侧，如图5-25所示。

步骤5：选中02节点，切换至"限定器"面板，在"限定器-HSL"模式下用拾取器在画面中男生的毛衣上单击，拾取并调整HSL范围，如图5-26所示。

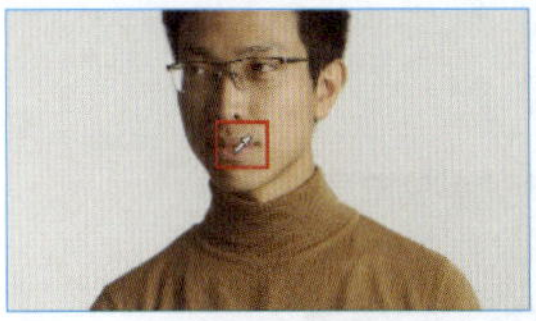

图5-23 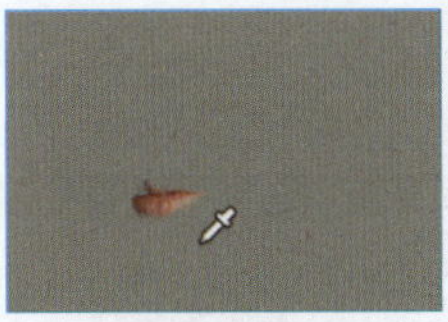　　　　图5-24 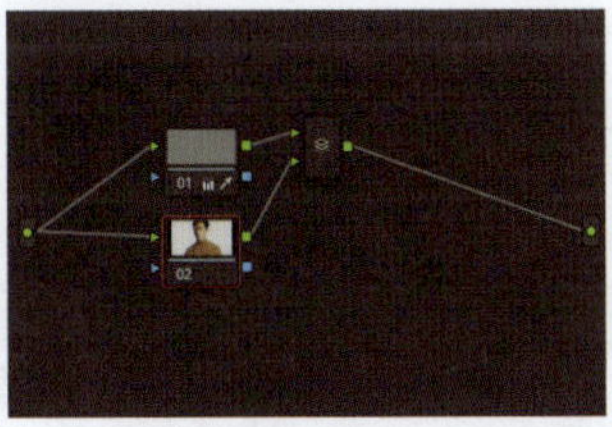　　　　图5-25 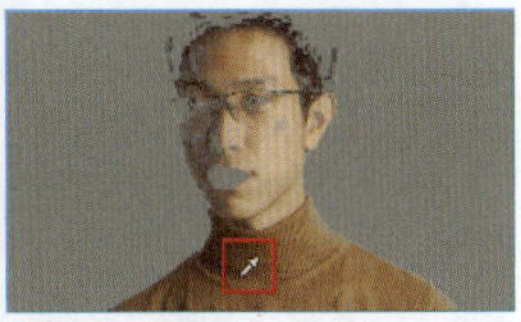　　　　图5-26

步骤6：在"节点"面板中右键单击02节点，弹出快捷菜单，执行"添加节点 > 添加并行节点"命令，03节点被添加至02节点下方，如图5-27所示。

步骤7：在"节点"面板的空白处单击鼠标右键，弹出快捷菜单，执行"添加节点 > 键混合器"命令，如图5-28所示。

执行命令后，"节点"面板中出现一个"键混合器"节点，如图5-29所示。

步骤8：拖曳01节点和02节点的"键输出"图标，将其与"键混合器"节点的"键输入"图标连接，如图5-30所示。

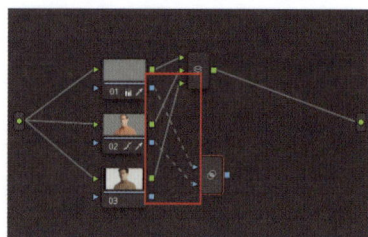

图5-27　　　　　　　　　　　　图5-28

图5-29　　　　　　　　　　　　图5-30

执行操作后，前几个步骤中创建的两个键信息（嘴唇部分和毛衣部分）全都汇总至"键混合器"节点，如图5-31所示。

步骤9：将03节点拖曳至"键混合器"节点的右下角，如图5-32所示。

图5-31　　　　　　　　　　　　图5-32

步骤10：将"键混合器"节点的"键输出"图标和03节点的"键输入"图标连接起来，如图5-33所示。

步骤11：切换至"曲线"面板，调整亮度曲线，以及红色、绿色、蓝色曲线，如图5-34所示。

图5-33　　　　　　　　　　　　图5-34

步骤12：切换至"色轮"面板，将"饱和度"参数调为75。

步骤13：切换至"剪辑"步骤面板，可在"检视器"面板中查看最终效果，原图与效果对比如图5-35所示。

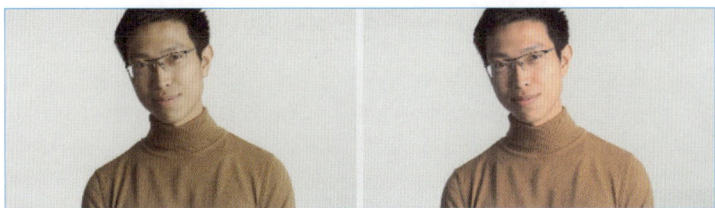

图5-35

5.2.4 分离器/结合器节点

分离器节点可将图像分成多个独立的通道，如红色、绿色、蓝色或亮度、色度（YUV）等，每个通道可以独立进行调整和效果应用。它可用于分别调整每个通道，实现更精细的颜色校正和效果处理，允许对特定通道应用独立的特效，例如仅对亮度通道进行模糊处理。

结合器节点可将多个独立通道重新组合成一个完整的图像，其作用在于对各个通道独立处理后，将它们重新组合成一个整体图像，还可以用于实现复杂的合成效果，将独立处理的通道合成最终图像。

下面是具体的操作步骤。

步骤1：打开项目文件"5.2.4 分离器/结合器节点.drp"，进入"调色"步骤面板，单击右上角的"节点"按钮 节点，调出"节点"面板，在"节点"面板中选中01节点，如图5-36所示。

步骤2：在菜单栏执行"调色 > 节点 > 添加分离器/结合器节点"命令，如图5-37所示。

图5-36

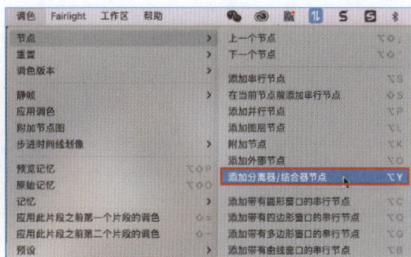

图5-37

执行命令后，01节点后出现一个"分离器节点"图标 ，它将01节点分为3个分通道节点，03、04、05节点分别对应的是红色、绿色、蓝色通道节点，各分通道节点与其后的"结合器节点"图标 相连接，如图5-38所示。

步骤3：选中04节点，单击右上角的"FX特效库"按钮 特效库，如图5-39所示，展开"FX特效库"。

步骤4：在"素材库"面板中选中"Resolve FX模糊"中的"马赛克模糊"，将其拖曳至04节点，如图5-40所示。

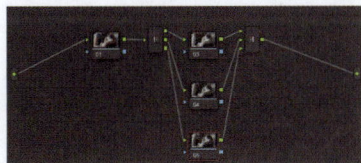

图5-38

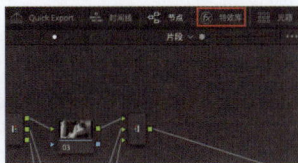

图5-39

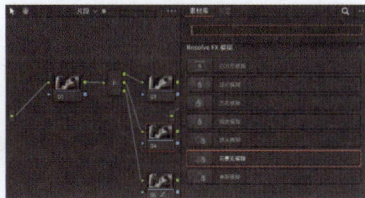

图5-40

步骤5：在"设置"面板中将"像素频率"参数调为8，"单元格形态"调为"三角形"，如图5-41所示。

步骤6：切换至"剪辑"步骤面板，可在"检视器"面板中查看最终效果，原图与效果对比如图5-42所示。

图5-41　　　　　　　　　　　　　　　　　图5-42

技巧与提示

右键单击节点，执行"添加节点"命令时还可以添加图层节点和外部节点，如图5-43所示。

1. 图层节点

（1）定义

图层节点是一种用于图像处理和效果合成的节点，允许用户在多个图层上同时应用不同的效果。每个图层可以独立进行调整，并通过混合模式将它们合成在一起。

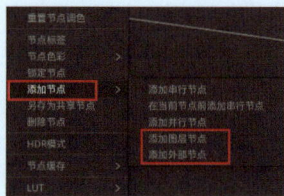

图5-43

（2）作用

多层处理：允许在多个图层上同时应用不同的效果。

独立调整：每个图层可以独立进行调整，不影响其他图层的处理。

混合模式：提供多种混合模式，可以控制图层之间的合成方式，如正常、叠加、屏幕等。

复杂合成：通过混合模式，图层节点可以实现复杂的图像合成效果。用户可以将多个图层的效果叠加在一起，实现复杂的视觉效果。

区域调整：图层节点可以与窗口遮罩结合使用，在特定区域内应用效果。例如，可以在一个图层上调整天空的颜色，在另一个图层上调整前景。

特效堆栈：图层节点可以用于创建特效堆栈，逐层添加特效并调整其强度和混合方式，以实现精细的特效处理。

2. 外部节点

（1）定义

外部节点是用于引用和处理外部媒体或项目文件的节点。外部节点允许用户在当前项目中使用外部素材，并在独立的节点树中进行处理，从而提高工作流程的灵活性和效率。

（2）作用

引用外部资源：外部节点可以导入和引用外部媒体文件，如视频、图像、音频等。

独立处理：外部节点在独立的处理流程中进行调整，不会影响当前项目的节点树结构。

跨项目引用：外部节点可以引用其他项目文件，使用户能够在多个项目中共享和重用特定的节点设置或效果。

案例 5-1　大学公寓

案例 5-1
大学公寓

文件位置	CH05>项目文件>大学公寓.drp
素材位置	CH05>素材文件>大学公寓.mp4
技术掌握	串行节点、并行节点

步骤1：启动软件，新建项目，将项目命名为"大学公寓"，进入"剪辑"步骤面板。

步骤2：将"大学公寓.mp4"文件导入"媒体池"面板，并将其拖曳至"时间线"面板，如图5-44所示。

步骤3：切换至"调色"步骤面板，调出"色轮"面板，在"一级-校色轮"模式下将"中灰"各参数均调为0.05，如图5-45所示。

图5-44　　　　　　　　　　　　图5-45

步骤4：在"节点"面板中右键单击01节点，弹出快捷菜单，执行"添加节点>添加串行节点"命令，如图5-46所示，02节点被添加至01节点右侧。

步骤5：选中02节点，切换至"限定器"面板，用拾取器在画面中天空的蓝色部分单击，拾取HSL范围，如图5-47所示。

步骤6：单击"检视器"面板右上角的"快捷菜单"按钮●●●，执行"突出显示>突出显示"命令，使步骤5中拾取的区域单独显示出来。

步骤7：切换至"色轮"面板，将"饱和度"参数调为100，如图5-48所示。

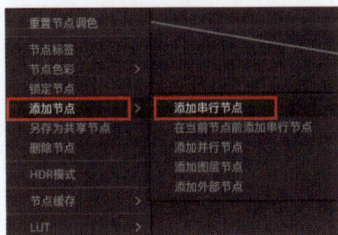

图5-46　　　　　　　图5-47　　　　　　　图5-48

步骤8：在"节点"面板中右键单击02节点，弹出快捷菜单，执行"添加节点>添加并行节点"命令，如图5-49所示，03节点被添加至02节点下方。

步骤9：选中03节点，切换至"限定器"面板，用拾取器在画面中树叶部分单击，拾取HSL范围，如图5-50所示。

步骤10：切换至"色轮"面板，在"一级-校色条"模式下将"中灰"下方的绿色参数调为0.05，将"阴影"参数调为3.50，如图5-51所示。

 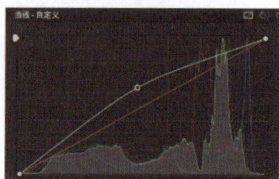 

图5-49　　　　　　　　　　图5-50　　　　　　　　　　图5-51

步骤11：在"节点"面板中右键单击03节点，弹出快捷菜单，执行"添加节点 > 添加并行节点"命令，04节点被添加至03节点下方。

步骤12：选中04节点，切换至"限定器"面板，用拾取器在画面中大学公寓的外墙上单击，拾取HSL范围，如图5-52所示。

步骤13：切换至"曲线"面板，在"曲线-自定义"模式下调整亮度曲线，提高大学公寓外墙的亮度，如图5-53所示。

步骤14：切换至"剪辑"步骤面板，可在"检视器"面板中查看最终效果，原图与效果对比如图5-54所示。

图5-52　　　　　　　　图5-53　　　　　　　　　　图5-54

5.3 Alpha通道处理

在 DaVinci Resolve 18中，Alpha 通道处理是创建复合图像和特效的重要步骤。Alpha通道定义了图像的透明区域，可以用于图像合成、抠像和遮罩等。本节将以案例形式，进一步深化用户对节点控制Alpha通道的认识。

5.3.1 新建项目并导入素材

本节主要讲述前期准备阶段。

步骤1：启动软件，单击"项目管理器"面板右下角的"新建项目"按钮，如图5-55所示。

步骤2：在弹出的"新建项目"对话框中将项目命名为"Alpha通道处理"，然后单击对话框右下角的"创建"按钮，如图5-56所示。

步骤3：进入软件界面，切换至"剪辑"步骤面板，在菜单栏执行"文件 > 导入 > 媒体"命令，如图5-57所示。

步骤4：在"导入媒体"对话框中选中"背景.mp4"和"白鸟.mp4"文件，单击右下角的"打开"按钮，如图5-58所示。

步骤5：在"媒体池"面板中将两个文件拖曳至"时间线"面板，"背景.mp4"文件放置于V1轨道上，"白鸟.mp4"文件放置于V2轨道上，如图5-59所示。

步骤6：将鼠标指针移至"背景.mp4"滑块末尾，待鼠标指针变为 状态（见图5-60）时，向左拖曳，截去"背景.mp4"文件的后半部分，使其与"白鸟.mp4"文件保持相同长度，如图5-61所示。

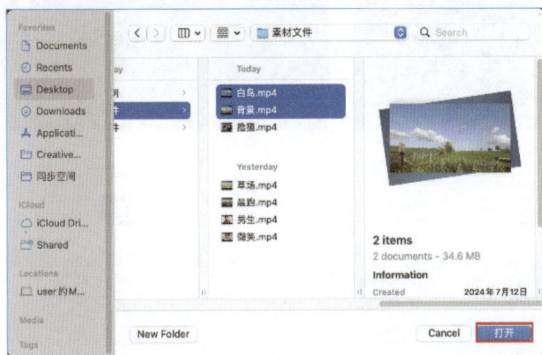

<table>
<tr><td align="center">图5-55</td><td align="center">图5-56</td><td align="center">图5-57</td></tr>
</table>

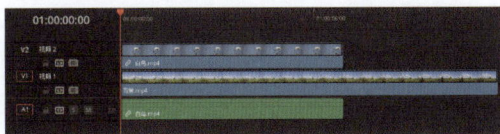

<table>
<tr><td align="center">图5-58</td><td align="center">图5-59</td></tr>
</table>

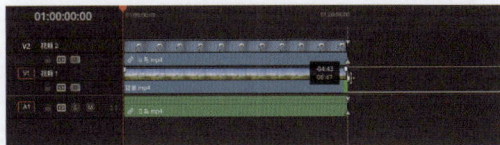

<table>
<tr><td align="center">图5-60</td><td align="center">图5-61</td></tr>
</table>

5.3.2　创建通道与节点控制

本节主要讲述创建Alpha通道以及节点控制的相关操作。

步骤1：切换至"调色"步骤面板，在工具栏中单击"限定器"按钮，调出"限定器"面板，进入"限定器-HSL"模式，如图5-62所示。

步骤2：单击"检视器"面板右上角的"快捷菜单"按钮，执行"突出显示＞突出显示"命令。

步骤3：用拾取器在"检视器"面板的画面中的天空部分拖曳，拾取HSL范围，并结合"拾取器加"工具，使Alpha通道范围尽量最大化，如图5-63所示。

步骤4：在"限定器"面板中，将"蒙版优化1"中的"净化白场"参数调为15，"黑场裁切"参数调为24，如图5-64所示。

步骤5：单击"限定器"面板工具栏中的"反向"按钮，"检视器"面板中画面上的Alpha通道信息被反转，如图5-65所示。

步骤6：在"节点"面板的空白区域单击鼠标右键，弹出快捷菜单，执行"添加Alpha输出"命令，如图5-66所示。

执行操作后，"Alpha最终输出"图标 被添加至面板右侧，如图5-67所示。

图5-62　　　　　　　　　　图5-63　　　　　　　　　　图5-64

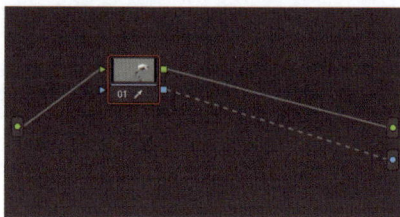

图5-65　　　　　　　　图5-66　　　　　　　　图5-67

步骤7：向右拖曳01节点的"键输出"图标 ，使其与"Alpha最终输出"图标 相连接，如图5-68所示。

步骤8：单击"检视器"面板右上角的"快捷菜单"按钮 ，执行"突出显示 > 突出显示"命令，取消"突出显示"模式。

步骤9：切换至"剪辑"步骤面板，可在"检视器"面板中查看最终效果，原图与效果对比如图5-69所示。

图5-68　　　　　　　　　　　　　　图5-69

5.4　课堂案例：海岸心情

课堂案例		
文件位置	CH05>项目文件>海岸心情.drp	
素材位置	CH05>素材文件>海岸心情.mp4	
技术掌握	节点调色相关技巧	

本案例的最终效果如图5-70所示。

步骤1：启动软件，新建项目，将项目命名为"海岸心情"。

步骤2：将"海岸心情.mp4"文件导入"媒体池"面板，并将其拖曳至"时间线"面板，如图5-71所示。

步骤3：切换至"调色"步骤面板，调出"限定器"面板，单击"检视器"面板右上角的"快捷菜单"按钮●●●，执行"突出显示 > 突出显示"命令。

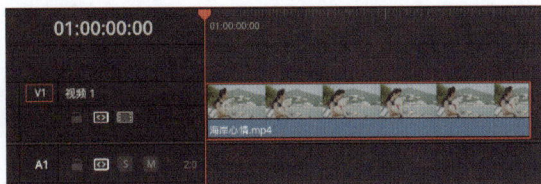

图5-70　　　　　　　　　　　　　图5-71

步骤4：在"限定器-HSL"模式下，用拾取器在"检视器"面板的画面中女生的皮肤上拖曳，拾取HSL范围及选区，如图5-72所示。

步骤5：在"限定器"面板中，将"蒙版优化1"中的"白场裁切"参数调为50，"模糊半径"参数调为30，如图5-73所示。

步骤6：切换至"曲线"面板，单击"亮度"按钮 Y，调整亮度曲线，提亮肤色，如图5-74所示。

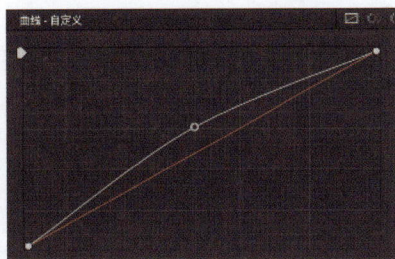

图5-72　　　　　　　　　　图5-73　　　　　　　　　　图5-74

步骤7：右键单击"节点"面板中的01节点，弹出快捷菜单，执行"添加节点 > 添加外部节点"命令，02节点被添加至01节点右侧。通过单击切换01节点和02节点，可以看出两个节点的选区是互补的，如图5-75和图5-76所示。

步骤8：选中02节点，切换至"色轮"面板，在"一级-校色轮"模式下将"暗部"各参数均调为0.05，将"饱和度"参数调为85，如图5-77所示。

图5-75　　　　　　　　图5-76　　　　　　　　图5-77

步骤9：在菜单栏执行"调色 > 节点 > 添加分离器/结合器节点"命令，分离器节点和结合器节点被添加至02节点右侧，04、05、06节点分别对应的是02节点的红色、绿色、蓝色通道节点，如图5-78所示。

步骤10：选中04节点，单击右上角的"FX特效库"按钮 fx 特效库，展开"FX特效库"，如图5-79所示。

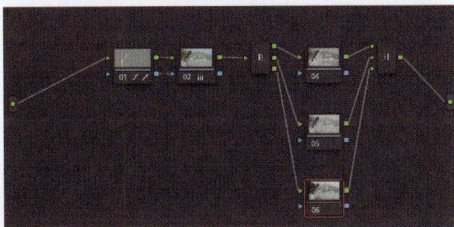

图5-78

步骤11：在"素材库"面板中选中"Resolve FX风格化"中的"镜像"滤镜，将其拖曳至04节点上。

步骤12：在"设置"面板中将"全局混合"中的"混合"参数调为0.550，如图5-80所示。

步骤13：切换至"剪辑"步骤面板，可在"检视器"面板中查看最终效果，原图与效果对比如图5-81所示。

图5-79　　　　　　　　图5-80　　　　　　　　　　　图5-81

5.5 本章小结

通过本章的学习，用户能够了解节点的基本概念及其在 DaVinci Resolve 18中的作用，掌握不同类型节点的用途。

串行节点按顺序逐步处理图像，适用于渐进式调整。并行节点同时处理多个调整的能力，适用于复杂的合成和多层次效果。键混合器节点可以合成和混合多个键信号，实现精细的遮罩效果。分离器节点和结合器节点分别用于分离和重新组合图像通道，进行高级调色和特效处理。此外，节点控制还能用于Alpha通道的输入与输出，对合成复杂的效果可以发挥巨大的作用。

用户应灵活运用DaVinci Resolve 18的节点系统，实现精细的调色和复杂的视觉效果，为作品注入更多可能性。

知识拓展　其他节点操作

除了前文各种操作外，在菜单栏执行"调色 > 节点"命令时，还可在其子菜单中执行其他与节点相关的命令，如图5-82所示。

上一个节点：使用户快速选择并导航到当前节点的前一个节点。

下一个节点：使用户快速选择并导航到当前节点的下一个节点。

添加带有圆形窗口的串行节点：会创建一个新串行节点，并自动应用一个圆形窗口遮罩，便于区域内的精细调整。执行命令后，"检视器"面板如图5-83所示。

添加带有四边形窗口的串行节点：会创建一个新串行节点，并自动应用一个四边形窗口遮罩。

添加带有多边形窗口的串行节点：会创建一个新串行节点，并自动应用一个多边形窗口遮罩。

添加带有曲线窗口的串行节点：会创建一个新串行节点，并自动应用一个曲线窗口遮罩。

启用/禁用所选节点：允许用户快速切换所选节点的激活状态，便于比较调整前后的效果。

启用/禁用所有节点：可以同时切换所有节点的激活状态，以便快速预览原始图像与所有调整后的效果。

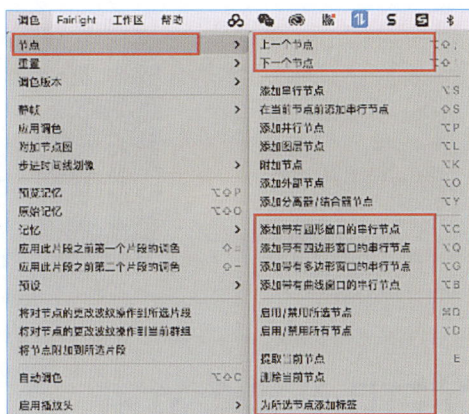 

图5-82　　　　　　　　　　　　　　　　图5-83

提取当前节点：可以将当前节点的设置保存为预设，便于在其他项目或"节点"面板中重复使用。

删除当前节点：可以快速移除当前选定的节点，从"节点"面板中删除其效果和调整。

为所选节点添加标签：允许用户为选定的节点添加自定义标签，以便于组织和快速识别节点功能。

5.6 课后练习：橘猫变蓝

文件位置	CH05>项目文件>橘猫变蓝.drp
素材位置	CH05>素材文件>橘猫.mp4
技术掌握	节点相关操作

课后练习
橘猫变蓝

课后练习的最终效果如图5-84所示。

图5-84

参考步骤

（1）启动软件，新建项目，在"剪辑"步骤面板中准备好素材。

（2）切换至"调色"步骤面板，在"曲线"面板中调色。

（3）添加串行节点，结合"限定器"和"曲线"面板，提高墙体的饱和度。

（4）添加并行节点，结合"限定器"和"色轮"面板，为橘猫调色。

（5）添加外部节点，在该节点上添加"射光"特效。

6 第 章

人物调色：润肤美颜

在 DaVinci Resolve 18 中，人物调色是视频后期制作中非常重要的一环。其重要性主要体现在修正肤色缺陷、增强视觉美感、加强叙事效果和凸显一致性等方面。

学习重点

◎ 修复肤色
◎ 透亮处理
◎ 面部柔化
◎ 人物抠像
◎ 保留颜色
◎ 美颜视频制作

6.1 人物视频调色

对人物视频进行调色可以提升画面质量，确保肤色自然、一致，从而增强视觉美感和观众的观看体验。调色还能修正拍摄过程中的色差、表达情感、营造氛围、加强叙事效果等。此外，专业的调色使影片更具商业价值和品牌形象，有助于传达正确的视觉信息和情感内涵。

6.1.1 修复肤色

在拍摄过程中，导致人物肤色不正常的原因有很多，如光线有问题、白平衡设置错误、色彩配置有偏差、化妆和服装不合理、拍摄环境不理想、拍摄设备有差异等。DaVinci Resolve 18在人物肤色修复方面的作用是十分强大的。下面是具体的操作步骤。

步骤1：打开项目文件"6.1.1 修复肤色.drp"，在"检视器"面板中可以看到画面中的人脸偏黄、偏暗，如图6-1所示。

步骤2：切换至"调色"步骤面板，调出"色轮"面板，在"一级-校色轮"模式下将"亮部"各参数调为1.15，如图6-2所示。

步骤3：在"节点"面板的01节点上单击鼠标右键，弹出快捷菜单，执行"添加节点 > 添加串行节点"命令，如图6-3所示。执行操作后，02节点被添加至01节点右侧。

图6-1

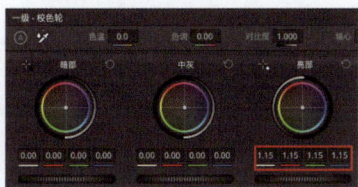
图6-2

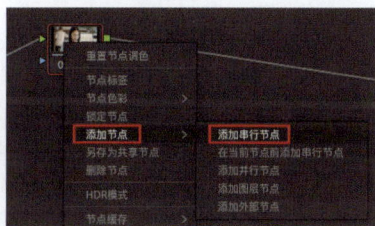
图6-3

步骤4：选中02节点，切换至"限定器"面板，单击"检视器"面板右上角的"快捷菜单"按钮 ●●● ，执行"突出显示 > 突出显示"命令，如图6-4所示。

步骤5：在"限定器-HSL"模式下，单击面板工具栏中的"拾取器"按钮 ，如图6-5所示。

步骤6：用拾取器在"检视器"面板的画面中人脸的皮肤上拖曳，拾取HSL范围，建立选区，如图6-6所示。

图6-4　　　　　　　　　　图6-5　　　　　　　　　　图6-6

步骤7：单击面板工具栏中的"拾取器加"按钮 ，如图6-7所示，继续在画面中人脸的皮肤上拖曳，调整并优化选区范围。

步骤8：在"限定器"面板中调整"蒙版优化1"下方的参数，将"净化黑场"参数调为10.5，将"净化白场"参数调为100，将"模糊半径"参数调为70，如图6-8所示。

步骤9：切换至"曲线"面板，在"曲线-自定义"模式下单独调整亮度曲线，以及红色、绿色、蓝色曲线，如图6-9所示。

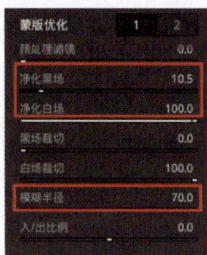
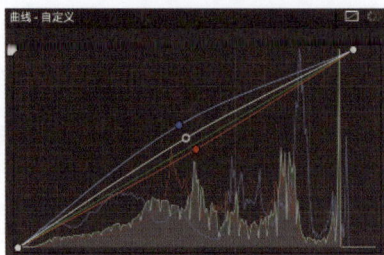

图6-7　　　　　　　　　图6-8　　　　　　　　　图6-9

步骤10：切换至"剪辑"步骤面板，可在"检视器"面板中查看最终效果，原图与效果对比如图6-10所示。

图6-10

6.1.2　透亮处理

当人物视频暗沉无光时，可用DaVinci Resolve 18将其调得清新透亮。下面是具体的操作步骤。

步骤1：打开项目文件"6.1.2 透亮处理.drp"，在"检视器"面板中可以看到画面中的人物色调相对暗沉，如图6-11所示。

步骤2：切换至"调色"步骤面板，在"节点"面板中选中01节点，将鼠标指针悬停在01节点上时，01节点右下角弹出"无调色"提示框，表示该节点未经过调色处理，如图6-12所示。

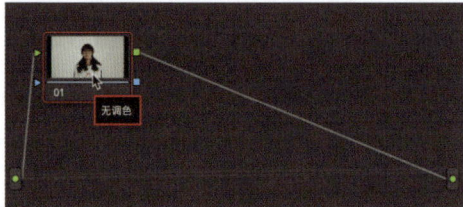

图6-11　　　　　　　　　　　　　图6-12

步骤3：在01节点上单击鼠标右键，弹出快捷菜单，执行"添加节点＞添加串行节点"命令，如图6-13所示。执行操作后，02节点被添加至01节点右侧。

步骤4：在02节点上单击鼠标右键，弹出快捷菜单，执行"添加节点＞添加图层节点"命令，如图6-14所示。

执行操作后，03节点被添加至02节点下方，"图层混合器"节点被添加至右侧，如图6-15所示。

步骤5：选中03节点，切换至"色轮"面板，在"一级-校色轮"模式下将"中灰"各参数均调为0.05，将"亮部"各参数分别调为1.13、1.13、1.13、1.15，如图6-16所示。

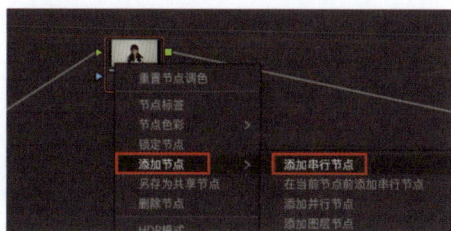

图6-13

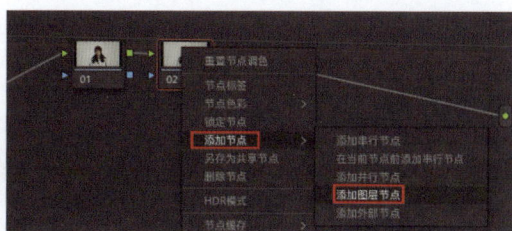

图6-14

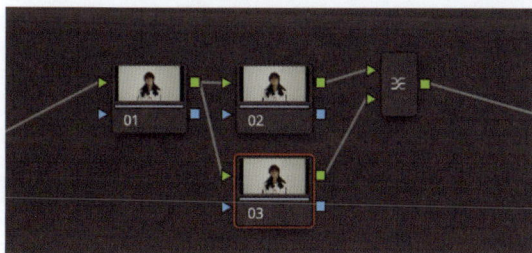

图6-15

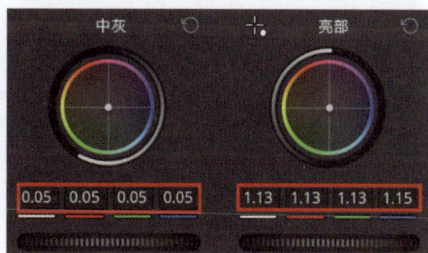

图6-16

步骤6：拖曳"偏移"色轮中心的控制点，直至各参数分别显示为31.55、23.10、20.87，如图6-17所示。

执行操作后，"检视器"面板中的人物色调变得偏暖，如图6-18所示。

步骤7：在"节点"面板中选中并右键单击"图层混合器"节点，弹出快捷菜单，执行"合成模式 > 滤色"命令，如图6-19所示。

图6-17

图6-18

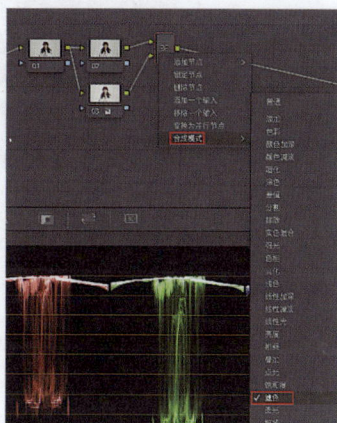

图6-19

步骤8：切换至"剪辑"步骤面板，可在"检视器"面板中查看最终效果，原图与效果对比如图6-20所示。

图6-20

6.1.3 面部柔化

面部柔化可减少人脸上的瑕疵和皱纹，使皮肤看起来更加光滑，还能营造温馨氛围，提升视觉的柔和感。下面是具体的操作步骤。

步骤1：打开项目文件"6.1.3 面部柔化.drp"，在"检视器"面板中可以查看原素材画面，如图6-21所示。

步骤2：切换至"调色"步骤面板，在"节点"面板中选中01节点，如图6-22所示。

步骤3：调出"曲线"面板，进入"曲线-自定义"模式，将曲线编辑器左侧的滑块图标向下拖曳，如图6-23所示。

执行操作后，画面对比度降低，人物视频好像被蒙上一层淡灰色的薄雾，如图6-24所示。

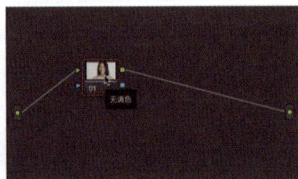 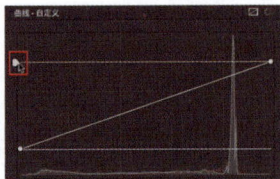 

图6-21　　　　　图6-22　　　　　图6-23　　　　　图6-24

步骤4：在"节点"面板中右键单击01节点，弹出快捷菜单，执行"添加节点 > 添加图层节点"命令，如图6-25所示。

执行操作后，02节点被添加至01节点下方，"图层混合器"节点被添加至01节点和02节点右侧，如图6-26所示。

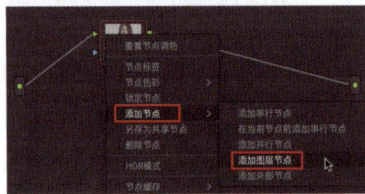 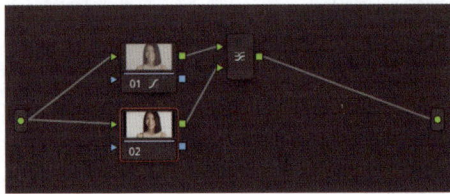

图6-25　　　　　　　　　　图6-26

步骤5：选中02节点，切换至"色轮"面板，在"一级-校色轮"模式下向右拖曳"亮部"色轮下方的轮盘，直至各参数均显示为1.15，如图6-27所示。

步骤6：在"节点"面板中，右键单击"图层混合器"节点，弹出快捷菜单，执行"合成模式 > 亮化"命令，如图6-28所示。

步骤7：选中02节点，切换至"色轮"面板，向青色方向拖曳"偏移"色轮中心的控制点，直至各参数分别显示为18.24、24.60、33.97，如图6-29所示。

步骤8：切换至"模糊"面板，在"模糊–模糊"模式下向上拖曳"半径"滑块，直至各参数均显示为0.65，如图6-30所示。

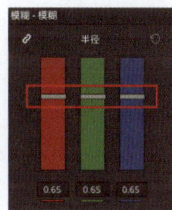

图6-27　　　　　　　　图6-28　　　　　　　　图6-29　　　　　　图6-30

步骤9：切换至"剪辑"步骤面板，可在"检视器"面板中查看最终效果，原图与效果对比如图6-31所示。

图6-31

> **技巧与提示**
>
> 　　亮化模式用于合成图像时只保留两个图层中较亮的像素。它通过比较混合图层和基底图层的像素亮度，选择较亮的像素作为最终输出。这种模式常用于增加画面的亮度和细节，适用于需要增强高光部分的场景。

6.1.4　人物抠像

对人物进行抠像调色是DaVinci Resolve 18中的常规操作，可实现诸多视频效果。下面是具体的操作步骤。

步骤1：打开项目文件"6.1.4 人物抠像.drp"，在"检视器"面板中可以查看未经抠像处理的原始画面，如图6-32所示。

步骤2：切换至"调色"步骤面板，调出"神奇遮罩"面板，进入"神奇遮罩–人体"模式，确保时间指示器在"遮罩"面板的最左端，如图6-33所示。

图6-32　　　　　　　　　　　　　图6-33

步骤3：用"拾取器加"工具![]在"检视器"面板的画面中拖曳以绘制选区范围，如图6-34所示。

步骤4：单击"神奇遮罩"面板工具栏中的"正向跟踪"按钮![]，如图6-35所示。

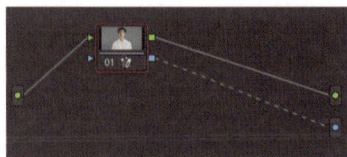

图6-34   图6-35

步骤5：待跟踪运算执行结束后，右键单击"节点"面板的空白区域，弹出快捷菜单，执行"添加Alpha输出"命令，如图6-36所示。

执行操作后，"Alpha最终输出"图标![]被添加至面板最右侧，如图6-37所示。

图6-36   图6-37

步骤6：在"节点"面板中选中01节点的"键输出"图标![]，将其拖曳至"Alpha最终输出"图标![]上，使二者连接起来，如图6-38所示。

步骤7：在"神奇遮罩"面板右侧，将"半径"参数调为5，"一致性"参数调为2，"模糊半径"参数调为2，"净化黑场"参数调为50，如图6-39所示。

步骤8：切换至"剪辑"步骤面板，可在"检视器"面板中查看最终效果，原图与效果对比如图6-40所示。

图6-38   图6-39   图6-40

6.1.5 保留颜色

为视频中的人物保留颜色能满足不同影视作品的创作需求，例如《辛德勒的名单》中的红衣女孩效果，不仅使女孩显得异常突出，还隐喻了生命的热烈与鲜活。DaVinci Resolve 18可以帮助用户方便地实现此类效果。下面是具体的操作步骤。

步骤1：打开项目文件"6.1.5 保留颜色.drp"，在"检视器"面板中可以查看原始画面，如图6-41所示。

步骤2：切换至"调色"步骤面板，调出"限定器"面板，进入"限定器-HSL"模式，如图6-42所示。

步骤3：单击"检视器"面板右上角的"快捷菜单"按钮■■■，执行"突出显示 > 突出显示"命令。

步骤4：在"检视器"面板中，用拾取器在画面中的黄色外套上拖曳，拾取HSL范围，创建选区，如图6-43所示。

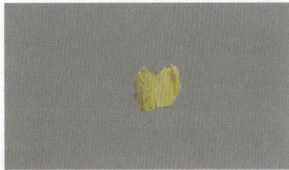

图6-41　　　　　　　　　　　图6-42　　　　　　　　　　　图6-43

步骤5：在"限定器"面板中单击"拾取器加"按钮，在画面中的黄色衣服上单击并拖曳鼠标，进一步调整和优化选区。

步骤6：调好选区后，单击"限定器"面板工具栏中的"反向"按钮，如图6-44所示。执行操作后，选区范围被反转，如图6-45所示。

步骤7：调整面板右侧参数，直至实现选区范围最优化，如图6-46所示。

步骤8：将选区调整为图6-47所示的状态后，切换至"色轮"面板。

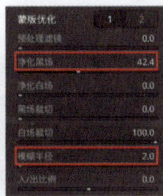

图6-44　　　　　　　　　　图6-45　　　　　　　图6-46　　　　　　　图6-47

步骤9：在"色轮"面板下方，将"饱和度"参数调为0，如图6-48所示。

步骤10：切换至"剪辑"步骤面板，可在"检视器"面板中查看最终效果，原图与效果对比如图6-49所示。

图6-48　　　　　　　　　　　　　图6-49

6.2　美颜视频制作

无论是在影视作品中，还是在短视频中，美颜视频制作早已司空见惯。这可以增强个人的外貌表现，展示更理想的形象，提升影视作品和短视频的观赏性，从而吸引更多观众。DaVinci Resolve 18在美颜视频制作方面的功能是相当强大的。

6.2.1　怀旧型

怀旧型的视频画面通常具有复古色调，带有颗粒感和褪色效果，仿佛老旧的胶片。画面中可能包含泛黄、漏光和剐痕等元素，以营造过去时代的氛围。下面是具体的操作步骤。

步骤1：打开项目文件"6.2.1 怀旧型.drp"，在"检视器"面板中可以查看原始画面，如图6-50所示。

步骤2：切换至"调色"步骤面板，调出"色轮"面板，进入"一级-校色轮"模式，如图6-51所示。

步骤3：在"色轮"面板中，将"中灰"各参数分别调为0.00、0.10、0.07、-0.02，将"亮部"各参数分别调为1.00、1.15、1.21、1.20，将"饱和度"参数调为40，如图6-52所示。

步骤4：切换至"曲线"面板，在"曲线-自定义"模式下调整亮度曲线，如图6-53所示。

图6-50　　　　　　　　图6-51　　　　　　　　图6-52　　　　　　　　图6-53

步骤5：单击面板右上角的"FX特效库"按钮 [fx 特效库]，展开"FX特效库"，在"素材库"面板中选择"胶片颗粒"滤镜，并将其拖曳至"节点"面板的01节点上，如图6-54所示。

步骤6：在"设置"面板中将"颗粒大小"参数调为0.890，将"颗粒强度"参数调为0.477，如图6-55所示。

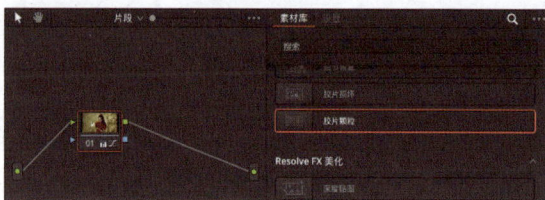
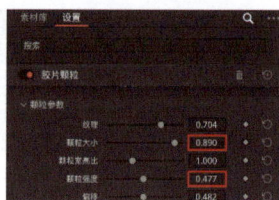

图6-54　　　　　　　　　　　　　　图6-55

步骤7：在"节点"面板中右键单击01节点，弹出快捷菜单，执行"添加节点>添加串行节点"命令。执行操作后，02节点被添加至01节点右侧。

步骤8：选中02节点，在"素材库"面板中选择"胶片光晕"滤镜，并将其拖曳至02节点上，如图6-56所示。

步骤9：切换至"剪辑"步骤面板，可在"检视器"面板中查看最终效果，原图与效果对比如图6-57所示。

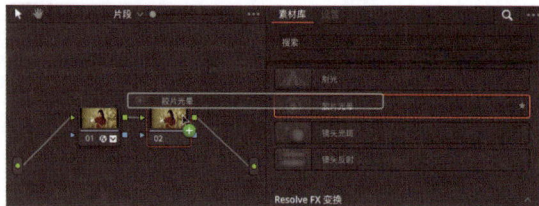
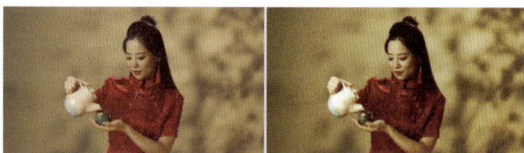

图6-56　　　　　　　　　　　　图6-57

6.2.2 清新型

在DaVinci Resolve 18中制作清新型视频时需进行必要的曝光处理和降噪处理，会用到"色轮"面板和"运动特效"面板。下面是具体的操作步骤。

步骤1：打开项目文件"6.2.2 清新型.drp"，在"检视器"面板中可以查看原始画面，如图6-58所示。

步骤2：切换至"调色"步骤面板，调出"色轮"面板，进入"一级-校色轮"模式。

步骤3：在"色轮"面板中，将"暗部"各参数均调为0.03，将"中灰"各参数均调为0.03，将"亮部"各参数均调为1.04，如图6-59所示。

图6-58

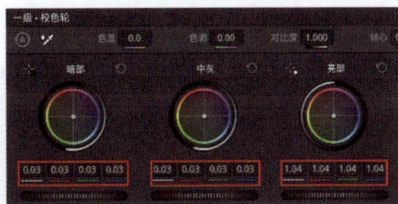

图6-59

执行操作后，画面被提亮一些，如图6-60所示。

步骤4：在"色轮"面板中，将"色温"参数调为-900，将"饱和度"参数调为75，如图6-61所示。

图6-60

图6-61

执行操作后，画面色调变得略微偏冷，色彩鲜艳度得到了一定的提升。

步骤5：在"节点"面板的01节点上单击鼠标右键，弹出快捷菜单，执行"添加节点＞添加串行节点"命令。执行操作后，02节点被添加至01节点右侧。

步骤6：选中02节点，在"色轮"面板的"一级-校色轮"模式下，将"暗部"各参数分别调为0.00、-0.02、0.00、0.05，如图6-62所示。

步骤7：在"节点"面板的02节点上单击鼠标右键，弹出快捷菜单，执行"添加节点＞添加串行节点"命令。执行操作后，03节点被添加至02节点右侧。

步骤8：单击"检视器"面板右上角的"快捷菜单"按钮███，执行"突出显示＞突出显示"命令。

步骤9：选中03节点，切换至"限定器"面板，在"限定器-HSL"模式下，用拾取器在"检视器"面板的画面中小女孩的面部皮肤上拖曳，拾取HSL范围，创建选区，如图6-63所示。

步骤10：切换至"运动特效"面板，将"空域降噪"中的"模式"调为"更好"，将"空域阈值"中的"亮度"和"色度"参数均调为100，如图6-64所示。

执行操作后，小女孩皮肤上的噪点被大幅度清除，如图6-65所示。

步骤11：在"节点"面板的03节点上单击鼠标右键，弹出快捷菜单，执行"添加节点＞添加并行节点"命令。执行操作后，04节点被添加至03节点下方，"并行混合器"节点被添加至03节点和04节点右侧，如图6-66所示。

步骤12：切换至"曲线"面板，在"曲线-自定义"模式下调整绿色曲线，提高整体的绿色色调，如图6-67所示。

图6-62   图6-63   图6-64   图6-65

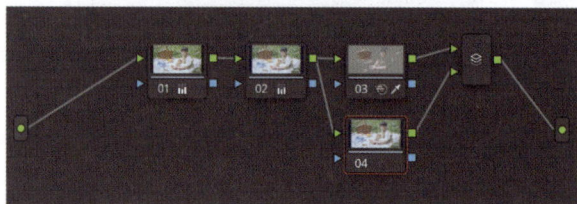
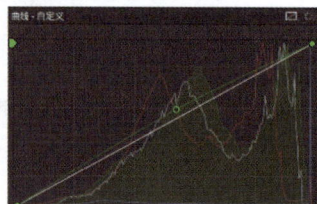

图6-66   图6-67

步骤13：切换至"剪辑"步骤面板，可在"检视器"面板中查看最终效果，原图与效果对比如图6-68所示。

图6-68

6.2.3　美艳型

美艳型视频通常具有高反差和高饱和度的特点，用户可以在DaVinci Resolve 18中调整画面的整体色调，以实现艳丽浓郁的美艳效果。下面是具体的操作步骤。

步骤1：打开项目文件"6.2.3 美艳型.drp"，在"检视器"面板中可以查看原始画面，如图6-69所示。

步骤2：切换至"调色"步骤面板，调出"色轮"面板，进入"一级-校色轮"模式。

步骤3：在"色轮"面板中，将"暗部"各参数均调为-0.08，将"亮部"各参数均调为1.10，如图6-70所示。

执行操作后，画面明暗反差增强了很多，如图6-71所示。

步骤4：在"节点"面板的01节点上单击鼠标右键，弹出快捷菜单，执行"添加节点＞添加串行节点"命令，02节点被添加至01节点右侧。

步骤5：选中02节点，切换至"限定器"面板，在"限定器-HSL"模式下，用拾取器在"检视器"面板的画面中人物的嘴唇上拖曳，拾取HSL范围，创建选区，如图6-72所示。

步骤6：切换至"色轮"面板，将"饱和度"参数调为85，提高嘴唇部分的饱和度。

步骤7：在"节点"面板的02节点上单击鼠标右键，弹出快捷菜单，执行"添加节点＞添加外部节点"命令，03节点被添加至02节点右侧。

图6-69　　　　　　　图6-70　　　　　　　　图6-71　　　　　　　图6-72

步骤8：选中03节点，在"色轮"面板中将"饱和度"参数调为60，提高人物皮肤部分的饱和度。

步骤9：切换至"曲线"面板，在"曲线-自定义"模式下调整亮度曲线，以增加整体的肤色亮度，如图6-73所示。

步骤10：切换至"剪辑"步骤面板，可在"检视器"面板中查看最终效果，原图与效果对比如图6-74所示。

图6-73　　　　　　　　　　　　　　图6-74

6.3　课堂案例：滑板少年

文件位置	CH06>项目文件>滑板少年.drp
素材位置	CH06>素材文件>滑板少年.mp4
技术掌握	人物视频调色

本案例的最终效果如图6-75所示。

步骤1：启动软件，新建项目，将项目命名为"滑板少年"。

步骤2：将"滑板少年.mp4"文件导入"媒体池"面板，并将其拖曳至"时间线"面板，如图6-76所示。

步骤3：切换至"调色"步骤面板，调出"色轮"面板，在"一级-校色轮"模式下将"暗部"各参数均调为-0.06，将"亮部"各参数均调为1.25，如图6-77所示。

图6-75　　　　　　　　图6-76　　　　　　　　图6-77

步骤4：切换至"曲线"面板，在"曲线-自定义"模式下调整曲线的上、下控制点，将左下方的控制点略微向右拖曳，将右上方的控制点向左拖曳，如图6-78所示。

步骤5：在"节点"面板的01节点上单击鼠标右键，弹出快捷菜单，执行"添加节点＞添加串行节点"命令，02节点被添加至01节点右侧。

步骤6：选中02节点，切换至"色轮"面板，在"一级-校色轮"模式下，向右拖曳"偏移"色轮中心的控制点，直至蓝色参数调为40，如图6-79所示。

步骤7：在"色轮"面板中将"对比度"参数调为1.236，将"中间调细节"参数调为50，如图6-80所示。

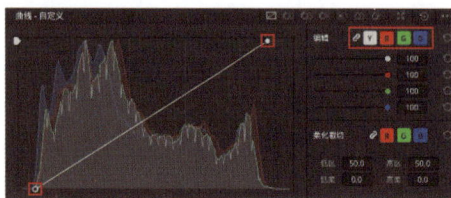

图6-78　　　　　　　　图6-79　　　　　　　　图6-80

步骤8：在"节点"面板的02节点上单击鼠标右键，弹出快捷菜单，执行"添加节点＞添加并行节点"命令，03节点被添加至02节点下方，"并行混合器"节点被添加至02节点和03节点右侧，如图6-81所示。

步骤9：选中03节点，切换至"限定器"面板，单击"检视器"面板右上角的"快捷菜单"按钮 ●●● ，执行"突出显示＞突出显示"命令。

步骤10：在"限定器-HSL"模式下，用拾取器在画面中左边男孩的绿色T恤上拖曳，拾取HSL范围，创建选区，如图6-82所示。

步骤11：调整好选区后，切换至"色轮"面板，将"饱和度"参数调为100，将"色相"参数调为90，如图6-83所示。

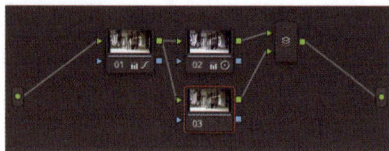

图6-81　　　　　　　　图6-82　　　　　　　　图6-83

步骤12：在"节点"面板的"并行混合器"节点上单击鼠标右键，弹出快捷菜单，执行"添加节点＞添加串行节点"命令，05节点被添加至"并行混合器"节点右侧。

步骤13：选中05节点，切换至"色轮"面板，在"一级-校色轮"模式下将"暗部"和"中灰"各参数均调为-0.05，进一步增加明暗曝光反差；将"色温"参数调为-660，增强画面的冷色调，使画面看起来有点"酷"，如图6-84所示。

步骤14：切换至"剪辑"步骤面板，可在"检视器"面板中查看最终效果，原图与效果对比如图6-85所示。

图6-84　　　　　　　　　　　　　图6-85

6.4　本章小结

本章详细讲解了利用DaVinci Resolve 18进行人物调色的方法。在人物视频调色方面，介绍了基本调色工具的使用，包括色轮、曲线和限定器等，重点突出如何通过修复肤色、透亮处理、面部柔化和人物抠像等功能，使人物看起来更加自然和吸引人。在美颜视频制作方面，讲解了如何通过细致的调色处理，改善肤色、消除瑕疵，并在不同光照条件下保持肤色平衡，提升人物的整体外观。无论是为了制作高质量的人物视频，还是为了在美颜视频中呈现更理想的形象，人物调色都是不可或缺的环节。通过本章的学习，用户能够掌握将普通视频转变为专业作品的技巧，显著提升视频的视觉效果和观赏价值。

知识拓展　人物调色的注意事项

在DaVinci Resolve 18中进行人物调色时，有一些关键的注意事项可以帮助用户获得更好的效果。

（1）肤色调节：使用色轮微调肤色，确保肤色看起来自然。通常，肤色应在矢量示波器的肤色线附近。

（2）过度处理：避免过度提高对比度和饱和度，以免人物看起来不自然。微调参数以达到最佳效果。

（3）遮罩和跟踪：利用遮罩和跟踪功能，只对需要调整的区域进行调色，例如脸部和皮肤，而不影响背景或其他部分。

（4）均匀光照：确保光照均匀。如果光照不均匀，可以使用局部调整工具来平衡不同区域的曝光和颜色。

（5）细节保护：在调整色调和对比度时，注意保护人物面部的细节，避免丢失细节或出现过度锐化。

（6）参考图像：使用参考图像来对比调整效果，确保调色结果符合预期。参考图像可以是同一场景的不同镜头或预先设定的色彩标准。

（7）降噪处理：对高ISO或低光环境下拍摄的视频进行降噪处理，提升画面质量，使调色效果更好。

（8）测试和调整：在不同显示设备上测试调色效果，确保在各种设备上都能获得理想的效果。不同显示设备的色彩表现可能会有所不同。

（9）保持一致性：在多个镜头之间保持色彩一致性，避免镜头之间的色彩和亮度差异过大，影响整体观感。

遵循以上注意事项，用户可以在DaVinci Resolve 18中实现更专业、自然的人物调色效果，提升视频的视觉质量和观赏性。

6.5 课后练习：海边絮语

文件位置	CH06>项目文件>海边絮语.drp
素材位置	CH06>素材文件>海边絮语.mp4
技术掌握	美颜视频制作

课后练习的最终效果如图6-86所示。

图6-86

参考步骤

（1）启动软件，新建项目，在"剪辑"步骤面板中准备好素材。
（2）切换至"调色"步骤面板，在"色轮"面板中调整曝光。
（3）添加串行节点，用拾取器拾取肤色范围。
（4）切换至"色轮"面板，微调肤色。
（5）切换至"运动特效"面板，调整"空域降噪"中的参数，实现面部祛痘。
（6）添加串行节点，拾取肤色范围。
（7）添加美艳效果，调整"磨皮"参数。
（8）添加外部节点，切换至"色轮"面板，调整饱和度。
（9）添加串行节点，拾取天空范围。
（10）切换至"色轮"面板，提升天空的饱和度。

第 7 章

滤镜特效：增强质感

DaVinci Resolve 18 的滤镜特效主要集中在"FX 特效库"面板中，共有 13 种类别。灵活运用滤镜特效，可制作出各种带有质感的视频。

学习重点

◎ 滤镜特效介绍
◎ 添加滤镜特效
◎ 删除滤镜特效
◎ 调整滤镜特效
◎ 收藏滤镜特效
◎ 特效视频制作

7.1 滤镜特效介绍

DaVinci Resolve 18的FX特效库提供了丰富的滤镜特效，包括镜头模糊、锐化、镜头光斑等。用户可以通过简单的拖曳操作，将这些滤镜特效应用到视频剪辑中，并通过详细的参数调整，实现精确的效果控制。

在"调色"步骤面板中，单击右上方的"FX 特效库"按钮 🔘 特效库 ，即可展开"FX 特效库"，如图7-1所示。单击不同类别特效右侧的下拉按钮 ∨ 或折叠按钮 ∧ ，可展开或折叠该类别中所有的滤镜特效，如图7-2所示。

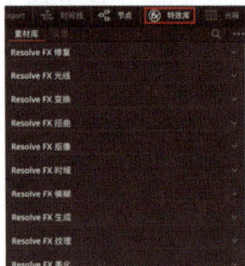

图7-1

图7-2

下面按类别来介绍DaVinci Resolve 18中的滤镜特效。

7.1.1 "Resolve FX 修复"类

"Resolve FX 修复"类专为修复和增强视频画质设计，可用于有效地修正视频中的各种缺陷，其包含10个滤镜特效，如图7-3所示。

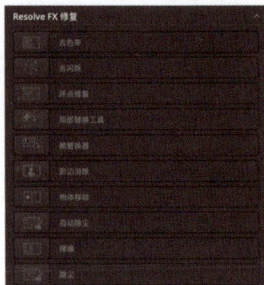

图7-3

- 去色带：能够有效减少视频中的色带现象，平滑色彩过渡。
- 去闪烁：能够消除视频中由于光源波动或其他因素导致的闪烁现象，确保画面稳定、流畅。
- 坏点修复：能够自动检测并修复视频中的坏点和像素缺陷，确保画面完整性。
- 局部替换工具：能选择并替换视频中的特定区域，修复损坏或不理想的部分，确保画面一致性和完整性。
- 帧替换器：能替换视频中的损坏帧，使用相邻帧信息自动填补缺失或损坏部分，确保播放连续、流畅。
- 彩边消除：能自动减少视频中出现的彩色边缘或色散现象，使画面更清晰和真实。
- 物体移除：能自动检测并移除视频中的特定物体，通过智能填补周围背景，使画面看起来完整和无干扰。
- 自动除尘：能自动检测和消除视频中的尘埃和污点。
- 降噪：能有效减少视频中的噪点和颗粒，提升画面的清晰度和视觉质量。
- 除尘：专门用于去除视频中的尘埃和污点，保持画面清晰和干净。

7.1.2 "Resolve FX 光线"类

"Resolve FX 光线"类用于实现艺术化的光线和光晕效果，为视频增添视觉吸引力和戏剧性，其包含6个滤镜特效，如图7-4所示。

- 光圈衍射：可模拟光圈在镜头中扩散时形成的衍射效果，使得光源周围的光线看起来更加柔和、自然，用户可以通过调整参数控制衍射的强度和形状。
- 发光：能够为视频中的光源添加强烈的光晕和辐射效果。
- 射光：可模拟光源直接进入镜头时产生的射线效果。
- 胶片光晕：可模拟老式胶片摄影中常见的光晕效果，为视频添加复古感和艺术感。通过调整参数可控制光晕的强度和形状，使得光源周围的光线看起来更加柔和、自然。
- 镜头光斑：可模拟镜头在强光条件下产生的光斑效果。
- 镜头反射：可模拟镜头在光源附近产生的反射现象。

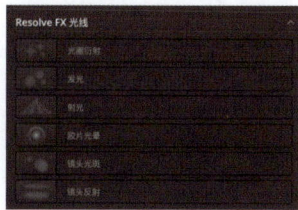

图7-4

7.1.3　"Resolve FX 变换"类

"Resolve FX 变换"类用于实现视觉变换效果，可改变视频的外观和风格。灵活调整参数，可实现从简单的晃动模糊到复杂的几何扭曲等不同的视觉效果。"Resolve FX 变换"类包含5个滤镜特效，如图7-5所示。

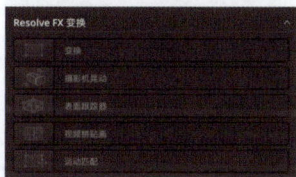

图7-5

- 变换：允许用户灵活调整视频画面的大小、位置、旋转和缩放，实现精确的画面布局和视觉效果。
- 摄影机晃动：可模拟手持摄影的自然晃动，为静态或平稳的视频添加动态感和真实感。
- 表面跟踪器：可精准跟踪视频中的平面或表面运动，便于在动态画面上添加图像、文字或特效，保持一致性。
- 视频拼贴画：允许用户将多个视频画面组合成一个画面布局，实现多窗口或分屏效果。
- 运动匹配：可自动匹配并同步不同视频画面中的运动，使合成效果更加自然、流畅。

7.1.4　"Resolve FX 扭曲"类

"Resolve FX 扭曲"类用于变形和变换视频画面，可创造独特的视觉效果，增强视频的创意性，添加动态变化，使画面更加生动和引人注目，其包含6个滤镜特效，如图7-6所示。

- 凹痕：可为视频画面添加凹陷或压痕效果，使图像产生局部变形。
- 变形器：允许用户灵活地扭曲和变形视频画面，实现各种形状和动态效果。

图7-6

- 波状：可为视频画面添加波纹或波动效果，使图像产生类似水波或振动的动态变形。
- 涟漪：可为视频画面添加由中心向外扩散的波纹效果，模拟水面涟漪，增强画面的动态感和视觉效果。
- 漩涡：可为视频画面添加旋转的漩涡效果，使图像产生环绕和旋转的视觉变形。
- 镜头畸变：可模拟不同类型镜头的特有畸变效果，如鱼眼、桶形畸变等，调整画面的透视和形状。

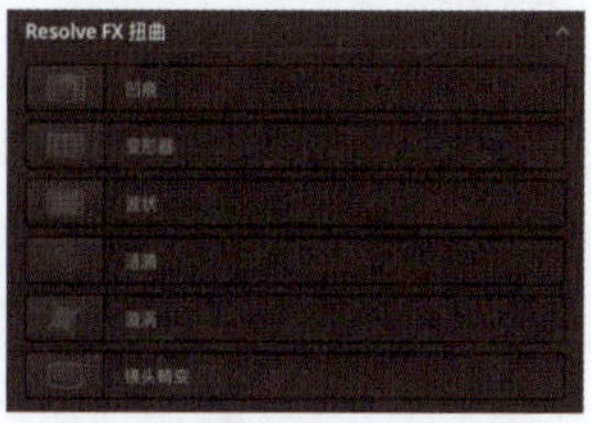

7.1.5 "Resolve FX 抠像"类

"Resolve FX 抠像"类是专业的抠像工具，可精确地将背景与前景分离，进行复杂的合成，实现绿幕抠像和其他特效，其包含4个滤镜特效，如图7-7所示。

- 3D键控器：能够精确地分离前景和背景，支持复杂的抠像操作，适用于绿幕和蓝幕拍摄。
- Alpha蒙版收缩与扩展：允许用户调整Alpha通道边缘的大小，通过收缩或扩展蒙版边缘，精细控制抠像区域。
- HSL键控器：可通过调整色相、饱和度和亮度来精确抠像，使用

图7-7

户能够分离特定颜色区域，实现精细的合成效果，适用于复杂背景的抠像操作。
- 亮度键控器：可根据图像中的亮度值进行抠像，使用户精确分离明暗区域，实现复杂的背景替换和合成效果。

7.1.6 "Resolve FX 时域"类

"Resolve FX 时域"类是与时间相关的效果处理，可以实现视频中慢动作、快动作以及平滑的运动效果，其包含4个滤镜特效，如图7-8所示。

- 定格动画：可将视频转换为定格动画风格，模拟逐帧拍摄的效果，使画面呈现出独特的跳帧和卡顿感。
- 涂抹：可通过延迟和模糊视频帧来实现拖尾和运动模糊效果，使快速运动的对象在画面中产生流动感和动感。

图7-8

- 运动拖尾：可通过在视频中创建物体移动的残影和拖尾，增强快速运动的动态感和视觉冲击力。
- 运动模糊：可模拟相机在拍摄快速移动物体时产生的模糊效果，使画面更自然。

案例 7-1　添加和删除滤镜特效

文件位置	CH07>项目文件>添加和删除滤镜特效.drp
素材位置	CH07>素材文件>海鸟.mp4
技术掌握	添加滤镜特效、删除滤镜特效

步骤1：打开项目文件"添加和删除滤镜特效.drp"，进入"调色"步骤面板。

步骤2：单击右上方的"FX 特效库"按钮ⓕ𝑥 特效库，展开"FX 特效库"，如图7-9所示。

步骤3：在"素材库"面板中选中"Resolve FX 扭曲"滤镜组中的"涟漪"滤镜，如图7-10所示。

步骤4：将"涟漪"滤镜拖曳至"节点"面板的01节点上，释放鼠标后即成功添加了滤镜，01节点下方会出现一个"滤镜"提示图标𝑓𝑥，将鼠标指针指向该图标时，旁边会显示滤镜名称，如图7-11所示。

添加滤镜后，界面右上方会自动切换至"设置"面板，如图7-12所示。与此同时，"检视器"面板的画面中出现了"涟漪"滤镜，如图7-13所示。

图7-9   图7-10   图7-11

图7-12   图7-13

步骤5：在"设置"面板中单击"删除滤镜"按钮，如图7-14所示。

执行操作后，"涟漪"滤镜即被删除。01节点上的"滤镜"提示图标 fx 被清除，画面上的"涟漪"滤镜消失（见图7-15），界面右侧自动返回"素材库"面板。

图7-14   图7-15

7.1.7 "Resolve FX 模糊"类

"Resolve FX 模糊"类用于画面的模糊处理，可调整视频的焦点和深度感，模拟不同的镜头效果或增强画面的柔和度，其包含7个滤镜特效，如图7-16所示。

- 四方形模糊：能够以四方形区域为单位对视频画面进行模糊处理，可用于突出或模糊特定区域。
- 径向模糊：能够以中心点为焦点，向外辐射性地模糊周围区域，创造出视觉上的运动和深度感。
- 方向模糊：可根据指定的方向模糊视频画面，使得特定方向上的运动或动态感更加突出。
- 缩放模糊：可根据指定的缩放程度对视频画面进行模糊处理，模拟快速移动或焦距变化的效果。

图7-16

- 镜头模糊：可通过调整模糊的强度和位置来模拟不同焦距下的景深效果。
- 马赛克模糊：能够将视频画面分解为像素块，以隐藏或模糊敏感信息或身份，保护个人隐私或创造特定的艺术效果。
- 高斯模糊：可通过应用高斯函数来模糊视频画面，可用于调整焦点和深度感，使画面更加柔和、自然。

7.1.8 "Resolve FX 生成"类

"Resolve FX 生成"类用于生成网格和色块，可创造艺术背景、特效元素或动画过渡，提升视频的创意性，其包含3个滤镜特效，如图7-17所示。

图7-17

- 网格：可在视频画面中生成网格，用户能够自行调整网格的颜色、高度、宽度、位置和角度。
- 色彩生成器：可在视频画面中添加色彩滤镜，用户能够自行确定颜色色相和混合比例。
- 配色板：可在视频画面中生成色块元素，用户能够自行调整色块的数量、阴影阈值和高光阈值。

7.1.9 "Resolve FX 纹理"类

"Resolve FX 纹理"类用于添加纹理和图案，可定制化地实现各种纹理效果，其包含7个滤镜特效，如图7-18所示。

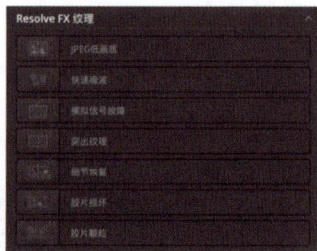

- JPEG低画质：可模拟JPEG图像的低质量外观，实现复古风格的视觉效果。
- 快速噪波：能快速生成具有噪波纹理的视觉效果。
- 模拟信号故障：可模拟传统电视信号失真和故障的视觉效果，包括扭曲、色彩异常和噪点，用于创造复古或科幻风格的影像画面。

图7-18

- 突出纹理：能够突出图像的纹理细节，增强视觉效果的深度和质感。
- 细节恢复：能提升图像的质量和清晰度，使得细节更加清晰可见，可恢复图像中微小的细节和结构，特别是在处理过度曝光或阴影细节不足的情况下。
- 胶片损坏：可模拟胶片老化或损坏时出现的瑕疵，如斑驳、线条和颗粒，用于营造复古、电影化的氛围。
- 胶片颗粒：可模拟传统胶片拍摄时的颗粒感，增强视频的复古感和电影感。

7.1.10 "Resolve FX 美化"类

"Resolve FX 美化"类是功能强大的美颜、美化工具，可用于优化视频中人物的外观，改善皮肤细节，增强色彩鲜艳度，提升图像清晰度和对比度，实现精细的视频美化和调色，其包含5个滤镜特效，如图7-19所示。

图7-19

- 深度贴图：能够利用深度信息增强视频中的景深效果，可模拟景深模糊和焦距效果，使得前景和背景在视觉上更加突出和立体，从而增强影像的空间感和现实感。
- 美颜：可优化视频中人物的外观，通过磨皮、细节恢复和纹理恢复等技术，提升肤色和面部特征的自然美感。
- 自定义混合器：可创建和调整自定义滤镜，通过混合不同的图层和效果来创造独特的视觉风格。
- 重新照明：能够在后期制作中调整视频的照明和光线分布，可模拟添加或移动光源，改变视频中物体的光影表现。

- 面部修饰：可优化视频中人物的面部特征，提供皮肤遮罩、纹理、调色、眼部修整、嘴唇修整等多种工具，能够细致调整面部细节，改善肤色和轮廓。

7.1.11 "Resolve FX 色彩"类

"Resolve FX 色彩"类用于调整和增强视频的色彩表现，能够纠正和调整视频的色差，创造出独特的视觉风格和情绪效果，其包含14个滤镜特效，如图7-20所示。

- ACES转换：支持ACES（Academy Color Encoding System）色彩管理系统，用于精确管理和转换视频的色彩空间，可保持色彩一致性，确保在不同设备和平台上呈现出准确的色彩，适用于要求高质量色彩管理的电影、电视和广告制作等。
- DCTL：DCTL（DaVinci Color Transform Language）是一种编程语言，用于实现自定义色彩转换和效果，可编写复杂的色彩处理算法，实现精细的色彩调整和特效，扩展了软件的色彩管理和创意控制能力。
- 伪色：一种用于替代色彩显示的技术，特别是在监视器或设备无法准确显示真实色彩时。可通过映射原始色彩到可视范围内的虚拟色彩，帮助用户更好地判断和调整视频的色彩和

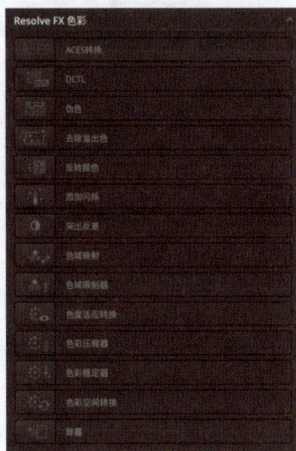

图7-20

对比度，尤其适用于需要在不同环境下预览和校准的专业视频制作。
- 去除溢出色：用于修复视频中过度饱和的色彩，可帮助调色师减少或消除色彩溢出，使得色彩看起来更加自然和平衡。
- 反转颜色：可将视频中的色彩反转，创建出反色效果。
- 添加闪烁：可模拟视频中的闪烁效果。
- 突出反差：可增强视频中的对比度，使影像看起来更加清晰和生动，突出视频中的重要细节。
- 色域映射：用于调整视频的色彩范围和映射，以便在不同的色彩空间之间进行转换和匹配。
- 色域限制器：可控制视频的色彩饱和度和范围，确保影像在色彩表现上符合特定的要求或标准。
- 色度适应转换：用于调整视频中的色彩饱和度和色调，以适应不同的显示设备和环境；能够优化色彩的表现，使视频在不同的视觉平台上显示出一致的色彩特性，确保观众在不同设备上看到的影像具有相似的色彩和视觉效果。
- 色彩压缩器：用于调整和限制视频中的色彩范围，以减少色彩的过度饱和或调整特定颜色通道的强度。
- 色彩稳定器：用于平衡视频中的色彩，尤其是在处理不一致的色彩表现或色调问题时特别有用。
- 色彩空间转换：可在不同的色彩空间之间进行转换和调整，确保视频在不同设备和平台上显示一致的色彩。
- 除霾：用于减少或消除视频中的霾和雾霾效果，可提升影像的清晰度和对比度，使远处物体更加清晰可见，改善整体画面的视觉效果。

7.1.12 "Resolve FX 锐化"类

"Resolve FX 锐化"类用于增强视频的清晰度和细节，通过增强图像的边缘对比度，使细节更加突出，其包含3个滤镜特效，如图7-21所示。

图7-21

- 模糊与锐化：可在视频中同时应用模糊和锐化效果，在增强图像细节的同时，平滑噪点和杂质。
- 锐化：用于增强视频图像的清晰度和细节，使图像更加锐利和清晰。
- 锐化边缘：用于增强图像边缘的清晰度，通过增加边缘对比度，使轮廓更加鲜明，从而提升整体影像的视觉效果。

7.1.13 "Resolve FX 风格化"类

"Resolve FX 风格化"类用于为视频添加独特的艺术效果和风格，可以实现创造性的视觉效果，增强视频的艺术性和观赏性，其包含14个滤镜特效，如图7-22所示。

- 天空替换：可将视频中的天空部分替换为其他图像或视频。
- 扫描线：可模拟旧电视机或监视器的扫描线效果。
- 投影：用于实现对象的阴影和投影效果。通过调整方向、模糊度和透明度，可以增强视频的立体感和深度。
- 抽象画：可将视频转换为具有抽象艺术风格的视觉表现，通过扭曲和重构图像元素，实现独特的艺术效果。
- 暗角：用于在视频画面的边缘添加渐晕效果。
- 棱镜模糊：可模拟光线折射，创造出棱镜般的光效，能够使光线在视频中产生多重折射，增强艺术感和光影变化。
- 水彩：可将视频转换为仿水彩画风格的视觉效果。
- 浮雕：可将视频转换为具有凸起效果的视觉风格，使图像看起来像是雕刻或浮雕艺术品。

图7-22

- 移轴模糊：可模拟移轴摄影技术，对视频中的部分区域进行模糊处理，实现微缩景深的视觉效果。
- 边缘检测：能够自动识别和突出视频中物体和人物的边缘轮廓，使图像更加清晰，轮廓更加鲜明。
- 遮幅填充：可通过定义遮幅形状来填充视频画面的特定区域。
- 铅笔素描：能够将视频转换为由铅笔绘制的素描风格。
- 镜像：可为视频画面添加镜像反射的视觉效果，用于创造对称感强烈的画面或者艺术性的影像处理。
- 风格化：可应用各种艺术风格的滤镜，例如水彩画、油画或卡通风格，从而改变视频的画面和氛围。

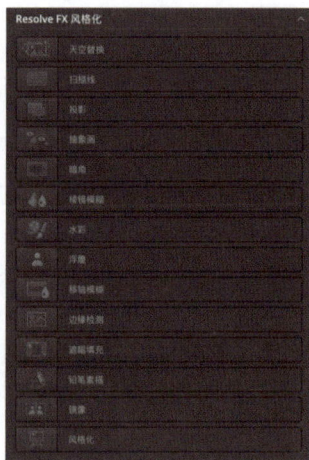

案例 7-2　调整和收藏滤镜特效

文件位置	CH07>项目文件>调整和收藏滤镜特效.drp
素材位置	CH07>素材文件>散步.mp4
技术掌握	调整滤镜参数，收藏滤镜特效

案例 7-2
调整和收藏
滤镜特效

步骤1：打开项目文件"调整和收藏滤镜特效.drp"，进入"调色"步骤面板。

步骤2：单击右上方的"FX 特效库"按钮 特效库，展开"FX 特效库"，在"素材库"面板中选中"Resolve FX 生成"滤镜组中的"网格"滤镜，如图7-23所示。

步骤3：将"网格"滤镜拖曳至"节点"面板的01节点上，如图7-24所示。执行操作后，"网格"滤镜出现在"检视器"面板的画面中，如图7-25所示。

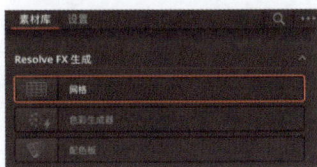
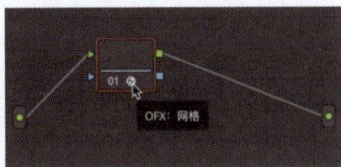

图7-23　　　　　　　　　　图7-24　　　　　　　　　　图7-25

步骤4：在"设置"面板中将"单元格分行"参数调为6，"单元格分列"参数调为10，"主要行距"参数调为0，如图7-26所示。

步骤5：单击"行色彩"右侧的"拾色器"按钮，如图7-27所示；弹出"颜色"面板，在"颜色"面板中选择需要的颜色后，单击右下角的"OK"按钮，如图7-28所示。

图7-26　　　　　　　　　　图7-27　　　　　　　　　　图7-28

步骤6：在"设置"面板中将"变换控制"中的"旋转"参数调为30，"高度"参数调为1.832，"错切X"参数调为0.413，如图7-29所示。

步骤7：将"全局混合"中的"混合"参数调为0.550，如图7-30所示。执行操作后，"检视器"面板中的画面效果如图7-31所示。

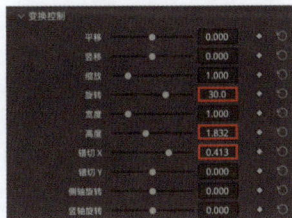

图7-29　　　　　　　　　　图7-30　　　　　　　　　　图7-31

用户还可以将自定义或经常使用的滤镜特效保存在一个特定的收藏夹中，以便在后续的项目中轻松访问和应用这些滤镜特效，节省时间并提高工作效率。

步骤8：切换至"素材库"面板，选中"网格"滤镜，单击其右侧的"收藏"按钮★即可收藏该滤镜，如图7-32所示。

步骤9：单击"素材库"面板右上角的"快捷菜单"按钮●●●，执行"收藏"命令，可使面板仅显示被收藏的滤镜，如图7-33所示。

图7-32

图7-33

技巧与提示

执行"收藏"命令后，"素材库"面板仅显示被收藏的滤镜，其他滤镜全都消失不见。若想正常使用其他滤镜，需再次单击"快捷菜单"按钮●●●，执行"全部显示"命令。如此操作后，所有的滤镜才会全部显示出来。

另外，滤镜被收藏后，再次在"素材库"面板中单击该滤镜右侧的"收藏"按钮★，即可取消它的收藏状态，该滤镜将自动从"收藏"面板中移除。

7.2 特效视频制作

不同的滤镜特效有不同的功能，合理地运用各类滤镜特效，可以提升视频的质感和艺术感染力。

7.2.1 添加暗角

添加暗角可以有效地调整视频或图像的视觉焦点，使画面边缘变暗或模糊，从而使观众的注意力集中到画面中心或重要的元素上。下面是具体的操作步骤。

步骤1：打开项目文件"7.2.1 添加暗角.drp"，进入"调色"步骤面板。

步骤2：展开"FX特效库"，在"素材库"面板中选中"Resolve FX 风格化"滤镜组中的"暗角"滤镜，如图7-34所示。

步骤3：将"暗角"滤镜拖曳至"节点"面板的01节点上，如图7-35所示。执行操作后，在"检视器"面板中查看效果，如图7-36所示。

图7-34

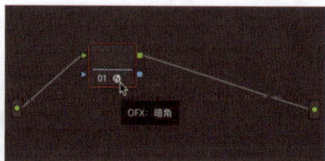

图7-35

图7-36

步骤4：在"设置"面板中将"大小"参数调为0.606，"柔化"参数调为0.633，如图7-37所示。

步骤5：切换至"剪辑"步骤面板，在"检视器"面板中查看最终效果，原图与效果对比如图7-38所示。

图7-37

图7-38

7.2.2　马赛克模糊

利用马赛克可遮罩某些场景或细节，其原理是通过模糊或像素化特定区域来实现马赛克效果。下面是具体的操作步骤。

步骤1：打开项目文件"7.2.2 马赛克模糊.drp"，进入"调色"步骤面板。

步骤2：切换至"窗口"面板，单击窗口预览面板中的圆形"窗口激活"按钮，为画面添加一个圆形遮罩，如图7-39所示。

步骤3：在"检视器"面板中调整圆形遮罩，如图7-40所示。

步骤4：展开"FX 特效库"，在"素材库"面板中选中"Resolve FX 模糊"滤镜组中的"马赛克模糊"滤镜，如图7-41所示。

图7-39

图7-40

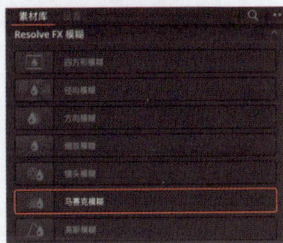
图7-41

步骤5：将"马赛克模糊"滤镜拖曳至"节点"面板的01节点上，如图7-42所示。执行操作后，在"检视器"面板中查看效果，如图7-43所示。

步骤6：在"设置"面板中，将"像素频率"参数调为50，"单元格形态"调为"六边形"，"锯齿"参数调为0.752，如图7-44所示。

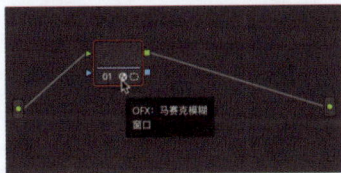
图7-42

图7-43

图7-44

步骤7：切换至"剪辑"步骤面板，在"检视器"面板中查看最终效果，原图与效果对比如图7-45所示。

图7-45

7.2.3　梦幻射光

需要创造戏剧性效果、模拟自然光线或营造幻想场景时，可使用"射光"滤镜。下面是具体的操作步骤。

步骤1：打开项目文件"7.2.3 梦幻射光.drp"，进入"调色"步骤面板。

步骤2：展开"FX 特效库"，在"素材库"面板中选中"Resolve FX 光线"滤镜组中的"射光"滤镜，如图7-46所示。

步骤3：将"射光"滤镜拖曳至"节点"面板的01节点上，如图7-47所示。执行操作后，在"检视器"面板中查看效果，如图7-48所示。

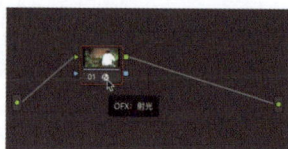

| 图7-46 | 图7-47 | 图7-48 |

步骤4：在"设置"面板中，单击"射线源"右侧的下拉按钮，在下拉列表中选择"边缘"选项，如图7-49所示。

步骤5：在"外观"中将"长度"参数调为0.154，"色彩"调为黄绿色，如图7-50所示。

步骤6：切换至"剪辑"步骤面板，在"检视器"面板中查看最终效果，原图与效果对比如图7-51所示。

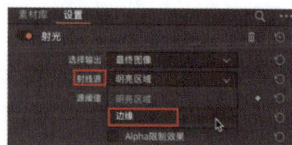
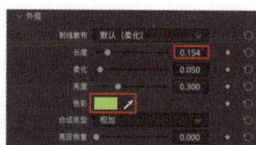

| 图7-49 | 图7-50 | 图7-51 |

7.2.4　运动拖尾

在动作场景、体育节目或科幻场景中，使用"运动拖尾"滤镜可增强动态画面的视觉效果。下面是具体的操作步骤。

步骤1：打开项目文件"7.2.4 运动拖尾.drp"，进入"调色"步骤面板。

步骤2：展开"FX 特效库"，在"素材库"面板中选中"Resolve FX 时域"滤镜组中的"运动拖尾"滤镜，如图7-52所示。

步骤3：将"运动拖尾"滤镜拖曳至"节点"面板的01节点上，如图7-53所示。执行操作后，在"检视器"面板中查看效果，如图7-54所示。

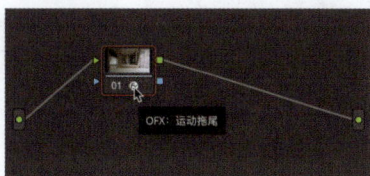

图7-52　　　　　　　　图7-53　　　　　　　　图7-54

步骤4：在"设置"面板中将"拖尾长度"参数调为7，"衰减"参数调为0.400，如图7-55所示。

步骤5：在"移动拖尾"中将"缩放"参数调为1.076，"旋转"参数调为3，如图7-56所示。

步骤6：切换至"剪辑"步骤面板，在"检视器"面板中查看最终效果，原图与效果对比如图7-57所示。

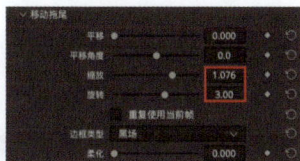

图7-55　　　　　　　图7-56　　　　　　　　图7-57

7.2.5　磨皮美颜

无论是在短视频还是专业的影视作品中，磨皮美颜效果经常被使用，"美颜"滤镜可实现这一效果。下面是具体的操作步骤。

步骤1：打开项目文件"7.2.5 磨皮美颜.drp"，进入"调色"步骤面板。

步骤2：展开"FX 特效库"，在"素材库"面板中选中"Resolve FX 美化"滤镜组中的"美颜"滤镜，如图7-58所示。

步骤3：将"美颜"滤镜拖曳至"节点"面板的01节点上，如图7-59所示。执行操作后，在"检视器"面板中查看效果，因为还未调整参数，所以效果并不明显，如图7-60所示。

图7-58　　　　　　　　图7-59　　　　　　　　图7-60

步骤4：在"设置"面板中将"磨皮"中的"强度"参数调为0.754，"级别"参数调为0.827，如图7-61所示。

步骤5：为保持细节的真实性，再在"细节恢复"中将"强度"参数调为1.164，"模糊"参数调为0.200，如图7-62所示。

步骤6：切换至"剪辑"步骤面板，在"检视器"面板中查看最终效果，原图与效果对比如图7-63所示。

图7-61　　　　　　　　图7-62　　　　　　　　　　　　图7-63

7.2.6　老电视机

"模拟信号故障"滤镜可以用来实现多种复古或科幻风格的视频效果。下面是具体的操作步骤。

步骤1：打开项目文件"7.2.6 老电视机.drp"，进入"调色"步骤面板。

步骤2：展开"FX 特效库"，在"素材库"面板中选中"Resolve FX 纹理"滤镜组中的"模拟信号故障"滤镜，如图7-64所示。

步骤3：将"模拟信号故障"滤镜拖曳至"节点"面板的01节点上，如图7-65所示。执行操作后，在"检视器"面板中查看效果，如图7-66所示。

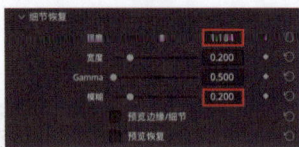

图7-64　　　　　　　　　图7-65　　　　　　　　　图7-66

步骤4：在"设置"面板中打开"预设"下拉列表，选择"老电视"选项，如图7-67所示。

步骤5：在"扫描线"中将"扫描线锐度"参数调为0.500，如图7-68所示。

步骤6：切换至"剪辑"步骤面板，在"检视器"面板中查看最终效果，原图与效果对比如图7-69所示。

图7-67　　　　　　　　图7-68　　　　　　　　　图7-69

7.3　课堂案例：舞动青春

文件位置	CH07>项目文件>舞动青春.drp
素材位置	CH07>素材文件>舞动青春.mp4
技术掌握	节点调色，使用滤镜特效

本案例的最终效果如图7-70所示。

步骤1：启动软件，新建项目，将项目命名为"舞动青春"。

步骤2：将"舞动青春.mp4"文件导入"媒体池"面板，并将其拖曳至"时间线"面板，如图7-71所示。

步骤3：切换至"调色"步骤面板，调出"色轮"面板，在"一级-校色轮"模式下将"暗部"各参数均调为-0.03，"中灰"各参数均调为0.05，"亮部"各参数均调为1.10，如图7-72所示。

图7-70　　　　　　　　　　图7-71　　　　　　　　　　　　　图7-72

步骤4：右键单击"节点"面板中的01节点，弹出快捷菜单，执行"添加节点 > 添加串行节点"命令，02节点被添加至01节点右侧，如图7-73所示。

步骤5：在"色轮"面板中将"色调"参数调为-50，"高光"参数调为50，"饱和度"参数调为80，如图7-74所示。

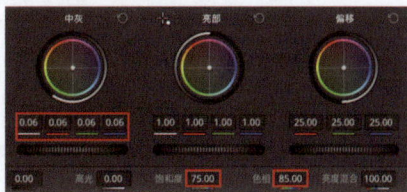

图7-73　　　　　　　　　　　　　图7-74

步骤6：右键单击"节点"面板中的02节点，弹出快捷菜单，执行"添加节点 > 添加串行节点"命令，03节点被添加至02节点右侧。

步骤7：选中03节点，单击"检视器"面板右上角的"快捷菜单"按钮■■■，执行"突出显示 > 突出显示"命令。

步骤8：切换至"限定器"面板，在"限定器-HSL"模式下，用拾取器在"检视器"面板的画面中女生的衣服上拖曳，拾取HSL范围，创建选区，如图7-75所示。

步骤9：切换至"色轮"面板，将"中灰"各参数均调为0.06，"饱和度"参数调为75，"色相"参数调为85，如图7-76所示。

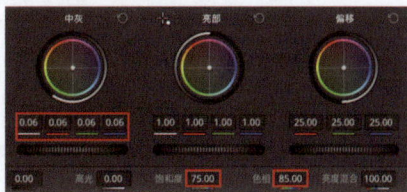

图7-75　　　　　　　　　　　　　图7-76

步骤10：右键单击"节点"面板中的03节点，弹出快捷菜单，执行"添加节点 > 添加串行节点"命令，04节点被添加至03节点右侧。

步骤11：展开"FX 特效库"，在"素材库"面板中选中"Resolve FX 光线"滤镜组中的"镜头光斑"滤镜，将其拖曳至04节点上，如图7-77所示。

步骤12：在"检视器"面板中，将光斑的中心点拖曳至视频画面的左上角，如图7-78所示。

图7-77　　　　　　　　　　　　　　　　　　　　　　　图7-78

步骤13：在"设置"面板中将"光圈"中的"光圈射线"参数调为14，如图7-79所示。

步骤14：在"元素"中将"显示控制为"调为"放射光线"，"放射光线大小"调为0.715，如图7-80所示。

步骤15：切换至"剪辑"步骤面板，可在"检视器"面板中查看最终效果，原图与效果对比如图7-81所示。

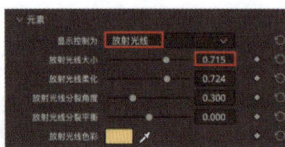

图7-79　　　　　　　　　图7-80　　　　　　　　　　　图7-81

7.4　本章小结

本章重点讲解了滤镜特效的使用方法，包括介绍各类滤镜特效、添加滤镜特效、删除滤镜特效、调整滤镜参数，以及收藏滤镜特效。使用滤镜特效应坚持适度原则，过多的滤镜特效会让画面显得过于复杂或失真，影响观众的观看体验；应坚持顺序优先原则，滤镜特效的应用顺序会影响最终效果；应坚持风格匹配原则，确保滤镜特效与视频的整体风格相匹配；还应坚持分层应用原则，使用多个节点来分层应用滤镜特效，而不是在一个节点中堆叠所有滤镜特效。

总之，灵活运用滤镜特效对于增强视觉效果、营造特定氛围、修正和优化画面、增加画面质感、表达创意想法以及保持一致性和统一性都是大有裨益的。

知识拓展　滤镜特效的关键帧动画

在DaVinci Resolve 18中，关键帧的使用方法与Premiere Pro、Final Cut Pro、After Effects、Edius以及剪映等编辑和特效合成软件的是类似的。因为大多数正在学习DaVinci Resolve 18的用户已掌握了一款或若干款编辑软件，对关键帧的概念及其用法并不陌生，所以本章并未对关键帧知识点做重复讲解。这里只对在DaVinci Resolve 18中用关键帧控制滤镜特效动画的步骤做梳理，具体步骤如下。

步骤1：添加滤镜特效。展开"FX 特效库"，选择想要应用的滤镜特效，将其拖曳到正确的节点上。例如，选择"Resolve FX 扭曲"滤镜组中的"波状"滤镜，如图7-82所示。

步骤2：打开"设置"面板。为节点添加滤镜后，会自动切换至"设置"面板，显示滤镜参数，例如，"波状"中的大小、强度、相位、速度等，如图7-83所示。

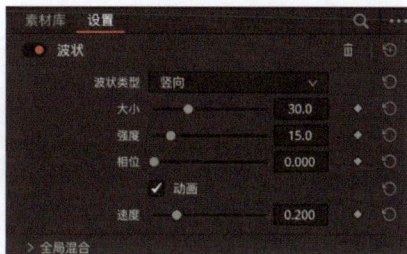

图7-82　　　　　　　　　　　　　　图7-83

步骤3：设置初始关键帧。在"设置"面板中找到滤镜特效的参数，例如，要为"波状"滤镜的"大小"参数设置关键帧。首先，将时间指示器移至起始位置或希望动画效果开始的位置，如01:00:00:00处。然后，将"大小"参数设置为20，作为初始值。接着，单击参数右侧的"添加/删除关键帧"按钮◆，创建初始关键帧。此时，"添加/删除关键帧"按钮会变为红色，如图7-84所示。

步骤4：移动到下一个时间点。将时间指示器移动到下一个时间点，即希望参数发生变化的位置，如01:00:04:00处。

步骤5：调整参数并设置新的关键帧。调整滤镜特效的参数，例如，在01:00:04:00处将"波状"滤镜的"大小"参数调为50。更改参数后，01:00:04:00处的"添加/删除关键帧"按钮◆也会自动变为红色，表示此处已经创建了一个新的关键帧，如图7-85所示。

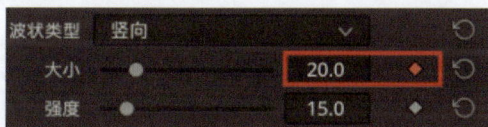

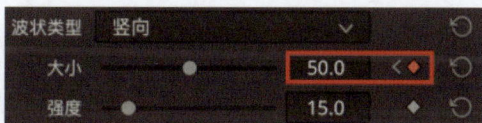

图7-84　　　　　　　　　　　　　　图7-85

> **技巧与提示**
>
> 如果需要更多的变化，重复步骤4~5，创建更多的关键帧。

步骤6：查看和调整关键帧。在时间线上播放视频，查看滤镜特效的变化。如果需要调整关键帧的参数或位置，可以在"关键帧编辑器"中进行调整。单击"调色"步骤面板工具栏中的"关键帧"按钮，即可调出"关键帧编辑器"，如图7-86所示。

图7-86

通过熟练掌握关键帧的使用技巧，用户可以在DaVinci Resolve 18中实现高度动态和复杂的滤镜特效动画，提升视频的专业性和视觉吸引力。

7.5 课后练习：酷热沙漠

课后练习

酷热沙漠

文件位置	CH07>项目文件>酷热沙漠.drp
素材位置	CH07>素材文件>酷热沙漠.mp4
技术掌握	滤镜特效的关键帧动画

课后练习的最终效果如图7-87所示。

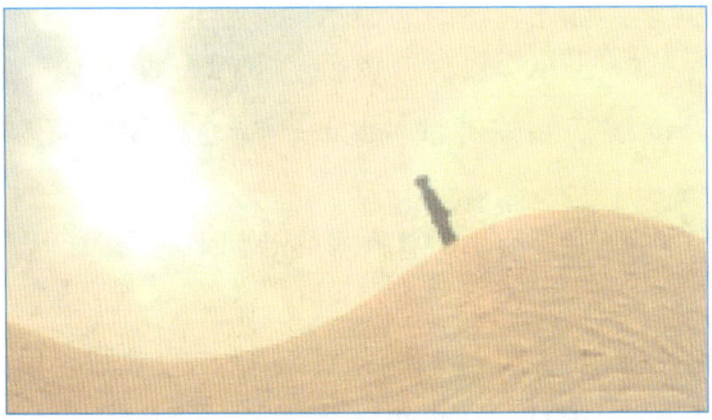

图7-87

参考步骤

（1）启动软件，新建项目，准备好时间线，切换至“调色”步骤面板。

（2）用拾取器拾取天空部分。

（3）在“色轮”面板中将天空部分调为暖色调。

（4）添加串行节点，用拾取器拾取沙漠部分。

（5）在“色轮”面板中提升沙漠部分的亮度和饱和度。

（6）添加串行节点，为新节点添加“镜头光斑”滤镜。

（7）调整“镜头光斑”滤镜的参数。

（8）添加串行节点，为新节点添加“漩涡”滤镜。

（9）调整“漩涡”滤镜的参数。

（10）为“大小”“角度”“强度”参数设置关键帧。

第 8 章

视频转场：平滑连贯

DaVinci Resolve 18 的视频转场功能非常强大，合理地使用视频转场有助于增强镜头过渡的流畅性、视觉连贯性，还可以提升视觉吸引力和叙事效果，使观众更加投入视频内容。

学习重点

◎ 硬切和软切

◎ 添加转场特效

◎ 替换转场特效

◎ 移动转场特效

◎ 编辑转场特效

◎ 删除转场特效

◎ 视频转场特效分类介绍

◎ 转场特效视频制作

8.1 认识视频转场

视频转场是在视频剪辑中用于连接两个不同片段的方法。它可使视频从一个场景平滑过渡到另一个场景，而不是突然切换。常见的视频转场特效包括淡入淡出、溶解、擦除、滑动等。转场特效不仅可以提高视频的视觉流畅性，还可以增强叙事效果和观众体验。

8.1.1 硬切和软切

所谓硬切，是指在没有任何转场特效的情况下，直接从一个镜头切换到另一个镜头。这种切换方式通常用于强调两个镜头之间的对比，或者在需要快速、明确的场景变化时使用。硬切简洁且高效，但如果使用不当，可能会显得突兀或影响观众的观影体验。

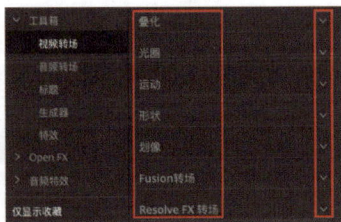

所谓软切，是指使用转场特效使一个镜头平滑过渡到另一个镜头。这种切换方式通常采用渐变、溶解、淡入淡出等效果，以减缓场景之间的变化，提供更自然的过渡体验。软切可以增强视频的视觉流畅性、审美艺术性和叙事连贯性，使观众在场景转换时感到更加舒适和连贯，如图8-1所示。

图8-1

8.1.2 "视频转场"面板

在"剪辑"步骤面板中，单击上方的"特效库"按钮 ✨ 特效库，如图8-2所示，可展开"特效库"面板。

"特效库"面板会出现在"媒体池"面板下方，单击"工具箱"左侧的下拉按钮■，在下拉列表中选择"视频转场"选项，即可打开"视频转场"面板；单击"特效库"面板左上角的"边栏"按钮■，可使左侧边栏在折叠与展开状态之间切换，如图8-3所示。

"视频转场"面板中共有7类转场特效，分别为叠化、光圈、运动、形状、划像、Fusion转场和Resolve FX 转场，如图8-4所示。

图8-2　　　　　　　图8-3　　　　　　　图8-4

单击某类转场特效右侧的下拉按钮■或折叠按钮■，可使该类转场特效在折叠与展开状态之间切换。

8.2 使用视频转场特效

想实现既平滑又连贯的软切效果，学习与掌握如何使用DaVinci Resolve 18中的视频转场特效是十分必要的。

8.2.1 添加转场特效

为视频添加转场特效非常简单。下面是具体的操作步骤。

步骤1：打开项目文件"8.2.1 添加转场.drp"，进入"剪辑"步骤面板。

步骤2：单击面板上方的"特效库"按钮 **特效库**，展开"特效库"面板，在"工具箱"中选择"视频转场"选项，如图8-5所示。

步骤3：在"视频转场"面板中选中"形状"特效组中的"星形"特效，如图8-6所示。

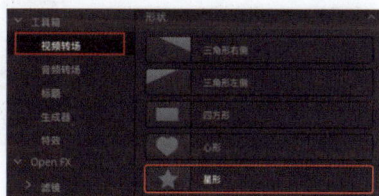

图8-5　　　　　　　　　　　　　　　图8-6

步骤4：将"星形"特效拖曳至"时间线"面板的两段素材之间，如图8-7所示。转场特效被添加至"时间线"面板上后，会显示为半透明的"转场特效"滑块，如图8-8所示。

步骤5：在"转场特效"滑块前后拖曳时间指示器，查看转场效果，如图8-9所示。

图8-7　　　　　　　　　　　　图8-8　　　　　　　　　　　　图8-9

> **技巧与提示**
>
> 　　若要将转场特效添加至两段视频之间，需先修剪前一段视频的尾部和后一段视频的首部，以预留出足够的转场时间，否则时间不足，转场部分将包含重复帧，转场特效无法正常添加。
>
> 　　出现重复帧现象主要是由于转场特效需要额外的视频长度来过渡，而当前视频素材在剪辑点附近的帧数不足以支持这一过渡效果。具体来说，重复帧的出现意味着软件会自动复制（或称为"重复"）视频片段中的某些帧，以满足因转场特效而增加的时间需求。重复帧会影响视觉的连续性和编辑的灵活性。
>
> 　　解决方案有以下几个。
>
> 　　（1）调整视频素材长度。通过裁剪、拉伸或调整视频速度来改变素材的长度，以确保在剪辑点附近有足够的帧数供转场特效使用。
>
> 　　（2）选择合适的转场特效。根据视频素材的实际情况选择合适的转场特效，避免使用需要较长过渡时间的转场特效。
>
> 　　（3）手动创建重叠区域。在剪辑软件中手动将两个视频片段在时间轴上重叠一部分，以便为转场特效提供足够的空间。

8.2.2 替换转场特效

若对已添加的转场特效不满意，可直接将其替换。下面是具体的操作步骤。

步骤1：打开项目文件"8.2.2 替换转场.drp"，进入"剪辑"步骤面板。"时间线"面板的两段素材之间已有一个"转场特效"滑块，表示此处已添加一个转场特效，如图8-10所示。

步骤2：单击"转场特效"滑块，选中该特效。然后单击面板右上角的"检查器"按钮 ✂检查器，展开"检查器"面板。可以看到，添加的转场特效是"交叉叠化"，如图8-11所示。

步骤3：在"转场特效"滑块前后拖曳时间指示器，查看"交叉叠化"特效，如图8-12所示。

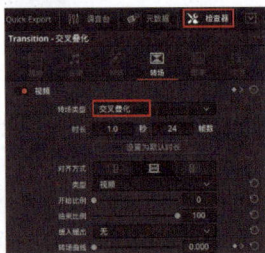

| 图8-10 | 图8-11 | 图8-12 |

步骤4：在"视频转场"面板中选中"叠化"特效组中的"模糊叠化"特效，如图8-13所示。

步骤5：将"模糊叠化"特效拖曳至已有的"转场特效"滑块上，如图8-14所示。

步骤6：执行操作后，替换为新的转场特效，在"转场特效"滑块前后拖曳时间指示器，查看替换后的转场效果，如图8-15所示。

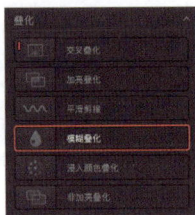
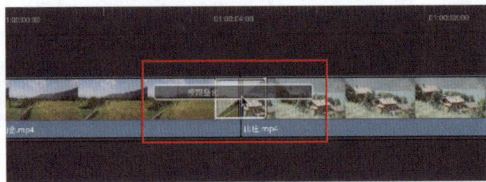

| 图8-13 | 图8-14 | 图8-15 |

8.2.3 移动转场特效

在DaVinci Resolve 18中，转场特效的位置并不是固定不变的，用户可根据需要灵活移动转场特效的位置。下面是具体的操作步骤。

步骤1：打开项目文件"8.2.3 移动转场.drp"，进入"剪辑"步骤面板，前两个片段之间已添加一个转场特效，如图8-16所示。

步骤2：在"时间线"面板中单击"转场特效"滑块，滑块边框会变为红色，表示选中状态，如图8-17所示。

步骤3：将"转场特效"滑块拖曳至"玫瑰.mp4"的首部，释放鼠标后，原本处于前两个视频片段之间的"转场特效"滑块被移动到"时间线"面板最左端，对应的转场特效也被移到前面，如图8-18所示。

| 图8-16 | 图8-17 | 图8-18 |

步骤4：选中"转场特效"滑块，将其拖曳至"松林.mp4"的尾部，释放鼠标后，"转场特效"

滑块及其对应的转场特效被移到该素材片段的尾部，如图8-19所示。

　　步骤5：选中"转场特效"滑块，将其拖曳至"牧场.mp4"和"松林.mp4"之间，释放鼠标后，"转场特效"滑块及其对应的转场特效被移到这两段视频之间，如图8-20所示。

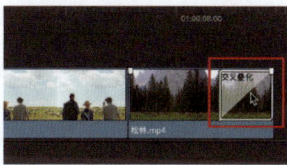

图8-19　　　　　　　　　　　　　　图8-20

技巧与提示

　　与移动转场特效的原理一样，添加转场特效时，也可将某一转场特效添加至视频片段的首部、尾部或两个视频片段之间。

8.2.4　编辑转场特效

　　在DaVinci Resolve 18中，编辑转场特效主要是指调整转场特效参数。不同的视频和场景可能需要不同的转场风格。调整转场特效参数可以根据视频的整体风格和主题，定制合适的转场效果，使视频更加统一和协调；可以使视频片段之间的过渡更加平滑、自然，从而增强视频的整体视觉效果，提升观众的观看体验。下面是具体的操作步骤。

　　步骤1：打开项目文件"8.2.4 编辑转场.drp"，进入"剪辑"步骤面板。

　　步骤2：在"视频转场"面板中选中"划像"特效组中的"径向划像"特效，将其拖曳至"时间线"面板的两段视频之间，如图8-21所示。在"转场特效"滑块前后拖曳时间指示器，查看"径向划像"特效，如图8-22所示。

图8-21　　　　　　　　　　　　　　图8-22

　　步骤3：单击面板右上角的"检查器"按钮 ⚒ 检查器，展开"检查器"面板，选择"转场"，打开"转场"面板，如图8-23所示。

　　步骤4：在"转场"面板中将"时长"参数调为2.0秒，"边框"参数调为8，"色彩"调为青色，"缓入缓出"调为"缓入与缓出"，如图8-24所示。

　　步骤5：在"转场特效"滑块前后拖曳时间指示器，查看编辑后的转场效果，如图8-25所示。

技巧与提示

　　不同的转场特效有不同的参数和选项，本节使用的"径向划像"特效的参数和选项在图8-23中已展示过，而"心形"特效的参数和选项如图8-26所示。

　　需强调的是，有些参数和选项是不同的转场特效共有的，主要是指以下几个。

　　时长：用于控制转场特效的持续时间。

对齐方式：用于控制转场特效的对齐位置，有起点对齐、居中对齐和终点对齐等3种方式。

缓入缓出：指转场特效在视频片段之间过渡时，速度的变化方式，有"无""缓入""缓出""缓入与缓出""自定义"5种模式。

转场曲线：指转场特效在视频片段之间过渡时，速度或强度随时间变化的图形表示。这种曲线允许用户精确控制转场特效的动态表现，包括加速、减速，以及在整个过渡过程中的任何速度变化。

图8-23   图8-24   图8-25   图2-26

8.2.5　删除转场特效

在DaVinci Resolve 18中，用户还可以删除不满意或不需要的转场特效。下面是具体的操作步骤。

步骤1：打开项目文件"8.2.5 删除转场.drp"，进入"剪辑"步骤面板。

步骤2：在"转场特效"滑块前后拖曳时间指示器，查看已添加的转场特效，如图8-27所示。

步骤3：在"时间线"面板中右键单击"转场特效"滑块，弹出快捷菜单，执行"删除"命令，如图8-28所示。

执行操作后，"转场特效"滑块及其对应的转场特效即被删除，如图8-29所示。

 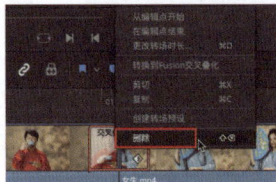 

图8-27   图8-28   图8-29

案例 8-1　**暑期时光**

文件位置	CH08>项目文件>暑期时光.drp
素材位置	CH08>素材文件>暑期1.mp4、暑期2.mp4、暑期3.mp4、暑期4.mp4
技术掌握	设置与添加标准转场特效

案例 8-1

暑期时光

步骤1：启动软件，新建项目，将其命名为"暑期时光"，进入"剪辑"步骤面板。

步骤2：将视频片段"暑期1.mp4""暑期2.mp4""暑期3.mp4""暑期4.mp4"导入"媒体池"

面板，如图8-30所示。

步骤3：将"暑期1.mp4"拖曳至"时间线"面板，用选择工具 ▸ 或刀片工具 ▭ 修剪片段，删除不需要的部分，保留4秒的素材即可，如图8-31所示。

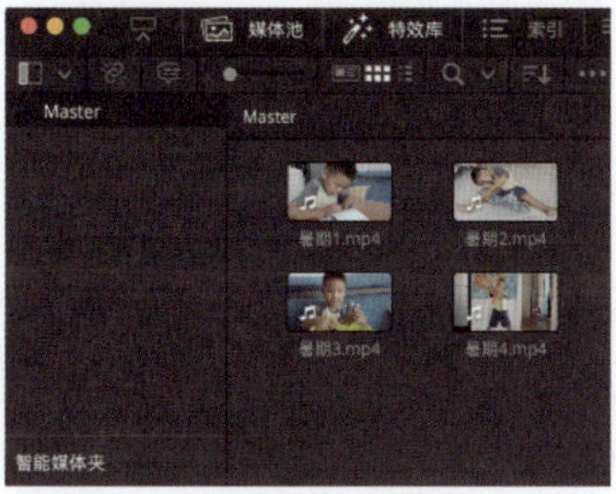

图8-30 　　　　　　　　　　　图8-31

步骤4：分别将"暑期2.mp4""暑期3.mp4""暑期4.mp4"拖曳至"时间线"面板，修剪片段的首部和尾部，使每个片段均保留4秒，如图8-32所示。

步骤5：单击面板上方的"特效库"按钮 ✦ 特效库，展开"特效库"面板，在"工具箱"中选择"视频转场"选项。

步骤6：在"视频转场"面板中右键单击"Fusion转场"特效组中的"Edgy"特效，弹出快捷菜单，执行"设置为标准转场"命令，如图8-33所示。

执行操作后，"Edgy"特效左侧会出现一个红色图标 ▌，如图8-34所示，表示已将此特效设置为默认的标准转场特效。

图8-32 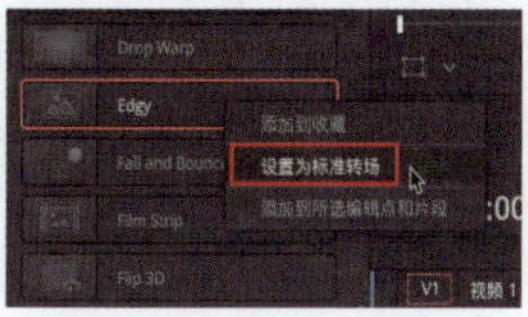　　　　　　　　　图8-33　　　　　　　　　图8-34

步骤7：在"时间线"面板中同时选中所有的视频片段，如图8-35所示。

步骤8：在"视频转场"面板中右键单击"Edgy"特效，弹出快捷菜单，执行"添加到所选编辑点和片段"命令，如图8-36所示。

图8-35　　　　　　　　　　图8-36

执行操作后，"Edgy"特效被添加至"时间线"面板的每个剪辑点之间，如图8-37所示。

图8-37

步骤9：在每个"转场特效"滑块前后拖曳时间指示器，查看批量添加标准转场特效的效果，如图8-38所示。

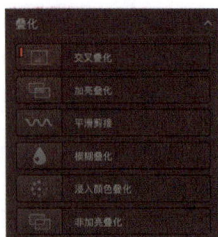

图8-38

8.3 视频转场特效分类介绍

DaVinci Resolve 18的视频转场特效共有7个类别，分别是"叠化"类、"光圈"类、"运动"类、"形状"类、"划像"类、"Fusion转场"类和"Resolve FX 转场"类。

8.3.1 "叠化"类

"叠化"类转场特效通过将两个视频片段的边缘逐渐叠加融合，实现平滑过渡。"叠化"特效组共有6个转场特效，其中，"交叉叠化"是软件默认的"标准转场"，如图8-39所示。

图8-39

- 交叉叠化：一种经典且常用的过渡方式，通过将两个视频片段的末端与起始部分叠加，并随时间逐渐融合，实现无缝衔接，如图8-40所示。

- 加亮叠化：通过在叠化过程中提高亮度，使两个视频片段的融合更加鲜明和引人注目，如图8-41所示。

- 平滑剪接：通过精细调整叠化过程中的帧融合速度和透明度，使两个视频片段在切换时呈现出平滑、自然的过渡效果，避免可能出现的生硬感，如图8-42所示。

图8-40 　　　　　图8-41 　　　　　图8-42

- 模糊叠化：可对视频片段的边缘或整个画面应用模糊效果，使得两个视频片段的切换更加柔和、自然，如图8-43所示。

- 浸入颜色叠化：可融入特定的颜色渐变或色彩过渡，使得两个视频片段的切换不仅仅是简单的画面融合，更伴随着色彩的流动与变化，如图8-44所示。

- 非加亮叠化：可在叠化过程中不增加额外的亮度或光晕效果，专注于视频片段之间的自然融合，通过调整透明度等参数，使两个视频片段在时间上平滑过渡，而不会产生明显的亮度变化，如图8-45所示。

图8-43 　　　　　图8-44 　　　　　图8-45

8.3.2　"光圈"类

"光圈"类转场特效模拟了相机光圈开合的动态效果，将前一个视频片段逐渐缩小并淡出，同时后一个视频片段从中心逐渐放大并淡入，形成一种聚焦和散焦的视觉变化。"光圈"特效组共有9个转场特效，如图8-46所示。

图8-46

- 三角形划像：通过三角形逐渐划过屏幕，实现视频片段间的过渡，如图8-47所示。
- 五边形划像：通过五边形逐渐划过屏幕，实现视频片段间的过渡，如图8-48所示。
- 六边形划像：通过六边形逐渐划过屏幕，实现视频片段间的过渡，如图8-49所示。
- 十字展开：通过屏幕中心向四周展开的十字形状，实现视频片段间的过渡，如图8-50所示。
- 方形光圈：通过方形光圈在画面中的逐渐显现或消失，实现视频片段间的过渡，如图8-51所示。

图8-47　　　　图8-48　　　　图8-49　　　　图8-50　　　　图8-51

- 椭圆展开：通过椭圆形光圈从画面中心向外逐渐展开或收缩，实现视频片段间的过渡，如图8-52所示。
- 眼形转场：通过眼形光圈在画面中的缓缓展开，实现视频片段间的过渡，如图8-53所示。
- 箭头划像：通过箭头形状逐渐划过屏幕，实现视频片段间的过渡，如图8-54所示。
- 菱形展开：通过菱形在画面中的逐渐展开或收缩，实现视频片段间的过渡，如图8-55所示。

图8-52　　　　　　图8-53　　　　　　图8-54　　　　　　图8-55

8.3.3　"运动"类

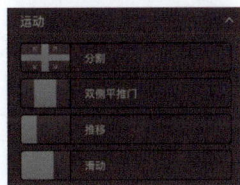

图8-56

"运动"类转场特效通过物体或形状在画面中的动态移动，实现视频片段间的流畅过渡。"运动"特效组共有4个转场特效，均带有"运动模糊"属性，如图8-56所示。

- 分割：通过将画面分割成多个部分，并分别进行不同的运动，实现视频片段间的创意过渡，如图8-57所示。
- 双侧平推门：通过画面两侧向中心或中心向画面两侧平移推开的方式实现视频片段间的过渡，模拟了传统门扉开启的视觉效果，如图8-58所示。
- 推移：通过线条或形状元素在屏幕上的水平或垂直推移，实现视频片段间的自然过渡，如图8-59所示。

- 滑动：通过一帧画面沿着设定的轨迹（如水平、垂直或对角线）滑入或滑出另一帧画面，实现视频片段间的无缝过渡，如图8-60所示。

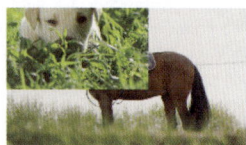

图8-57   图8-58   图8-59   图8-60

8.3.4 "形状"类

"形状"类转场特效提供多样化的几何图形过渡，如三角形、矩形等，能够以创意方式平滑切换视频片段。"形状"特效组共有5个转场特效，均带有"运动模糊"属性，如图8-61所示。

- 三角形右侧：以三角形从画面右侧切入为特色，实现视频片段间的平滑过渡，如图8-62所示。
- 三角形左侧：以三角形从画面左侧切入为特色，实现视频片段间的平滑过渡，如图8-63所示。
- 四方形：通过矩形从画面一侧或中心逐渐展开，实现视频片段间的过渡，如图8-64所示。
- 心形：以浪漫心形图案为过渡，为视频增添温馨与独特感，支持自定义调整大小、颜色及动画，如图8-65所示。
- 星形：通过动态展开的星形图案实现视频片段间的过渡，为视频增添活力，如图8-66所示。

图8-61

图8-62   图8-63   图8-64   图8-65   图8-66

案例 8-2   虎虎生威

案例8-2		
文件位置	CH08>项目文件>虎虎生威.drp
素材位置	CH08>素材文件>老虎1.jpg、老虎2.jpg、老虎3.jpg、老虎4.jpg
技术掌握	使用"形状"类转场特效

步骤1：启动软件，新建项目，将其命名为"虎虎生威"，进入"剪辑"步骤面板。

步骤2：将素材文件"老虎1.jpg""老虎2.jpg""老虎3.jpg""老虎4.jpg"导入"媒体池"面板，如图8-67所示。

步骤3：按顺序将4个图片素材拖曳至"时间线"面板，如图8-68所示。

步骤4：展开"特效库"面板，在"工具箱"中选择"视频转场"选项，找到"形状"类转场特效，如图8-69所示。

步骤5：将"形状"特效组中的"三角形右侧"特效拖曳至"老虎1.jpg"和"老虎2.jpg"之间，如图8-70所示。

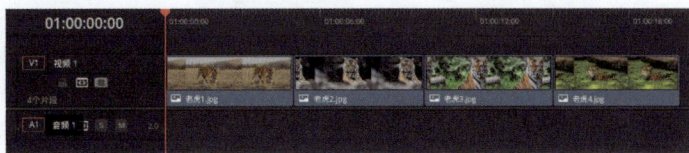

图8-67　　　　　　　　　　　　　　　　　　　图8-68

步骤6：在"时间线"面板中选中"转场特效"滑块，展开"检查器"面板，选择"转场"，打开"转场"面板，将"边框"参数调为10，如图8-71所示。执行操作后，两个素材之间出现的转场效果如图8-72所示。

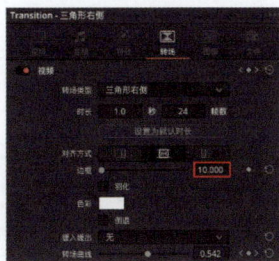

图8-69　　　　　　图8-70　　　　　　图8-71　　　　　　图8-72

步骤7：将"形状"特效组中的"心形"特效拖曳至"老虎2.jpg"和"老虎3.jpg"之间。在"检查器"面板中将"边框"参数调为10，执行操作后的效果如图8-73所示。

步骤8：将"形状"特效组中的"星形"特效拖曳至"老虎3.jpg"和"老虎4.jpg"之间。在"检查器"面板中将"选择"参数调为45，"边框"参数调为10，执行操作后的效果如图8-74所示。

图8-73　　　　　　图8-74

步骤9：操作完成后，在"检视器"面板中查看最终的效果。

8.3.5　"划像"类

"划像"类转场特效通过一种或多种形状（如线条、圆形等）的划动来平滑过渡视频片段。"划像"特效组共有8个转场特效，如图8-75所示。

- X划像：通过两个对角线方向的线条交叉划动实现视频片段间的过渡，如图8-76所示。
- 中心划像：通过从画面中心向外扩散的线条或形状实现视频片段间的过渡，给人以聚焦或展开的感觉，如图8-77所示。
- 径向划像：通过从画面中心向四周扩散的线条实现视频片段间的过渡，呈现出辐射状的动态美感，如图8-78所示。
- 时钟划像：通过模拟时钟指针的旋转实现视频片段间的过渡，呈现出时间流转或循环往复的视觉效果，如图8-79所示。

图8-75

图8-76　　　　　　图8-77　　　　　　图8-78　　　　　　图8-79

- 栅条划像：通过模拟栅条的开合或滑动实现视频片段间的过渡，营造出富有节奏感的画面变化，如图8-80所示。
- 百叶窗划像：模拟了百叶窗的开合动作，将画面分割成多个水平条带，并逐一进行过渡，如图8-81所示。
- 螺旋划像：通过螺旋形的线条或图案从画面中心逐渐向外扩展或向内收缩实现视频片段间的过渡，如图8-82所示。
- 边缘划像：通过沿着画面边缘的线条逐渐展开或收缩实现视频片段间的过渡，如图8-83所示。

图8-80　　　　　　图8-81　　　　　　图8-82　　　　　　图8-83

8.3.6　"Fusion转场"类

"Fusion转场"类转场特效利用Fusion页面的强大功能，通过节点和效果实现独特的视频转场。用户可自由添加、调整过渡元素与动画。"Fusion转场"特效组共有45个转场特效，如图8-84所示。

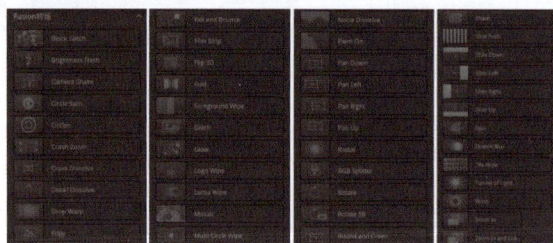

图8-84

"Fusion转场"类转场特效较多，这里仅介绍几个具有代表性的转场特效。

- Block Glitch：可模拟电子故障或数据块错位的转场方式，通过分割和打乱图像块实现视频片段间的过渡，如图8-85所示。
- Detail Dissolve：通过精细地分解图像细节并逐步过渡到另一场景，可保留图像的局部细节，在转换过程中逐渐模糊并消散，如图8-86所示。
- Flip 3D：能让画面以3D形式翻转过渡，从一侧到另一侧逐渐翻转显示新画面，如图8-87所示。

图8-85　　　　　　　图8-86　　　　　　　　　　　图8-87

- RGB Splitter：通过将画面分解为红色、绿色、蓝色3个基本颜色通道，并分别进行过渡处理，最终将它们重新组合，从而实现独特的转场效果，如图8-88所示。
- Slice Push：通过将画面分割成多个切片，并以推动或滑动的方式逐渐替换为新场景，实现平滑而富有动感的过渡，如图8-89所示。
- Tunnel of Light：模拟了光线隧道的效果，画面仿佛被吸入或从中穿出，通过光线的扭曲和变化，实现场景之间的平滑过渡，如图8-90所示。

图8-88　　　　　　　　图8-89　　　　　　　　图8-90

案例 8-3　江山如画

文件位置	CH08>项目文件>江山如画.drp
素材位置	CH08>素材文件>风景1.jpg、风景2.jpg、风景3.jpg、风景4.jpg
技术掌握	使用"Fusion转场"类转场特效

案例8-3
江山如画

步骤1：打开项目文件"江山如画.drp"，进入"剪辑"步骤面板，图片素材已放置在"时间线"面板中，如图8-91所示。

步骤2：展开"特效库"面板，在"工具箱"中选择"视频转场"选项，找到"Fusion转场"类转场特效，如图8-92所示。

图8-91　　　　　　　　　　　　　　　　图8-92

步骤3：将"Fusion转场"特效组中的"Luma Wipe"特效拖曳至"风景1.jpg"和"风景2.jpg"之间，如图8-93所示。执行操作后，两个素材之间出现的转场效果如图8-94所示。

步骤4：将"Fusion转场"特效组中的"Multi Circle Wipe"特效拖曳至"风景2.jpg"和"风景3.jpg"之间。

步骤5：在"时间线"面板中选中"Multi Circle Wipe"特效的"转场特效"滑块，展开"检查器"面板，选择"转场"，打开"转场"面板，将"Circles"参数调为3，"Fill Timing"

图8-93　　　　　　　　图8-94

参数调为8.471，如图8-95所示。执行操作后，两个素材之间出现的转场效果如图8-96所示。

步骤6：将"Fusion转场"特效组中的"Noise Dissolve"特效拖曳至"风景3.jpg"和"风景4.jpg"之间。

步骤7：在"检查器"的"转场"面板中将"版本"切换为4，"Type"调为"径向"，"Softness"调为0.159，"Animation"调为0.033，如图8-97所示。执行操作后，两个素材之间出现的转场效果如图8-98所示。

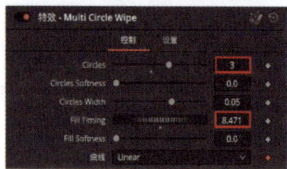  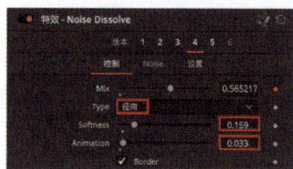 

图8-95　　　　　　　　图8-96　　　　　　　　图8-97　　　　　　　　图8-98

步骤8：操作完成后，在"检视器"面板中查看最终的效果。

8.3.7　"Resolve FX转场"类

"Resolve FX转场"类转场特效提供的转场特效需通过Resolve FX特效库实现，可为视频增添视觉上的动态与创意。这些转场特效包括但不限于模拟胶片过渡、老电影效果、光线泄漏等，它们不仅能够平滑地连接不同的视频片段，还能为视频增添独特的风格和氛围。"Resolve FX转场"特效组共有2个转场特效，如图8-99所示。

- DCTL转场：一个强大且灵活的转场特效，用户使用DaVinci Resolve 18的DCTL脚本创建自定义转场效果。DCTL是一种基于GPU的脚本语言，允许用户编写自己的图像处理算法。

图8-99　　　　　　　　图8-100

- 烧毁转场：通过模拟胶片烧毁或老电影漏光等复古元素，为视频增添独特的视觉风格，如图8-100所示。

8.4　课堂案例：东湖之行

课堂案例	文件位置	CH08>项目文件>东湖之行.drp
	素材位置	CH08>素材文件>东湖1.jpg、东湖2.jpg、东湖3.jpg
东湖之行	技术掌握	图像调色，转场应用

本案例的最终效果如图8-101所示。

步骤1：启动软件，新建项目，将项目命名为"东湖之行"，进入"剪辑"步骤面板，将素材"东湖1.jpg""东湖2.jpg""东湖3.jpg"导入"媒体池"面板，如图8-102所示。

步骤2：在菜单栏执行"文件>项目设置"命令，如图8-103所示。

  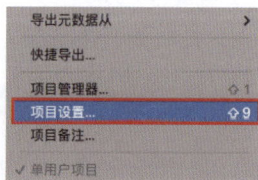

图8-101　　　　　　　　图8-102　　　　　　　　图8-103

步骤3：在弹出的"项目设置"对话框中勾选"使用竖屏分辨率"复选框，单击右下角的"保存"按钮，如图8-104所示。

步骤4：将素材"东湖1.jpg""东湖2.jpg""东湖3.jpg"拖曳至"时间线"面板，如图8-105所示。

步骤5：在"时间线"面板中选中"东湖1.jpg"，切换至"调色"步骤面板，调出"限定器"面板，在"限定器-HSL"模式下，用拾取器在"检视器"面板的画面中拾取天空和湖水部分，创建HSL选区，如图8-106所示。

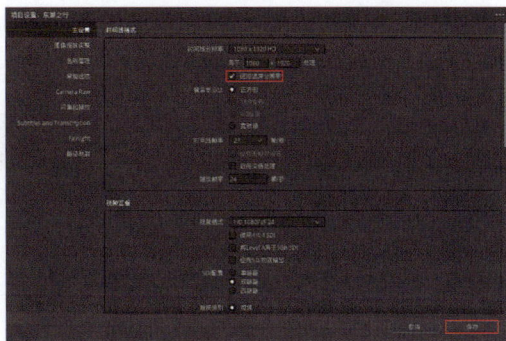

图8-104

步骤6：切换至"色轮"面板，在"一级-校色轮"模式下将"偏移"各参数分别调为25、25、45，"饱和度"参数调为75，如图8-107所示。

图8-105

图8-106

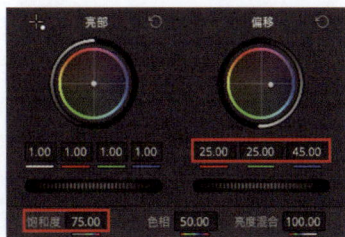

图8-107

步骤7：切换回"剪辑"步骤面板，在"时间线"面板中选中已调好的素材"东湖1.jpg"，如图8-108所示。

步骤8：切换至"调色"步骤面板，在菜单栏执行"工作区 > 在工作区中显示面板 > 片段"命令，如图8-109所示。执行操作后，"片段"面板被调出来，如图8-110所示。

图8-108

图8-109

图8-110

步骤9：选中02片段，然后右键单击01片段，弹出快捷菜单，执行"与此片段进行镜头匹配"命令，如图8-111所示。

步骤10：选中03片段，然后右键单击01片段，重复步骤9的操作。执行操作后，3段素材的色调被匹配一致，如图8-112所示。

步骤11：切换至"剪辑"步骤面板，展开"特效库"面板，在"工具箱"中选择"视频转场"选项，将"Fusion转场"特效组中的"Brightness Flash"特效拖曳至"东湖1.jpg""东湖2.jpg""东湖3.jpg"之间，如图8-113所示。

步骤12：操作完成后，在"检视器"面板中查看最终的效果。

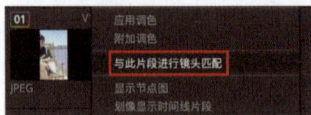

图8-111   图8-112   图8-113

8.5 本章小结

本章重点讲解了视频转场的各方面内容，旨在帮助用户在视频编辑过程中实现平滑、连贯的画面过渡。在 DaVinci Resolve 18中，使用视频转场非常直观和高效。用户可以通过简单的拖曳操作，将各种转场特效应用到"时间线"面板上的素材之间。此外，DaVinci Resolve 18还提供了类别丰富的视频转场特效，允许用户调整转场特效的持续时间、速度和其他参数，以实现所需的效果。在实际操作中，用户需要掌握如何选择合适的视频转场特效，并将其应用到视频项目中。无论是简单的硬切还是复杂的自定义转场效果，合适的转场特效选择都能显著提升视频作品的质量和观看体验。

知识拓展　音频转场

除了视频转场，DaVinci Resolve 18还提供了音频转场功能。在"剪辑"步骤面板中展开"特效库"面板，选择"工具箱"中的"音频转场"选项，即可调出相应的面板，如图8-114所示。

- 交叉渐变+3分贝：可在两个音频片段之间实现平滑过渡，并将过渡部分的音量增加3分贝。此特效能够确保过渡的自然性，增强音量的清晰度和冲击力，适用于音乐编辑、对白过渡和音效处理等场景。

- 交叉渐变-3分贝：可在两个音频片段之间实现平滑过渡，并将过渡部分的音量降低3分贝。此特效有助于在音频编辑中实现更加柔和的过渡效果，减少音量突变，适用于需要温和音量变化的场景，例如对白连接和背景音乐的处理。

- 交叉渐变0分贝：可在两个音频片段之间实现平滑过渡，同时保持音量不变。此特效能够确保音频过渡自然、无突兀变化，适用于各种场景的音频编辑，如音乐混合、对白过渡和音效整合等，可以提升整体音频流畅度。

音频转场的使用方法非常简单，主要有以下几个步骤。

步骤1：导入音频。打开项目并导入音频文件。

步骤2：添加音频。将音频片段添加到"时间线"面板。

步骤3：选择音频。在"时间线"面板中选中需要添加转场特效的音频。

步骤4：使用特效。在"特效库"面板中选择需要的音频转场特效，将其拖曳到两个音频片段之间的过渡区域，如图8-115所示。

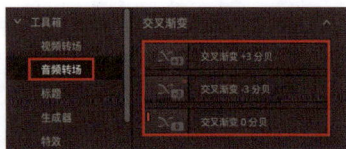

图8-114   图8-115

步骤5：调整参数。在"检查器"面板中调整音频转场特效参数。

步骤6：预览并微调。通过"时间线"面板和"检视器"面板预览并微调转场效果。

步骤7：保存项目。

8.6 课后练习：徒步旅行

文件位置	CH08>项目文件>徒步旅行.drp
素材位置	CH08>素材文件>徒步1.mp4、徒步2.mp4、徒步3.mp4
技术掌握	添加与调整视频转场特效

课后练习的最终效果如图8-116所示。

图8-116

📖 **参考步骤**

（1）启动软件，新建项目，进入"剪辑"步骤面板，将素材拖曳至"时间线"面板。

（2）在"调色"步骤面板中对3个视频片段进行调色，统一色调风格。

（3）选择合适的视频转场特效，将其拖曳至每两个视频片段之间。

（4）在"检查器"面板中调整转场特效参数。

（5）预览并微调转场特效。

（6）保存项目。

第 9 章

字幕特效：文字包装

使用 DaVinci Resolve 18 可以为视频添加标题字幕，其作用是多方面的，可以传达必要信息、增强视频效果、提升可读性、优化内容结构，还可以突出风格和主题。通过巧妙地使用字幕，用户可以创建更加引人入胜、信息丰富的视频作品。

学习重点

◎ 添加标题字幕

◎ 修改字幕时长

◎ 更改字幕字体

◎ 更换标题颜色

◎ 添加标题边框

◎ 设置字幕背景

◎ 字幕效果制作

9.1　使用与编辑字幕

DaVinci Resolve 18具有方便的字幕编辑功能，用户可以设计并制作个性化的标题字幕，以增强作品的艺术性和感染力。

9.1.1　添加标题字幕

添加标题字幕可直接在"剪辑"步骤面板中进行。下面是具体的操作步骤。

步骤1：打开项目文件"9.1.1 添加标题字幕.drp"。

步骤2：在"剪辑"步骤面板中单击上方的"特效库"按钮 特效库，如图9-1所示，展开"特效库"面板。

步骤3：在"特效库"面板中单击"工具箱"左侧的下拉按钮，选择"标题"选项，即可打开"字幕"面板，如图9-2所示。

步骤4：在"字幕"面板中选择"文本"选项，如图9-3所示。

图9-1

图9-2

图9-3

步骤5：将"文本"字幕拖曳至"时间线"面板的V1轨道上方，软件会自动添加一条V2轨道，"文本"字幕会被添加至V2轨道上，如图9-4所示。执行操作后，"检视器"面板的画面中会出现"Basic Title"字样，如图9-5所示。

步骤6：在"时间线"面板中双击"文本"字幕滑块，调出"检查器"面板，在"视频"下方选择"标题"选项卡，如图9-6所示。

图9-4

图9-5

图9-6

步骤7：在"多信息文本"下的文本框中输入"可爱的小熊猫"，如图9-7所示。

步骤8：将面板中的"字距"参数调为20，"位置X"参数调为1400，"位置Y"参数调为370，如图9-8所示。

步骤9：在"检视器"面板中查看最终效果，原图与效果对比如图9-9所示。

图9-7

图9-8

图9-9

9.1.2　修改字幕时长

字幕时长可以根据具体需要自行修改。下面是具体的操作步骤。

步骤1：打开项目文件"9.1.2 修改字幕时长.drp"，"文本"字幕已被放置在"时间线"面板上，如图9-10所示。

步骤2：将鼠标指针移至字幕滑块最右侧，鼠标指针会变为 状态，如图9-11所示。

步骤3：向右拖曳字幕滑块，直至滑块与V1轨道的视频滑块最右侧对齐时释放鼠标，如图9-12所示。

图9-10
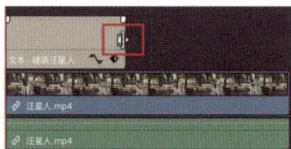
图9-11
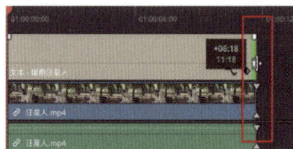
图9-12

操作完成后，字幕时长即与视频时长保持一致。

技巧与提示

　　操作时，向右拖曳字幕滑块，可增加字幕时长；向左拖曳字幕滑块，可减少字幕时长。具体时长视具体需求而定。

9.1.3　更改字体和大小

不同风格的视频作品需要不同的字体类型，用户可根据需求来更改字幕字体。下面是具体的操作步骤。

步骤1：打开项目文件"9.1.3 更改字体和大小.drp"，"文本"字幕已被放置在"时间线"面板上，如图9-13所示；在"检视器"面板中预览已有的字幕效果，如图9-14所示。

步骤2：双击字幕滑块，打开"检查器"面板，在"标题"选项卡中单击"字体系列"右侧的下拉按钮，如图9-15所示。

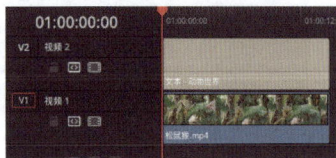
图9-13

图9-14
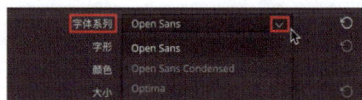
图9-15

步骤3：在下拉列表中选择一个合适的字体，例如"Source Han Sans CN"，如图9-16所示。

步骤4：将"大小"参数调为200，"字距"参数调为50，如图9-17所示。

步骤5：在"检视器"面板中查看最终效果，如图9-18所示。

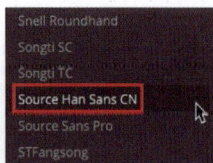
图9-16
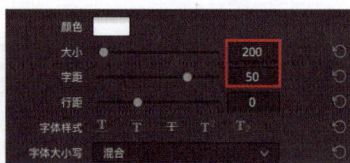
图9-17

图9-18

技巧与提示

　　除了系统自带的字体外，还可以添加其他字体，以丰富DaVinci Resolve 18使用过程中的字体类型。添加新字体的步骤如下。

　　首先，从网上下载想要添加的字体文件（通常是TTF 或OTF 格式）。

　　安装字体如下。

　　Windows系统：右键单击下载的字体文件，选择"安装"；或者将字体文件复制到 C:\Windows\Fonts文件夹。

　　macOS系统：双击下载的字体文件，单击"安装字体"按钮；或者将字体文件拖到Font Book应用中，选择"安装"。

　　注意，字体安装成功后务必重启软件，这样才能在DaVinci Resolve 18中正常使用新安装的字体。

9.1.4　调整颜色和描边

　　用户可以自行调整字幕的颜色和边框。下面是具体的操作步骤。

　　步骤1：打开项目文件"9.1.4 调整颜色和描边.drp"，"文本"字幕已被放置在"时间线"面板上，在"检视器"面板中预览已有的字幕效果，如图9-19所示。

　　步骤2：双击字幕滑块，打开"检查器"面板，在"标题"选项卡中单击"色彩"右侧的色块，弹出"Colors"对话框，如图9-20所示。

　　步骤3：在"Colors"对话框中选择一个合适的颜色，然后单击右下角的"OK"按钮，如图9-21所示。执行操作后，在"检视器"面板中查看调整的效果，如图9-22所示。

　　　图9-19　　　　　　　　图9-20　　　　　　　图9-21　　　　　　　　图9-22

　　步骤4：在"标题"选项卡的"描边"中单击"色彩"右侧的色块，如图9-23所示。

　　步骤5：弹出"Colors"对话框后，将"饱和度"滑块拖曳至最左侧，然后选择一种合适的描边颜色，单击"OK"按钮，如图9-24所示。

　　步骤6：将"描边"中的"大小"参数调为4。

　　步骤7：在"检视器"面板中查看最终效果，如图9-25所示。

 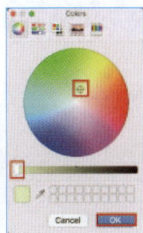 

　　　　图9-23　　　　　　　　　图9-24　　　　　　　图9-25

技巧与提示

　　在"时间线"面板中选中字幕滑块，单击切换至"检查器"下"视频"面板的"设置"选项卡，可调整标题字幕的"变换""裁切""动态缩放""合成"等属性，其中"不透明度"参数在"合成"下。

9.1.5　设置阴影和背景

　　用户可以对字幕的阴影和背景进行设置，以增强字幕的显著性及创意性。下面是具体的操作步骤。

　　步骤1：打开项目文件"9.1.5 设置阴影和背景.drp"，"文本"字幕已被放置在"时间线"面板上，在"检视器"面板中预览已有的字幕效果，如图9-26所示。

　　步骤2：双击字幕滑块，打开"检查器"面板，在"标题"选项卡中将"投影"中的"偏移X"参数调为12，"偏移Y"参数调为-5，"模糊"参数调为10，"不透明度"参数调为100，如图9-27所示。执行操作后，在"检视器"面板中查看调整的效果，如图9-28所示。

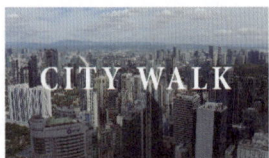　　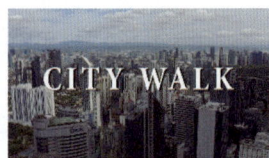

图9-26　　　　　　　　　　图9-27　　　　　　　　　　图9-28

　　步骤3：单击"背景"前方的激活按钮，在"背景"中单击"色彩"右侧的色块，弹出"Colors"对话框，将"饱和度"滑块拖曳至最左侧，然后选择一种合适的描边颜色，单击"OK"按钮，如图9-29所示。

　　步骤4：将"背景"中的"宽度"参数调为0.840，"高度"参数调为0.260，"边角半径"参数调为0.037，"不透明度"调为55，如图9-30所示。

　　步骤5：在"检视器"面板中查看最终效果，如图9-31所示。

　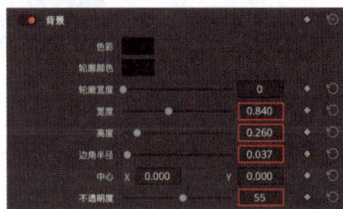　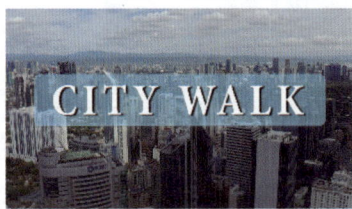

图9-29　　　　　　　图9-30　　　　　　　　图9-31

案例 9-1　口播台词

文件位置	CH9>项目文件>口播台词.drp	
素材位置	CH9>素材文件>珠宝.mp4	
技术掌握	添加台词字幕	

案例9-1
口播台词

　　步骤1：打开项目文件"口播台词.drp"，在"检视器"面板中预览视频画面，如图9-32所示。

步骤2：在"特效库"面板中单击"工具箱"左侧的下拉按钮▇，选择"标题"选项，打开"字幕"面板，选择"字幕"选项，如图9-33所示。

步骤3：将"字幕"拖曳至"时间线"面板中时间指示器所在的位置，即女主播开始说话的地方，如图9-34所示。

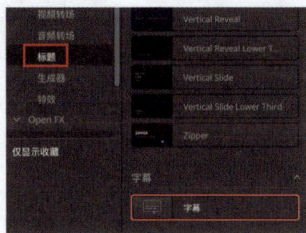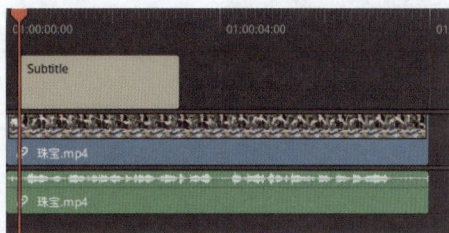

图9-32　　　　　　图9-33　　　　　　　　　　　图9-34

步骤4：双击字幕滑块，在"检查器"面板的字幕编辑框中输入口播内容，如图9-35所示。

步骤5：字幕播放结束时，这句口播内容还未结束。将时间指示器移至句子结束处，用选择工具拖曳字幕滑块最右侧，使其与时间指示器对齐，如图9-36所示。

步骤6：选中字幕滑块，在"检查器"面板中，选择"轨道"选项，切换至"轨道"面板，将"字符"中的"字体"调为"Orator Std"，"行距"参数调为-20，"字符间距"参数调为5，如图9-37所示。

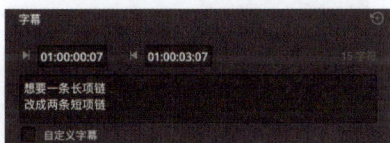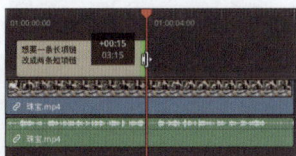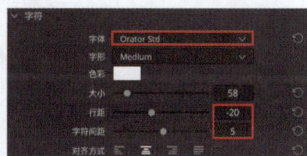

图9-35　　　　　　　　图9-36　　　　　　　　　图9-37

步骤7：将"描边"中的"色彩"调为橙色，"大小"参数调为2，如图9-38所示。

步骤8：单击"背景"前方的激活按钮▇，展开"背景"属性，调整"色彩"，如图9-39所示。

步骤9：将"背景"中的"边角半径"参数调为0.030，"不透明度"参数调为40，如图9-40所示。

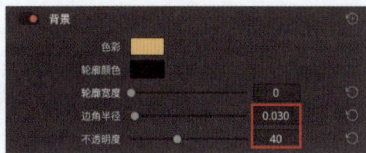

图9-38　　　　　　　　图9-39　　　　　　　　图9-40

步骤10：切换回"字幕"面板，单击"添加新字幕"按钮，一条新字幕被添加到字幕1下方，编号为2，如图9-41所示。执行操作后，一个新的字幕滑块出现在"时间线"面板的时间指示器处，如图9-42所示。

步骤11：选中新的字幕滑块，在"检查器"面板中字幕2的字幕编辑框中输入口播内容，如图9-43所示。

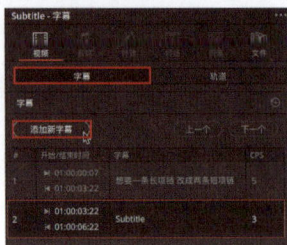
图9-41

图9-42

图9-43

步骤12：在"时间线"面板中调整字幕2的滑块长度，使其与这句话的音频波纹对齐，如图9-44所示。

步骤13：字幕2会保持与字幕1相同的形式，可在"检视器"面板中查看最终效果，如图9-45所示。

图9-44

图9-45

9.2 动态字幕特效

动态字幕特效可以显著提升视频的视觉吸引力，不仅能够吸引观众的注意力，还可以有效地传达信息和情感，增强视频的叙事效果。此外，使用动态字幕特效还能使视频内容更具创意性和互动性，从而提升观众的观看体验和参与度。

9.2.1 淡入淡出

淡入淡出字幕特效是指字幕逐渐显现或消失的视觉效果，可增强字幕的可读性和流畅度。下面是具体的操作步骤。

步骤1：打开项目文件"9.2.1 淡入淡出.drp"，"文本"字幕已被放置在"时间线"面板上，在"检视器"面板中预览已有的字幕效果，如图9-46所示。

步骤2：将"检查器"的"视频"面板切换至"设置"选项卡，如图9-47所示。

步骤3：将时间指示器移至"时间线"面板最左侧，如图9-48所示。

图9-46

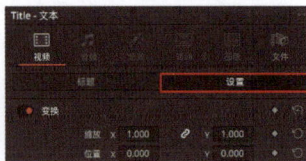
图9-47

图9-48

步骤4：在"设置"选项卡中将"合成"中的"不透明度"参数调为0，单击右侧的"关键帧"按钮◈，如图9-49所示，激活并添加第1个关键帧。执行操作后，"检视器"面板中的字幕消失不见，如图9-50所示。

步骤5：将时间指示器移至01:00:01:00处，如图9-51所示。

步骤6：在"设置"选项卡中将"合成"中的"不透明度"参数调为100，软件会自动添加第2个关键帧，如图9-52所示。

| 图9-49 | 图9-50 | 图9-51 | 图9-52 |

步骤7：片头的淡入效果制作完成，在"检视器"面板中播放并预览淡入效果，如图9-53所示。

图9-53

步骤8：将时间指示器移至01:00:04:00处，在"设置"选项卡中，单击"不透明度"右侧的"关键帧"按钮◈，添加第3个关键帧。

步骤9：将时间指示器移至01:00:05:00处，在"设置"选项卡中将"不透明度"参数调为0，添加第4个关键帧。

步骤10：片尾的淡出效果也制作完成，在"检视器"面板中播放并预览最终效果，如图9-54所示。

图9-54

9.2.2 逐字显示

用户可以利用"视频"面板的"设置"选项卡中的"裁切"属性制作逐字显示效果。下面是具体的操作步骤。

步骤1：打开项目文件"9.2.2 逐字显示.drp"，"文本"字幕已被放置在"时间线"面板上，在"检视器"面板中预览已有的字幕效果，如图9-55所示。

步骤2：在"时间线"面板中将时间指示器移至01:00:01:00处，选中字幕滑块，如图9-56所示。

步骤3：在"检查器"面板中将"视频"面板切换至"设置"选项卡，调出"裁切"属性，如图9-57所示。

图9-55

图9-56

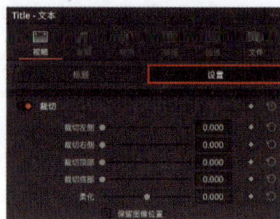

图9-57

步骤4：将"裁切"中的"裁切右侧"参数调为1920，单击数值右侧的"关键帧"按钮，如图9-58所示，激活并添加第1个关键帧。

步骤5：在"时间线"面板中将时间指示器移至01:00:03:00处，如图9-59所示。

步骤6：在"设置"选项卡中将"裁切"中的"裁切右侧"参数调为0，软件会自动添加第2个关键帧，如图9-60所示。

图9-58

图9-59

图9-60

步骤7：在"检视器"面板中播放并预览最终效果，如图9-61所示。

图9-61

9.2.3 突出放大

用户可以利用"视频"面板的"设置"选项卡中的"动态缩放"属性制作突出放大效果。下面是具体的操作步骤。

步骤1：打开项目文件"9.2.3 突出放大.drp"，"文本"字幕已被放置在"时间线"面板上，在"检视器"面板中预览已有的字幕效果，如图9-62所示。

步骤2：在"检查器"面板中将"视频"面板切换至"设置"选项卡，单击"动态缩放"按钮 ，激活并打开"动态缩放"功能，如图9-63所示。

步骤3：单击"动态缩放"中的"交换"按钮，使字幕由小到大运动，如图9-64所示。

图9-62

图9-63

图9-64

步骤4：在"检视器"面板中播放并预览最终效果，如图9-65所示。

图9-65

技巧与提示

　　"动态缩放"中的"交换"按钮可控制标题字幕的大小运动方向，默认为由大到小，单击后，可使标题字幕由小到大运动。

9.2.4　旋转消失

　　用户可以利用"视频"面板的"设置"选项卡中的"变换"属性制作旋转消失效果。下面是具体的操作步骤。

　　步骤1：打开项目文件"9.2.4 旋转消失.drp"，"文本"字幕已被放置在"时间线"面板上，在"检视器"面板中预览已有的字幕效果，如图9-66所示。

　　步骤2：在"时间线"面板中将时间指示器移至01:00:06:00处，选中字幕滑块，如图9-67所示。

　　步骤3：在"检查器"面板中将"视频"面板切换至"设置"选项卡，分别单击"缩放"和"旋转角度"右侧的"关键帧"按钮◆，如图9-68所示。

图9-66

图9-67

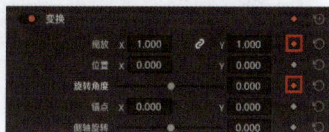

图9-68

　　步骤4：在"时间线"面板中将时间指示器移至01:00:08:00处，如图9-69所示。

　　步骤5：在"设置"选项卡中将"缩放X"和"缩放Y"参数均调为0，"旋转角度"参数调为-360，如图9-70所示。

　　步骤6：在"检视器"面板中播放并预览最终效果，字幕顺时针旋转了一圈，越来越小，最后消失不见，如图9-71所示。

图9-69

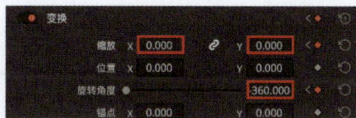

图9-70

图9-71

9.2.5　滚动字幕

　　使用DaVinci Resolve 18还可以制作影视作品结束时的片尾滚动字幕。下面是具体的操作步骤。

步骤1：打开项目文件"9.2.5 滚动字幕.drp"，进入"剪辑"步骤面板。

步骤2：在"特效库"面板的"工具箱"中选择"标题"选项，然后在右侧"字幕"面板中选择"滚动"选项，如图9-72所示。

步骤3：将"滚动"字幕拖曳至"时间线"面板的素材滑块上方，使其与素材尾部对齐，如图9-73所示。

步骤4：双击"滚动"字幕滑块，调出"检查器"面板，在"标题"选项卡的文本框中输入文本，如图9-74所示。

图9-72

图9-73

图9-74

步骤5：将"格式化"中的"字体"调为"STKaiti"，"大小"参数调为90，"对齐方式"调为"居中对齐"，如图9-75所示。执行操作后，"检视器"面板中的字幕效果如图9-76所示。

步骤6：将"投影"中的"偏移X"参数调为1，"偏移Y"参数调为1，"模糊"参数调为10，如图9-77所示。

图9-75

图9-76

图9-77

步骤7：将"背景"中的"宽度"参数调为0.500，"高度"参数调为1，"边角半径"参数调为0，如图9-78所示。

步骤8：在"检视器"面板中播放并预览最终效果，字幕在灰色背景上自下而上地滚动，如图9-79所示。

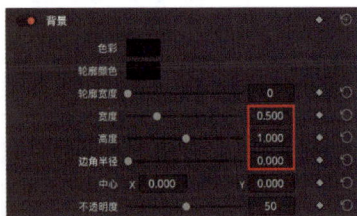

图9-78

图9-79

技巧与提示

DaVinci Resolve 18可以制作的动态字幕特效远远不止以上5种，用户可以充分发扬创新精神，自行设计与创作出丰富多彩的动态字幕特效。

9.3 课堂案例：明月几时有

文件位置	CH09>项目文件>明月几时有.drp
素材位置	CH09>素材文件>月夜.mp4
技术掌握	对短视频进行字幕包装

本案例的最终效果如图9-80所示。

步骤1：启动软件，新建项目，将项目命名为"明月几时有"，将素材片段"月夜.mp4"导入"媒体池"面板，如图9-81所示。

步骤2：进入"剪辑"步骤面板，将素材片段"月夜.mp4"拖曳至"时间线"面板，如图9-82所示。

步骤3：打开"特效库"面板，在"工具箱"中选择"标题"选项，在右侧"字幕"面板中选择"字幕"，如图9-83所示。

图9-80

图9-81

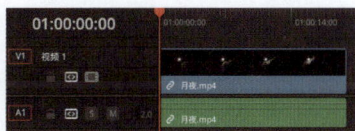

图9-82

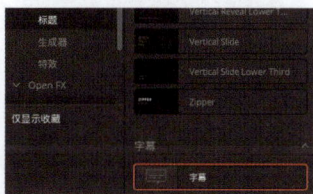

图9-83

步骤4：将"字幕"拖曳至"时间线"面板的01:00:00:00处，选中字幕滑块最右侧，向右拖曳至01:00:20:00处，如图9-84所示。

步骤5：双击字幕滑块，打开"检查器"面板，在"字幕"下方的文本框中输入第一条字幕"明月几时有"，如图9-85所示。

步骤6：将时间指示器移至01:00:05:00处，单击文本框下方的"添加新字幕"按钮，字幕2出现在字幕1下方，然后在新的文本框中输入第二条字幕"把酒问青天"，如图9-86所示。

图9-84

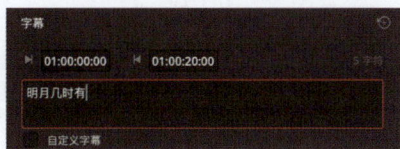

图9-85

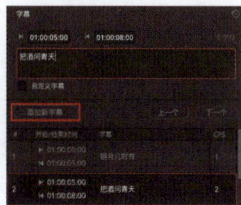

图9-86

步骤7：用选择工具将第二条字幕的出点拖曳至01:00:10:00处，如图9-87所示。

步骤8：用同样的方法添加字幕3和字幕4，对应的字幕分别为"不知天上宫阙""今夕是何年"，字幕3的入点在01:00:10:00处，出点在01:00:15:00处，字幕4的入点在01:00:15:00处，出点在01:00:20:00处，如图9-88所示。输入字幕后的画面效果如图9-89所示。

图9-87

图9-88

图9-89

步骤9：单击"轨道"选项卡，将"描边"中的"色彩"调为黄色，"大小"参数调为1，如图9-90所示。

步骤10：将"背景"中的"色彩"调为橙色，"不透明度"参数调为35，如图9-91所示。在"检视器"面板中预览调整后的效果，如图9-92所示。

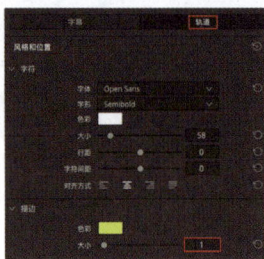
图9-90

图9-91

图9-92

步骤11：在"特效库"面板中选择"文本"字幕，将其拖曳至V2轨道上，调整"文本"字幕滑块的位置与长度，使其入点在01:00:00:00处，出点在01:00:20:00处，贯穿全部视频内容，如图9-93所示。

步骤12：在"检查器"面板的"多信息文本"下的文本框中输入文本内容，如图9-94所示。

步骤13：将"字体"调为"PingFang SC"，"大小"参数调为80，"位置X"参数调为1437，"位置Y"参数调为845。

步骤14：将"描边"中的"色彩"调为棕色，"大小"参数调为3，如图9-95所示。

图9-93

图9-94

图9-95

步骤15：将时间指示器移至01:00:20:00处，切换至"设置"选项卡，单击"缩放"右侧的"关键帧"按钮，如图9-96所示，激活并添加第一个关键帧。

步骤16：将时间指示器移至01:00:00:00处，再在"检查器"面板中将"变换"中的"缩放X"和"缩放Y"参数均调为0.900，如图9-97所示。

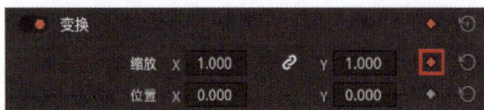
图9-96

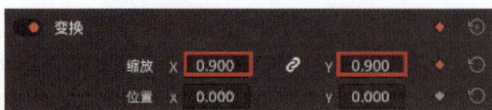
图9-97

操作完成后，"文本"字幕的缩放动画如图9-98所示。

步骤17：在"检视器"面板中播放并预览最终效果。

图9-98

9.4　本章小结

本章深入探讨了DaVinci Resolve 18中的字幕特效，特别是文字包装的应用与技巧。用户应了解如何添加和编辑基本字幕，熟悉各种动态字幕特效的实现方式，包括淡入淡出效果、滚动字幕和关键帧动画等。通过详细的步骤指导和实际操作示例，用户应掌握如何利用这些特效增强视频的视觉吸引力和信息传达效果。此外，用户还学习了如何自定义字体、颜色和样式，以满足不同项目的需求。通过本章的学习，用户能够在DaVinci Resolve 18中熟练创建和应用各种字幕特效，使视频作品更加专业和引人注目。

知识拓展　生成器

在DaVinci Resolve 18中，生成器是一组内置的图形和效果工具，用于创建各种视觉元素和背景，有时也和字幕元素结合使用。生成器可以帮助用户轻松地在视频项目中添加动态背景、图形元素、颜色叠加等，从而提升视频的整体视觉效果。使用生成器的步骤如下。

步骤1：访问生成器。切换到"剪辑"步骤面板，打开"工具箱"，选择"生成器"选项，如图9-99所示。

步骤2：选择生成器。DaVinci Resolve 18的生成器主要分为"生成器"和"Fusion 生成器"两个类别，每个类别中均有若干不同种类的生成器，如图9-100所示。

步骤3：使用生成器。将所需的生成器直接拖曳至"时间线"面板上，如图9-101所示。

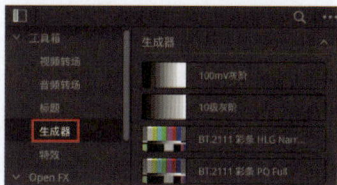

图9-99

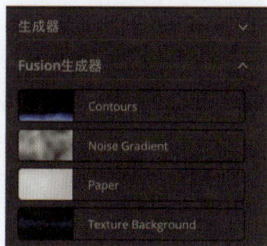

图9-100

图9-101

常用的生成器类型有以下几种。

（1）纯色：创建纯色背景或叠加层，适用于制作简单的颜色过渡或遮罩效果。

（2）灰渐变：创建灰色的渐变背景，常用于制作背景或作为其他图形元素的叠加效果。

（3）窗口：创建和调整形状遮罩，用于精确控制视频特定区域的效果。

（4）Noise Gradient：创建带有随机噪波颗粒的渐变背景，以生成独特的纹理和动态效果。

（5）Texture Background：创建多种纹理背景，以生成独特的背景效果，增强视频的视觉深度和质感。

（6）EBU彩条：生成标准的EBU彩条测试图，帮助校准和测试视频设备的色彩准确性。

9.5 课后练习：阖家欢乐

文件位置	CH09>项目文件>阖家欢乐.drp
素材位置	CH09>素材文件>聚餐.mp4
技术掌握	添加与使用动态字幕

课后练习的最终效果如图9-102所示。

图9-102

📑 **参考步骤**

（1）启动软件，新建项目，进入"剪辑"步骤面板，将素材拖曳至"时间线"面板。

（2）在"调色"步骤面板中对视频片段进行调色，使其带有暖色调风格。

（3）添加"文本"字幕，输入文本内容。

（4）在"检查器"面板中调整"文本"字幕。

（5）调整文本的"不透明度"参数。

（6）在"设置"选项卡中为"缩放"添加关键帧，制作缩放动画效果。

（7）在"设置"选项卡中为"位置"和"旋转角度"添加关键帧，制作位置和旋转动画效果。

（8）预览并保存项目。

第 10 章

渲染导出：交付成片

渲染导出是将编辑成果转换为最终可用视频的必要步骤，可确保视频质量、格式兼容性和分发便捷性。

学习重点

◎ 渲染为单个片段

◎ 渲染为多个单独片段

◎ 添加到渲染队列

◎ 导出设置

10.1　渲染设置

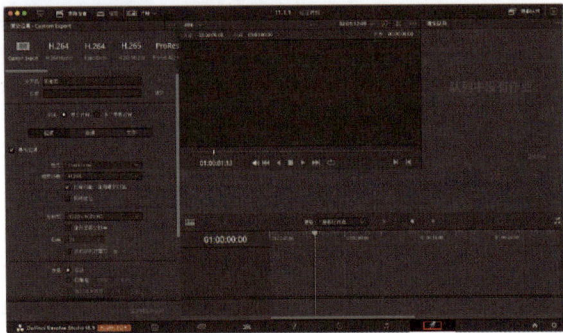

图10-1

完成剪辑或调色工作后，单击软件下方的"交付"按钮 可切换至"交付"步骤面板，如图10-1所示。

导出成品视频之前，需完成必需的渲染设置工作。

10.1.1　渲染为单个片段

渲染为单个片段指的是将时间轴上的所有剪辑、效果和调整合并并输出为一个完整的视频文件。这意味着最终生成的文件是一个连续的、完整的视频片段，而不是多个独立的片段。以下是渲染为单个片段的含义特性和应用场景。

1. 含义特性

合并输出：将所有编辑内容合并在一起，生成一个连续的视频文件。

保持完整性：确保所有过渡、特效、音频和字幕都在最终输出中保持完整和一致。

单一文件：输出一个包含所有编辑内容的单一视频文件，而不是多个片段。

2. 应用场景

最终成片：在完成所有编辑和调整后，将整个项目导出为一个完整的视频文件，便于分发和播放。

发布和分享：生成一个单一视频文件，方便上传到视频平台、社交媒体平台或发送给客户和观众。

备份和归档：保存项目的最终版本，确保有一个完整的、可播放的备份文件。

播放和展示：生成一个连续的视频文件，用于现场播放、展示或演示，避免切换多个片段的麻烦。

进入"交付"步骤面板后，单击"渲染"后的"单个片段"单选按钮，如图10-2所示，即可使交付的成品视频保持为"单个片段"的形式。

图10-2

10.1.2　渲染为多个单独片段

渲染为多个单独片段指的是将时间轴上的视频项目分割成多个独立的视频文件，而不是合并为一个完整的视频文件。这种方法可以方便地将视频内容按片段导出，适用于需要分段处理或发布的视频项目。以下是渲染为多个单独片段的含义特性和应用场景。

1. 含义特性

分段输出：将时间轴中的不同剪辑或区间分别导出为多个独立的视频文件。

按需求导出：适用于需要将视频项目分成多个片段进行处理、存档或分享的情况。

2. 应用场景

章节导出：将长视频项目分成若干章节或部分，方便按章节分享或发布。

素材管理：将原始素材分开导出，方便后续的编辑或使用。

客户需求：根据客户的要求，将项目分段导出，满足不同的输出需求。

社交媒体：将长视频分割成适合社交媒体平台的短片段，便于上传和分享。

进入"交付"步骤面板后，单击"渲染"后的"多个单独片段"单选按钮，如图10-3所示，即可使交付的成品视频保持为"多个单独片段"的形式。

图10-3

技巧与提示

将项目渲染为单个片段或多个单独片段需视应用场景而定，不能随便设置。

10.1.3　添加到渲染队列

添加到渲染队列是指将视频渲染任务添加到渲染队列中，以便进行最终的渲染和导出。渲染队列用于管理和排列视频渲染任务，允许用户批量处理多个渲染任务。在"交付"步骤面板中单

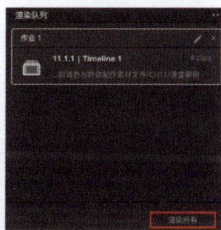

击右下方的"添加到渲染队列"按钮，如图10-4所示，即可将所选时间轴的内容添加到DaVinci Resolve 18的渲染队列中。

"渲染队列"面板位于"交付"步骤面板的右上角，单击"渲染队列"面板右下角的"渲染所有"按钮即可开始渲染，如图10-5所示。

图10-4　　　　图10-5

技巧与提示

当渲染任务正在进行时，单击"渲染队列"面板右下角的"停止"按钮可停止当前的渲染工作。

案例 10-1　溶洞魅影

文件位置	CH10>项目文件>溶洞魅影.drp
素材位置	CH10>素材文件>溶洞1.mp4、溶洞2.mp4、溶洞3.mp4、溶洞4.mp4
技术掌握	渲染设置，导出成片

案例 10-1

溶洞魅影

步骤1：打开项目文件"溶洞魅影.drp"，进入"交付"步骤面板。

图10-6

步骤2：在"渲染设置"面板中将文件命名为"溶洞魅影"，单击"位置"右侧的"浏览"按钮，设置一个合适的位置路径，单击"单个片段"单选按钮，如图10-6所示。

步骤3：单击面板右下方的"添加到渲染队列"按钮，如

图10-7所示，将时间轴内容添加至渲染队列中。

步骤4：单击"渲染队列"面板右下角的"渲染所有"按钮，如图10-8所示，启动渲染工作。

步骤5：渲染结束后，根据设置好的位置路径找到成片，播放并预览成片，如图10-9所示。

| 图10-7 | 图10-8 | 图10-9 |

10.2 导出设置

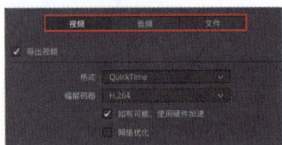

图10-10

在DaVinci Resolve 18中，导出成片前需设置好格式、编解码器、分辨率等参数。在"交付"步骤面板中，导出设置分为视频、音频和文件3个部分，如图10-10所示。

10.2.1 视频设置

在"渲染设置"面板中单击"视频"选项卡可调出"视频设置"面板，它由基础设置、高级设置和字幕设置3个部分构成，如图10-11所示。

1. 基础设置

● 导出视频：决定导出的文件中是否包含视频内容。

● 格式：允许用户选择最终视频文件的格式，常见格式包括MP4、MOV和AVI，如图10-12所示。选择合适的格式可以优化视频质量和兼容性，满足不同平台和播放设备的要求。

● 编解码器：决定视频的压缩和编码方式，常见编解码器包括H.264、H.265和ProRes，如图10-13所示。选择合适的编解码器可以优化视频质量和文件大小，确保视频在不同平台上的播放效果。

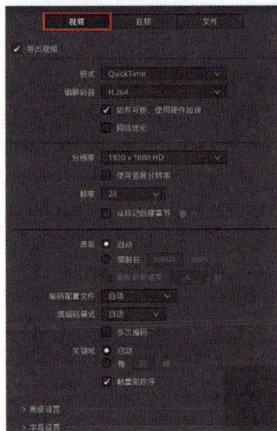

图10-11

● 如有可能，使用硬件加速：允许软件在渲染和导出视频时利用计算机的GPU加速处理过程。启用此选项可以显著提高渲染速度和效率，缩短导出时间，同时减轻CPU负担，优化整体性能。

● 网络优化：用于调整视频输出以提高网络传输效率。这通常涉及压缩设置的优化，使视频文件在上传或流媒体播放时更快、更稳定，同时保持适当的质量，适用于需要在网络平台上发布的视频。

● 分辨率：允许用户选择视频的输出分辨率，包括720P、1080P、4K和8K等，如图10-14所示。选择适当的分辨率可以优化视频质量和文件大小，确保视频在播放设备上的显示效果符合需求，兼顾视觉效果和文件容量。勾选"分辨率"下方的"使用竖屏分辨率"复选框，可导出竖屏视频，如图10-15所示。

| 图10-12 | 图10-13 | 图10-14 | 图10-15 |

- 帧率：用于设置视频每秒显示的帧数。
- 从标记创建章节：允许用户在导出视频时，根据时间轴上的标记自动生成章节。
- 质量：包括"自动"和"限制在"选项。"自动"选项根据内容和编解码器设置自动调整质量，而"限制在"选项允许用户设置最大比特率，以控制文件大小和视频质量的平衡。
- 编码配置文件：允许用户选择视频编码的具体配置文件，如H.264的Base、Main或High，如图10-16所示。
- 熵编码模式：用于选择视频压缩的熵编码方式，如CABAC（Context-Adaptive Binary Arithmetic Coding）或CAVLC（Context-Adaptive Variable-Length Coding）。
- 关键帧：允许用户选择关键帧的生成方式。"自动"选项让软件自行决定关键帧的位置，而"每"选项则允许设置固定的帧间距生成关键帧。"帧重新排序"可优化视频编码，改善播放质量，如图10-17所示。

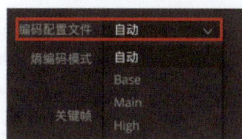

| 图10-16 | 图10-17 |

2. 高级设置

"高级设置"中的选项用于精细调整视频的输出属性，如图10-18所示。

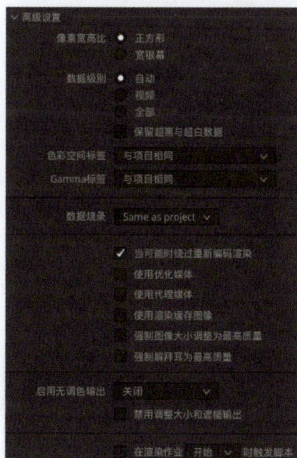

图10-18

- 像素宽高比：设置视频的像素比例，确保与显示设备或平台的兼容性。
- 数据级别：可以选择"自动""视频""全部"，影响视频的色彩和亮度范围。
- 色彩空间标签：指定视频的色彩空间（如Rec.709、DCI-P3），确保色彩的准确性和一致性。
- Gamma标签：设置视频的伽玛曲线（如Rec.709、SMPTE-C），影响亮度和对比度。
- 数据烧录：将色彩空间信息嵌入视频文件，确保在不同设备上的一致显示。
- 启用无调色输出：输出未经过调色的原始视频，适用于需要保持原始色彩信息的场景。

3. 字幕设置

"字幕设置"允许用户配置字幕的输出方式，如图10-19所示。

- 导出字幕：选择是否在导出视频时包含字幕。
- 格式：选择字幕文件的格式。
- 导出为：决定字幕的输出方式。

图10-19

10.2.2　音频设置

在"渲染设置"面板中单击"音频"选项卡可调出"音频设置"面板，如图10-20所示。

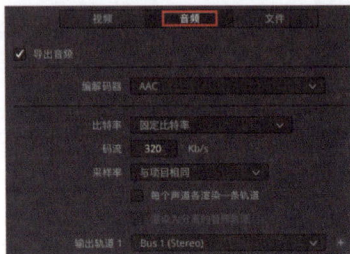

图10-20

- 导出音频：决定导出的文件中是否包含音频内容。
- 编解码器：允许用户选择音频编码格式（如AAC、MP3或PCM）。
- 比特率：允许用户设置音频的比特率。比特率影响音频质量和文件大小，较高的比特率提供更好的音频质量。
- 码流：用于设置音频数据的传输速率，不同的码流设置会影响音频质量和文件大小。码流越高，音频质量越好，但文件也越大。一般情况下，音频码流的设置可以根据导出需求来选择。

技巧与提示

常见的码流设置建议如下。

（1）常规使用（如网络视频等）：192～320bit/s。这种设置适用于网络上传，能保持较好的音频质量，同时文件大小适中。

（2）高质量音频（如广播、影片）：320bit/s或更高（如512bit/s）。这种设置用于对音频质量要求较高的场合，如电影、电视、专业音频制作等。

（3）无损音频（如专业录音、电影级音频）：若需要无损音频，建议导出为WAV或FLAC格式，这些格式通常不使用码流限制，但文件会更大。

总结来说，如果是一般的网络视频，192～320bit/s是合适的选择；而如果追求专业音频质量，码流可以设置得更高。

- 采样率：允许用户选择音频的采样率（如44.1kHz、48kHz），影响音频的质量和细节，较高的采样率提供更高的音频质量。
- 每个声道各渲染一条轨道：允许用户将每个音频声道单独渲染为独立的音轨，有助于在后期处理时对每个声道进行单独的调整和混音。
- 输出轨道1：允许用户指定第一条输出音轨的内容和配置，包括声道布局和混音设置，以确保音频符合最终输出要求。

10.2.3　文件设置

在"渲染设置"面板中单击"文件"选项卡可调出"文件设置"面板，如图10-21所示。

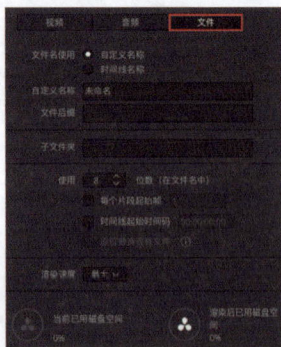

图10-21

- 文件名使用：选择导出文件的命名规则，可以使用时间线名称、剪辑名称等。
- 自定义名称：允许用户手动输入导出文件的名称，以便识别和管理。
- 文件后缀：设置导出文件的后缀名，例如添加特定的标识或版本号。
- 子文件夹：指定导出文件存放的子文件夹路径，有助于组织和分类导出文件。

- 使用位数：选择导出文件的颜色位深度（如8位、10位），影响视频的颜色细节和质量。
- 每个片段起始帧：设置每个独立片段的起始帧编号，有助于在后期制作时的管理和识别。
- 时间线起始时间码：设置时间线的起始时间码，用于同步和匹配视频内容的时间点。
- 渲染速度：显示渲染过程中的速度和性能指标，帮助用户了解渲染效率。
- 当前已用磁盘空间：显示渲染前磁盘上已使用的空间，帮助用户监控磁盘使用情况。
- 渲染后已用磁盘空间：估算渲染完成后磁盘上已使用的总空间，确保磁盘有足够的存储容量。

技巧与提示

　　除了导出视频和音频，DaVinci Resolve 18还能导出不同格式的图片文件。在"视频设置"面板中，打开"格式"下拉列表，可选择不同的图片格式，如JPEG、PNG等。

案例 10-2　磅礴音乐

文件位置	CH10>项目文件>磅礴音乐.drp
素材位置	CH10>素材文件>颁奖.mp4
技术掌握	渲染设置，导出音频

案例10-2
磅礴音乐

步骤1：打开项目文件"磅礴音乐.drp"，进入"交付"步骤面板。

步骤2：在"渲染设置"面板中将文件命名为"磅礴音乐"，单击"位置"右侧的"浏览"按钮，设置一个合适的位置路径，单击"单个片段"单选按钮，如图10-22所示。

步骤3：在"视频"选项卡中取消勾选"导出视频"复选框，如图10-23所示。

步骤4：切换至"音频"选项卡，将"格式"改为"MP3"，"编解码器"改为"MP3"，其他参数保持不变，如图10-24所示。

图10-22

图10-23

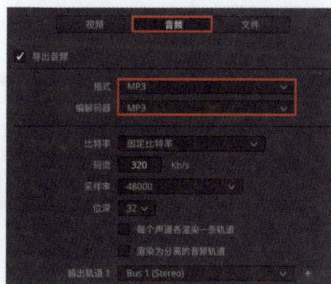

图10-24

步骤5：单击面板右下方的"添加到渲染队列"按钮，如图10-25所示，将时间轴内容添加至渲染队列中。

步骤6：单击"渲染队列"面板右下角的"渲染所有"按钮，如图10-26所示，启动渲染工作。

步骤7：渲染结束后，根据设置好的位置路径找到渲染好的音频，播放并预览音频，如图10-27所示。

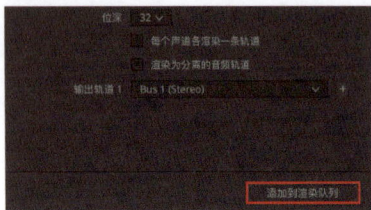
图10-25

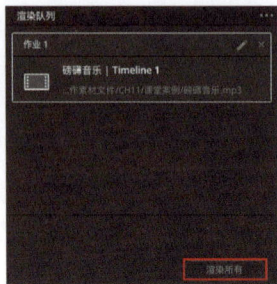
图10-26

图10-27

技巧与提示

切记，如果想单独导出音频文件，务必在"视频"选项卡中取消勾选"导出视频"复选框。

10.3　课堂案例：序列图像

课堂案例

文件位置	CH10>项目文件>序列图像.drp
素材位置	CH10>素材文件>湖边.mp4
技术掌握	导出序列图像和视频文件

序列图像

步骤1：启动软件，新建项目，将项目命名为"序列图像"，将素材片段"湖边.mp4"导入"媒体池"面板，如图10-28所示。

步骤2：进入"剪辑"步骤面板，将素材片段"湖边.mp4"拖曳至"时间线"面板，如图10-29所示。

步骤3：切换至"调色"步骤面板，调出"色轮"面板，在"一级-校色轮"模式下将"亮部"各参数均调为1.15，"饱和度"参数调为75，如图10-30所示。

图10-28

图10-29

图10-30

步骤4：进入"交付"步骤面板，在"渲染设置"面板中将文件命名为"序列图像"，单击"位置"右侧的"浏览"按钮，设置一个合适的位置路径，单击"单个片段"单选按钮，如图10-31所示。

步骤5：在"视频"选项卡中，打开"格式"下拉列表，将"格式"调为"PNG"，如图10-32所示。

步骤6：单击面板右下方的"添加到渲染队列"按钮，如图10-33所示，将时间轴内容添加至渲染队列中。

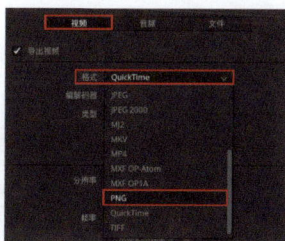

图10-31　　　　　　　　图10-32　　　　　　　　图10-33

执行操作后，该任务作为"作业1"被添加至右上角的"渲染队列"面板中，导出文件的扩展名为.png，表示文件将以PNG格式导出，如图10-34所示。

步骤7：在"视频"选项卡中，打开"格式"下拉列表，将"格式"调为"MP4"，如图10-35所示。

步骤8：再次单击面板右下方的"添加到渲染队列"按钮，MP4渲染任务作为"作业2"被添加至右上角的"渲染队列"面板中，导出文件的扩展名为.mp4，表示文件将以MP4格式导出，如图10-36所示。

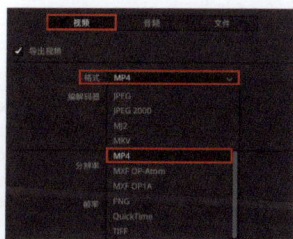

图10-34　　　　　　　　图10-35　　　　　　　　图10-36

步骤9：单击"渲染队列"面板右下角的"渲染所有"按钮，渲染"作业1"和"作业2"时面板中会显示渲染进度，如图10-37所示。

步骤10：渲染结束后，根据设置好的位置路径找到渲染好的文件，如图10-38所示。

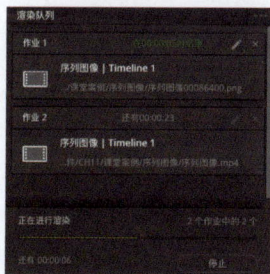
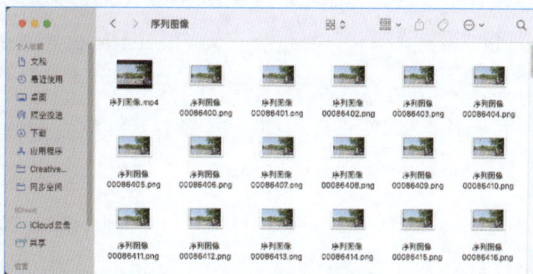

图10-37　　　　　　　　　　图10-38

技巧与提示

　　序列图像指的是一组按照特定名称和数字顺序排列的静态图像文件。本案例以PNG格式导出序列图像，这些序列图像都是连续编号的。本案例在渲染设置时用的帧率是默认的24帧/秒，所以每秒视频可以渲染出24张连续编号的序列图像。

　　因为"作业1"的保存路径与"作业2"的是相同的，所以渲染出的MP4视频和PNG图像被存储在同一个文件夹中。

10.4　本章小结

本章深入探讨了DaVinci Resolve 18中的渲染导出功能，使用户学会如何将编辑完成的项目输出为最终成片。渲染设置是交付成片的基础，导出设置是交付成片的核心。用户需有效地管理和组织导出文件，选择正确的文件格式和编解码器，设置合适的分辨率、帧率和比特率等，这些参数直接影响文件的清晰度和播放流畅度。

通过学习本章内容，用户能够熟练掌握DaVinci Resolve 18的渲染和导出设置，确保最终输出的视频和音频文件的质量高且符合各种播放平台的要求。这将大幅提升用户的后期制作效率和成片质量，为成功交付项目奠定坚实基础。

知识拓展　高级交付技巧

除了基础的交付处理，DaVinci Resolve 18还包含一些高级概念和技巧，以满足不同用户的渲染导出需求，从而提升工作效率和成片质量。

（1）高级编码设置：除了常用的编码器（如H.264和H.265），还有其他适用于特定应用的高级编码器，例如ProRes和DNxHD。其中，ProRes提供了高质量和快速编辑的平衡，适合专业视频制作，而DNxHD则广泛用于Avid编辑系统。了解这些编码器的特点和使用场景，可以根据项目需求选择合适的编码方式。

（2）HDR导出：随着HDR内容的普及，了解如何导出HDR视频变得越来越重要。DaVinci Resolve 18支持HDR导出，用户可以在渲染设置中选择HDR10或Dolby Vision格式，正确设置色彩空间、Gamma和亮度级别，确保HDR视频在支持HDR的设备上显示出更丰富的色彩和更高的对比度。

（3）批量渲染：大型项目或需要多版本输出时，批量渲染功能显得尤为重要。通过渲染队列，用户可以同时设置多个渲染任务，DaVinci Resolve 18能自动处理这些任务。掌握如何使用渲染队列，可以大大提高工作效率，节省时间。

（4）多格式输出：一个项目需要输出多个不同格式的文件，以适应不同的播放平台和设备。DaVinci Resolve 18允许用户在同一个项目中设置多个渲染预设，轻松导出不同格式的文件。了解多格式输出的设置方法，确保用户的视频在各种平台上都能最佳呈现。

（5）网络优化：对于需要在网络平台上发布的视频，网络优化设置非常重要。选择合适的文件格式和编码器，了解如何调整比特率、分辨率和帧率，以适应不同的网络带宽和播放设备，可以确保视频在网络上传输时保持流畅和高质量。

（6）色彩管理和LUT应用：渲染导出过程中，色彩管理是确保视频色彩一致性和准确性的关键；学习如何在DaVinci Resolve 18中应用和管理LUT（查找表），可以帮助用户在不同设备和播放环境中保持色彩的一致性。

通过这些高级概念和技巧，用户将更好地掌握DaVinci Resolve 18的强大功能，提升后期制作水平，确保最终成片不仅质量高，而且适应广泛的播放环境和需求。

10.5　课后练习：天池湖影

文件位置	CH10>项目文件>天池湖影.drp
素材位置	CH10>素材文件>天池湖影.mp4
技术掌握	单独导出视频和音频文件

课后练习的最终效果如图10-39所示。

图10-39

参考步骤

（1）启动软件，新建项目，进入"剪辑"步骤面板，将素材拖曳至"时间线"面板。

（2）在"调色"步骤面板中对视频片段进行调色。

（3）进入"交付"步骤面板，进行渲染设置，将视频任务添加到渲染队列。

（4）再次进行渲染设置，将音频任务添加到渲染队列。

（5）渲染所有任务。

（6）在相应的路径中找到并检查导出的视频和音频文件。

第 11 章

综合案例：实训实践

本章是 DaVinci Resolve 18 的实训实践章，通过介绍 2 个综合案例，进一步深化用户对 DaVinci Resolve 18 的认识与理解。

学习重点

◎ 基础编辑

◎ 一级调色

◎ 二级调色

◎ 视频转场

◎ 动态字幕

◎ 音频设置

◎ 渲染导出

11.1 景区广告片：大漠风光

本案例属于西北沙漠景区的广告片制作，需要用到DaVinci Resolve 18的诸多操作技巧。

文件位置	CH11>项目文件>大漠风光.drp
素材位置	CH11>素材文件>大漠1.mp4、大漠2.mp4、大漠3.mp4、大漠4.mp4、大漠5.mp4、大漠6.mp4、背景音乐.mp3
技术掌握	为景区广告片调色

11.1.1 效果预览

制作完成的"大漠风光"带有苍凉、豪情的风格，效果如图11-1所示。

11.1.2 思路梳理

制作本案例大致要遵循以下思路。

（1）准备工作：导入素材。

（2）基础编辑：剪切素材。

（3）全局校正：一级调色。

（4）局部调整：二级调色。

（5）平滑连接：视频转场。

（6）文本文案：添加字幕。

（7）音乐渲染：添加音频。

（8）渲染导出：交付成片。

图11-1

11.1.3 导入素材

步骤1：启动软件，新建项目，将项目命名为"大漠风光"，如图11-2所示。

步骤2：切换至"剪辑"步骤面板，在菜单栏执行"文件>新建时间线"命令，如图11-3所示。

步骤3：在弹出的"新建时间线"对话框中将"视频轨道数量"和"音频轨道数量"均调为2，然后单击右下角的"创建"按钮，如图11-4所示。

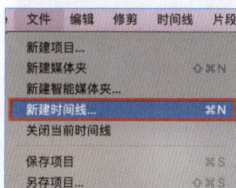

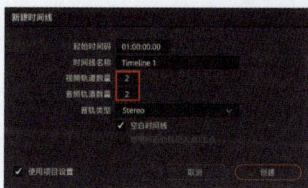

图11-2　　　　　　　图11-3　　　　　　　图11-4

步骤4：在菜单栏执行"文件>导入>媒体"命令，如图11-5所示。

步骤5：在弹出的"导入媒体"对话框中同时选中"大漠风光"文件夹中的7个素材片段，然后单击右下角的"打开"按钮，如图11-6所示。

步骤6：在"媒体池"面板中检查并浏览被导入的素材片段，如图11-7所示。

图11-5

图11-6

图11-7

11.1.4 编辑素材

步骤1：在"媒体池"面板中依次选中"大漠1.mp4""大漠2.mp4""大漠3.mp4""大漠4.mp4""大漠5.mp4""大漠6.mp4"素材片段，如图11-8所示。

步骤2：将同时选中的6个素材片段拖曳至"时间线"面板的V1轨道上，使素材最左端与01:00:00:00处对齐，如图11-9所示。

步骤3：在工具栏中单击"刀片"按钮，如图11-10所示，使鼠标指针变为刀片工具形状。

图11-8

图11-9

图11-10

步骤4：将时间指示器移至01:00:04:00处，用刀片工具将"大漠1.mp4"剪成两段，如图11-11所示。

步骤5：在工具栏中单击"选择模式"按钮，切换为选择工具，如图11-12所示。

步骤6：用选择工具选中"大漠1.mp4"被切割后的右半段，按Delete键将其删除，如图11-13所示。

图11-11

图11-12

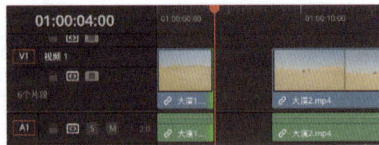
图11-13

步骤7：将"大漠2.mp4""大漠3.mp4""大漠4.mp4"大漠5.mp4"大漠6.mp4"向左拖曳，使其与被编辑过的"大漠1.mp4"右侧对齐，如图11-14所示。

步骤8：用同样的方法编辑"大漠2.mp4""大漠3.mp4""大漠4.mp4""大漠5.mp4""大漠6.mp4"等5个素材片段，在恰当的时间点切割素材，确保每段素材均保留4秒时长，如图11-15所示。

图11-14

图11-15

11.1.5　一级调色

步骤1：切换至"调色"步骤面板，在菜单栏执行"工作区 > 在工作区中显示面板 > 片段"命令，如图11-16所示，打开"片段"面板。

步骤2：在"片段"面板中选中01片段，如图11-17所示。

步骤3：在"检视器"面板中单击鼠标右键，弹出快捷菜单，执行"抓取静帧"命令，如图11-18所示。

图11-16

图11-17

图11-18

步骤4：单击左上方的"画廊"按钮，调出"画廊"面板，01片段的静帧图像被置于"画廊"面板中，如图11-19所示。

步骤5：调出"色轮"面板，在"一级-校色轮"模式下将"暗部"各参数均调为-0.20，"中灰"各参数分别调为0.02、0.05、0.04、0.12，"亮部"各参数均调为1.17，"饱和度"参数调为70，如图11-20所示。

步骤6：在分量图中可以看到调整后的颜色信息，如图11-21所示。

图11-19

图11-20

图11-21

步骤7：单击"检视器"面板上方的"划像"按钮 ◨，查看调色后的画面与"画廊"面板中静帧画面的对比效果，如图11-22所示。

步骤8：再次单击"划像"按钮 ◨，取消"划像"模式。

步骤9：在"片段"面板中选中02片段，如图11-23所示。

步骤10：在"检视器"面板中单击鼠标右键，弹出快捷菜单，执行"抓取静帧"命令，02片段的静帧图像也被置于"画廊"面板中，如图11-24所示。

步骤11：右键单击01片段，弹出快捷菜单，执行"与此片段进行镜头匹配"命令，如图11-25所示。

步骤12：通过"划像"模式查看02片段调整前后的对比效果，如图11-26所示。

步骤13：重复步骤9～步骤12，使03片段、04片段、05片段、06片段均完成与01片段的镜头匹配操作，如图11-27所示。

图11-22

图11-23

图11-24

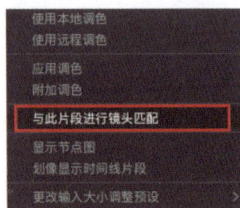

图11-25

图11-26

图11-27

步骤14：镜头匹配操作大大节约了单独为每个片段进行调色的时间，但因为各片段本身的颜色及亮度信息并不统一，所以，谨慎起见，还需在"检视器"面板中分别检查预览各个片段。在"片段"面板中选中02片段，整体偏亮，在"一级-校色轮"模式下将"色调"参数调为50，"对比度"参数调为1.100，如图11-28所示。

步骤15：在"片段"面板中选中05片段，切换至"模糊"面板，在"模糊-模糊"模式下，将"半径"各参数均调为0.25，如图11-29所示。

步骤16：在"检视器"面板中预览05片段调整后的效果，可以看到，锐化程度升高，明显清晰了一些，如图11-30所示。

图11-28

图11-29

图11-30

步骤17：用同样的方法提高05片段和06片段的清晰度，如图11-31所示。

图11-31

11.1.6　二级调色

步骤1：在"片段"面板中选中03片段，如图11-32所示。

步骤2：打开"节点"面板，右键单击01节点，弹出快捷菜单，执行"添加节点>添加串行节点"命令，如图11-33所示。

执行操作后，02节点被添加至01节点右侧。

步骤3：选中02节点，单击"检视器"面板上方的"突出显示"按钮◐，如图11-34所示。

图11-32

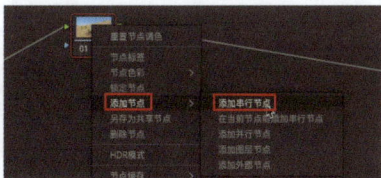
图11-33

图11-34

步骤4：切换至"限定器"面板，进入"限定器-HSL"模式，单击"拾取器"按钮，如图11-35所示。

步骤5：用拾取器在画面的绿色灌木上拾取范围，创建HSL选区，如图11-36所示。

步骤6：切换至"曲线"面板，进入"曲线-自定义"模式，在参数控制器中单击绿色按钮G，然后在曲线编辑器中向上拖曳绿色曲线，如图11-37所示。

图11-35

图11-36

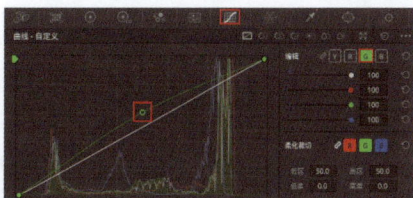
图11-37

步骤7：在"节点"面板中右键单击02节点，执行"添加节点 > 添加串行节点"命令，03节点被添加至02节点右侧，选中03节点，如图11-38所示。

步骤8：切换至"限定器"面板，在"限定器-HSL"模式下用拾取器在天空部分拾取范围，如图11-39所示。

步骤9：将"蒙版优化1"中的"净化白场"参数调为20，"模糊半径"参数调为0.5，如图11-40所示。

图11-38

图11-39

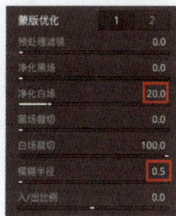
图11-40

步骤10：切换至"色轮"面板，在"一级-校色轮"模式下将"亮部"各参数均调为1.05，调整"偏移"色轮中心的控制点，将其稍微向左上方偏移，如图11-41所示。执行操作后，可用"划像"模式对比调整前后的效果，如图11-42所示。

步骤11：在"片段"面板中选中02片段，该片段中的天空微微偏紫色，如图11-43所示。

步骤12：在"节点"面板中右键单击01节点，弹出快捷菜单，执行"添加节点 > 添加串行节点"命令，02节点被添加至01节点右侧，选中02节点。

步骤13：切换至"限定器"面板，用拾取器在天空部分拾取范围，如图11-44所示。

步骤14：切换至"曲线"面板，在"曲线-自定义"模式下单独调整亮度及红色、绿色、蓝色曲线，如图11-45所示。

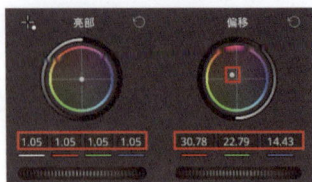
图11-41

图11-42

图11-43

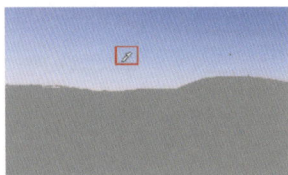
图11-44

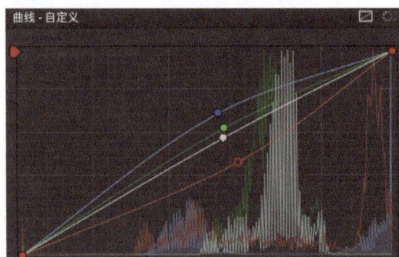
图11-45

步骤15：重复步骤11～步骤14，用相同的方法对01片段、04片段、05片段进行二级调色，使其保持统一色调，如图11-46所示。

图11-46

11.1.7　添加转场特效

步骤1：切换至"剪辑"步骤面板，单击面板上方的"媒体池"按钮，关闭"媒体池"面板；单击"特效库"按钮，打开"特效库"面板，在"工具箱"中选择"视频转场"选项，如图11-47所示。

步骤2：在"视频转场"面板中选中"光圈"特效组中的"三角形划像"特效，如图11-48所示。

步骤3：将"三角形划像"特效拖曳至"时间线"面板的"大漠1.mp4"和"大漠2.mp4"之间，如图11-49所示。

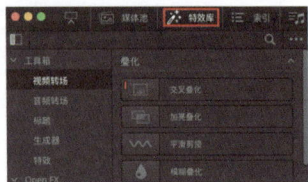
图11-47

图11-48

图11-49

步骤4：用同样的方法，依次将"光圈"特效组中的"五边形划像"特效拖曳至"大漠2.mp4"和"大漠3.mp4"之间，将"六边形划像"特效拖曳至"大漠3.mp4"和"大漠4.mp4"之间，将"十字展开"特效拖曳至"大漠4.mp4"和"大漠5.mp4"之间，将"方形光圈"特效拖曳至"大漠

"5.mp4"和"大漠6.mp4"之间，如图11-50所示。

步骤5：在"检视器"面板中查看转场效果，如图11-51所示。

图11-50

图11-51

11.1.8　添加字幕

步骤1：将时间指示器移至01:00:00:00处，如图11-52所示。

步骤2：在"工具箱"中选择"标题"选项，如图11-53所示。

步骤3：在"字幕"面板中选择"文本"字幕，将其拖曳至"时间线"面板的V2轨道上，使其与01:00:00:00处对齐，如图11-54所示。

图11-52

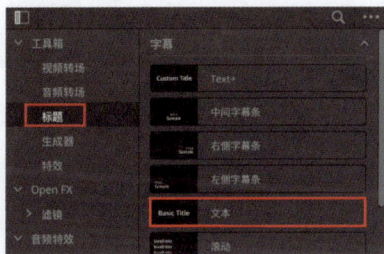

图11-53

图11-54

步骤4：用选择工具向右拖曳"文本"字幕滑块，使其与"大漠6.mp4"滑块的最右侧对齐，使"文本"字幕与V1轨道上的素材片段保持相同的持续时间，如图11-55所示。

步骤5：双击"文本"字幕滑块，切换至"检查器"面板的"标题"选项卡，如图11-56所示。

步骤6：在"多信息文本"下的文本框中输入本案例的文本"大漠风光 邀您共赏"，如图11-57所示。

步骤7：在"检视器"面板中预览基础的文本字幕，如图11-58所示。

图11-55

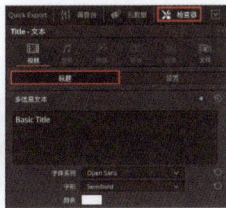

图11-56

图11-57

图11-58

步骤8：在"检查器"面板中将"字体系列"调为"zihun138hao-baranshoushu"，"大小"参数调为260，"字距"参数调为-50，"位置Y"参数调为570，如图11-59所示。

步骤9：将"投影"中的"偏移X"参数调为8，"偏移Y"参数调为-8，"模糊"参数调为1，如图11-60所示。调整后的效果如图11-61所示。

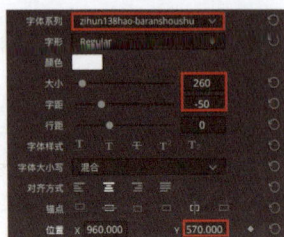
图11-59

图11-60

图11-61

步骤10：在"检查器"面板中单击"设置"选项卡，如图11-62所示。

步骤11：将"缩放X"和"缩放Y"参数均调为45，使文本扩大至屏幕外，如图11-63所示。

步骤12：确保时间指示器在01:00:00:00处，单击"缩放"后的"关键帧"按钮，激活并添加第一个关键帧，如图11-64所示。

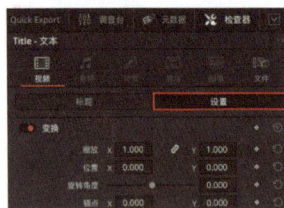
图11-62

图11-63

图11-64

步骤13：将时间指示器移至01:00:02:00处，然后将"缩放X"和"缩放Y"参数均调为1，如图11-65所示。

步骤14：在"检视器"面板中预览文本的入场动画，如图11-66所示。

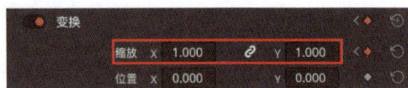
图11-65

图11-66

步骤15：将"合成"中的"不透明度"参数调为75，如图11-67所示，然后将时间指示器移至01:00:22:00处，单击"不透明度"后的"关键帧"按钮，为"不透明度"激活并添加第一个关键帧。

步骤16：将时间指示器移至01:00:24:00处，然后将"不透明度"参数调为0，如图11-68所示。

图11-67

图11-68

步骤17：在"检视器"面板中预览文本的出场动画，如图11-69所示。

图11-69

11.1.9　添加音频

步骤1：在"媒体池"面板中选中"背景音乐.mp3"文件，将其拖曳至"时间线"面板的A2轨道上，使其左侧与01:00:00:00处对齐，如图11-70所示。

步骤2：音频滑块比视频滑块多出一小截，用选择工具向左拖曳音频滑块，使其与视频滑块最右侧对齐，如图11-71所示。

图11-70　　　　　　　　　　　　　　　图11-71

步骤3：将时间指示器移至01:00:22:00处，然后双击音频滑块，切换至"检查器"的"音频"面板，如图11-72所示。

步骤4：单击"音量"后的"关键帧"按钮，为"音量"激活并添加第一个关键帧，如图11-73所示。

步骤5：将时间指示器移至01:00:24:00处，然后将"音量"参数调为-100，如图11-74所示。

步骤6：在"检视器"面板中播放并预览音频淡出效果。

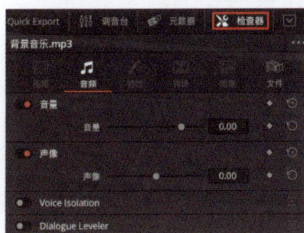

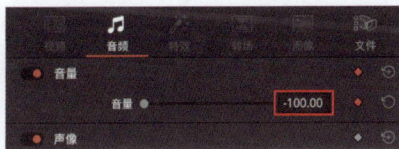

图11-72　　　　　　　　　　图11-73　　　　　　　　　　图11-74

11.1.10　渲染导出

步骤1：切换至"交付"步骤面板，如图11-75所示。

步骤2：在"渲染设置"面板中将文件命名为"大漠风光"，单击"位置"后的"浏览"按钮，设置一个合适的位置路径，单击"单个片段"单选按钮，如图11-76所示。

步骤3：在"视频"选项卡中，打开"格式"下拉列表，将"格式"调为"MP4"，如图11-77所示。

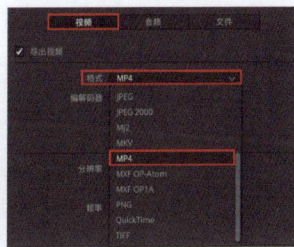

图11-75　　　　　　　　　图11-76　　　　　　　　　图11-77

步骤4：单击面板右下方的"添加到渲染队列"按钮，如图11-78所示，将时间轴内容添加至渲染队列中。

步骤5：该任务作为"作业1"被添加至右上角的"渲染队列"面板，单击"渲染列队"面板右下角的"渲染所有"按钮，如图11-79所示。

步骤6：渲染结束后，根据设置好的位置路径找到渲染好的文件，如图11-80所示。

图11-78

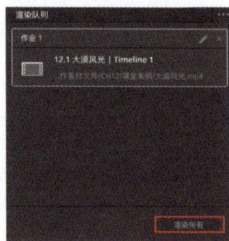

图11-79

图11-80

11.2　VLOG短视频：迪庆徒行

本案例属于抖音VLOG短视频制作，用户需学会如何用DaVinci Resolve 18快速而高效地为新媒体短视频调色。

文件位置	CH11>项目文件>迪庆徒行.drp
素材位置	CH11>素材文件>迪庆1.mp4、迪庆2.mp4、迪庆3.mp4、迪庆4.mp4、迪庆5.mp4、迪庆6.mp4、迪庆7.mp4、迪庆8.mp4、配音配乐.mp3
技术掌握	为短视频快速调色

11.2.1　效果预览

制作完成的VLOG作品带有电影的质感和色调，效果如图11-81所示。

图11-81

11.2.2　思路梳理

制作本案例大致要遵循以下思路。

（1）准备工作：导入素材。

（2）提升质感：快速调色。

（3）音频加持：添加音频。

（4）创意文案：添加字幕。

（5）渲染导出：交付成片。

11.2.3　导入素材

步骤1：启动软件，新建项目，将项目命名为"迪庆徒行"，如图11-82所示。

步骤2：切换至"剪辑"步骤面板，在菜单栏执行"文件 > 新建时间线"命令，如图11-83所示。

步骤3：在弹出的"新建时间线"对话框中将"视频轨道数量"和"音频轨道数量"均调为1，然后单击右下角的"创建"按钮，如图11-84所示。

图11-82

图11-83

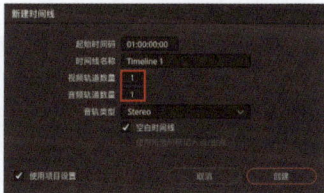

图11-84

步骤4：在菜单栏执行"文件 > 导入 > 媒体"命令，如图11-85所示。

步骤5：在弹出的"导入媒体"对话框中同时选中"迪庆徒行"文件夹中的"迪庆1.mp4""迪庆2.mp4""迪庆3.mp4""迪庆4.mp4""迪庆5.mp4""迪庆6.mp4""迪庆7.mp4""迪庆8.mp4"等8段素材片段，以及"配音配乐.mp3"文件，然后单击右下角的"打开"按钮，如图11-86所示。

步骤6：在"媒体池"面板中检查并浏览被导入的素材片段，如图11-87所示。

图11-85

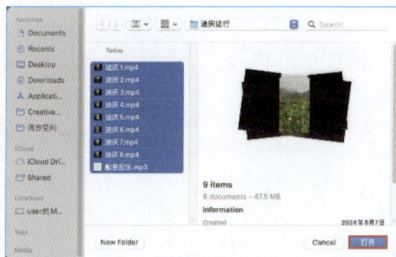

图11-86

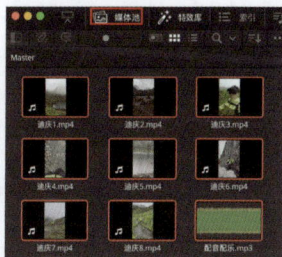

图11-87

步骤7：在菜单栏执行"文件 > 项目设置"命令，如图11-88所示。

步骤8：在弹出的"项目设置"对话框中勾选"使用竖屏分辨率"复选框，如图11-89所示。

步骤9：在"媒体池"面板中依次选中"迪庆1.mp4""迪庆2.mp4""迪庆3.mp4""迪庆4.mp4""迪庆5.mp4""迪庆6.mp4""迪庆7.mp4""迪庆8.mp4"，将其拖曳至"时间线"面板的V1轨道上，使素材最左端与01:00:00:00处对齐，如图11-90所示。

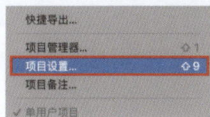

图11-88

图11-89

图11-90

"迪庆1.mp4""迪庆2.mp4""迪庆3.mp4""迪庆4.mp4""迪庆5.mp4""迪庆6.mp4""迪庆7.mp4""迪庆8.mp4"是已做好初级编辑的视频片段，接下来可以直接对其进行调色操作。

11.2.4 快速调色

步骤1：切换至"调色"步骤面板，在菜单栏执行"工作区 > 在工作区中显示面板 > 片段"命令，如图11-91所示，打开"片段"面板。

步骤2：在"片段"面板中选中01片段，如图11-92所示。

步骤3：分别对01～08片段8个片段执行"抓取静帧"命令，以方便后续用"划像"模式查看调整前后的对比效果，静帧图像被保存于"画廊"面板中，如图11-93所示。

图11-91

图11-92

图11-93

步骤4：单击面板上方的"LUT库"按钮，展开"LUT库"面板，在左侧选择"Film Looks"选项，然后选中该类中的第二个LUT预设，如图11-94所示。

步骤5：将该预设依次拖曳至01～08片段上，释放鼠标后，用"划像"模式查看各个片段调整前后的对比效果，如图11-95所示。

步骤6：选中01片段，切换至"色轮"面板，在"一级-校色轮"模式下将"色温"参数调为-1000，"对比度"参数调为1.200，"中间调细节"参数调为50，"色彩增强"参数调为25，如图11-96所示。

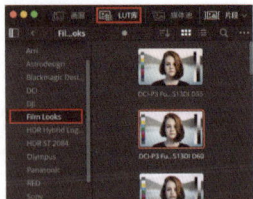

图11-94

图11-95

图11-96

步骤7：切换至"曲线"面板，在"曲线-自定义"模式下调整亮度曲线，以提高整体亮度，如图11-97所示。

步骤8：在"片段"面板中选中02片段，如图11-98所示。

步骤9：右键单击01片段，弹出快捷菜单，执行"与此片段进行镜头匹配"命令，使02片段的色调与01片段匹配一致，如图11-99所示。

步骤10：重复步骤7～步骤9，使03～08片段均完成与01片段的镜头匹配操作。

步骤11：在"片段"面板中选中02片段，如图11-100所示。

步骤12：通过预览效果，发现画面整体偏暗。切换至"色轮"面板，在"一级-校色轮"模式下将"暗部"各参数均调为0.10，"中灰"各参数均调为0.03，"饱和度"参数调为75，如

图11-101所示。

步骤13：用"划像"模式预览02片段调整前后的对比效果，如图11-102所示。

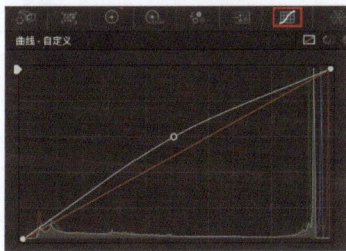

图11-97

图11-98

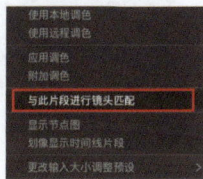

图11-99

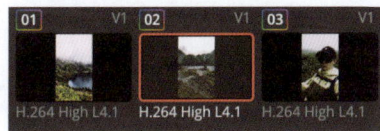

图11-100

图11-101

图11-102

步骤14：在"片段"面板中选中03片段，切换至"色轮"面板，在"一级-校色轮"模式下将"暗部"各参数均调为0.06，"中灰"各参数分别调为0.00、-0.03、-0.03、0.00，"亮部"各参数均调为1.22，"饱和度"参数调为75，如图11-103所示。

步骤15：分别选中05片段、07片段、08片段，在"色轮"面板中将它们的"饱和度"参数均调为75。调完后在"检视器"面板中预览效果，如图11-104所示。

图11-103

图11-104

11.2.5　添加音频

步骤1：切换至"剪辑"步骤面板，在"媒体池"面板中选中"配音配乐.mp3"文件，如图11-105所示。

步骤2：将"配音配乐.mp3"拖曳至"时间线"面板的A1轨道下方，系统会为"配音配乐.mp3"音频滑块自动生成A2轨道，确保音频滑块左侧与01:00:00:00处对齐，如图11-106所示。

步骤3：结合视频画面，在"检视器"面板中播放并预览。该音频已包含人声配音和背景音乐，接下来需要做的是根据配音内容为画面添加标题字幕。

图11-105

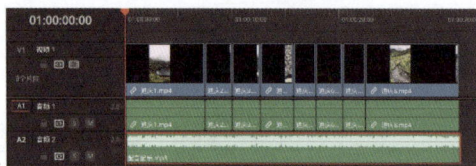
图11-106

11.2.6　添加字幕

步骤1：单击"特效库"按钮，展开"特效库"面板，在"工具箱"中选择"标题"选项，再在右侧选择"字幕"，如图11-107所示。

步骤2：将"字幕"拖曳至V1轨道上方，系统自动生成"字幕1"轨道，确保字幕滑块左侧与01:00:00:00处对齐，如图11-108所示。

步骤3：人声配音是在01:00:25:12处结束的，所以需选中字幕滑块右侧，将其向右拖曳至01:00:25:12处，如图11-109所示。

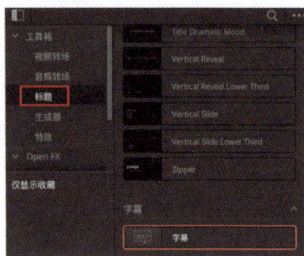
图11-107

图11-108

图11-109

步骤4：将时间指示器移至01:00:00:00处，双击字幕滑块，切换至"检查器"面板的"字幕"选项卡，在文本框中输入第一条字幕文案，如图11-110所示。

步骤5：在"检视器"面板中预览字幕效果，如图11-111所示。

步骤6：将时间指示器移至01:00:01:12处，此处为第一句话结束、第二句话即将开始的位置。

步骤7：在"检查器"面板的"字幕"选项卡中单击"添加新字幕"按钮，字幕2被添加到字幕1下方，再在文本框中输入第二条字幕文案，如图11-112所示。

步骤8：按照以上方法，添加所有字幕文案，如图11-113所示。

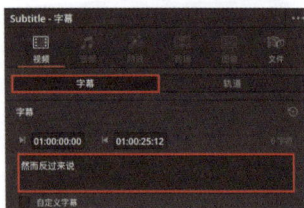
图11-110

图11-111

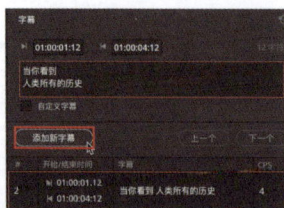
图11-112

图11-113

步骤9：切换至"检查器"面板的"轨道"选项卡，将"字体"调为"Rockwell"，"大小"参数调为50，"行距"参数调为-20，"字符间距"调为-30，如图11-114所示。

步骤10: 在"轨道"选项卡中单击"投影"前的激活按钮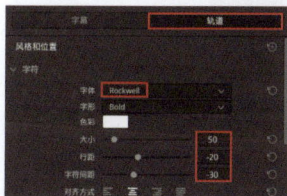，将"色彩"调为深蓝色，"模糊"参数调为1，"不透明度"参数调为100，如图11-115所示。

步骤11: 单击"背景"前的激活按钮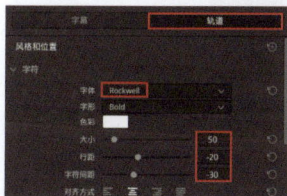，保持原始参数即可，如图11-116所示。

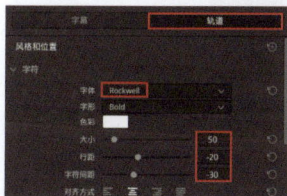
图11-114

图11-115

图11-116

11.2.7 渲染导出

步骤1: 切换至"交付"步骤面板，如图11-117所示。

步骤2: 在"渲染设置"面板中将文件命名为"迪庆徒行"，单击"位置"右侧的"浏览"按钮，设置一个合适的位置路径，单击"单个片段"单选按钮，如图11-118所示。

步骤3: 在"视频"选项卡中，打开"格式"下拉列表，将"格式"调为"MP4"，如图11-119所示。

图11-117

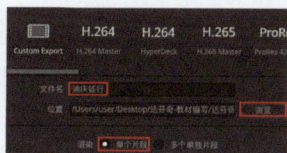
图11-118

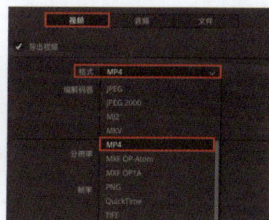
图11-119

步骤4: 单击"字幕设置"左侧的下拉按钮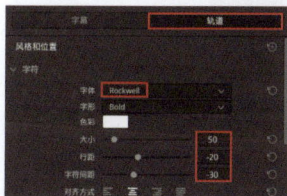，展开"字幕设置"，勾选"导出字幕"复选框，如图11-120所示。

步骤5: 打开"格式"下拉列表，选择"烧录到视频中"选项，如图11-121所示。

步骤6: 单击面板右下方的"添加到渲染队列"按钮，如图11-122所示，将时间轴内容添加至渲染队列中。

图11-120

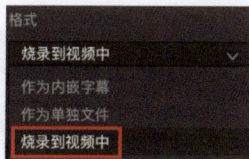
图11-121

图11-122

步骤7: 该任务作为"作业1"被添加至右上角的"渲染队列"面板中，单击"渲染队列"面板右下角的"渲染所有"按钮，如图11-123所示。

步骤8: 渲染结束后，根据设置好的位置路径找到渲染好的文件，如图11-124所示。

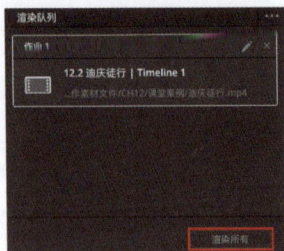
图11-123

图11-124

11.3 本章小结

本章通过综合案例实训，展示了DaVinci Resolve 18在不同类型视频调色中的强大功能和实际应用技巧。在影视调色方面，侧重于风格和质感，用户应了解如何使用DaVinci Resolve 18的高级调色工具来创造特定的视觉风格，增强故事的情感表达。在广告调色方面，侧重于突出品牌和产品的视觉效果，用户应学会如何运用鲜艳的色彩和高对比度来吸引观众的注意力。在短视频调色方面，侧重于快速的调色技巧和高效的工作流程，用户应掌握如何在短时间内完成色彩校正、风格化处理和特效应用。

总之，用户不仅要掌握DaVinci Resolve 18在不同类型视频调色中的实战技巧，还要根据具体项目需求，灵活运用调色工具和方法。影视调色的细腻处理、广告调色的视觉冲击力以及短视频调色的高效快捷，都将帮助用户提升在各类视频制作中的调色水平，满足多样化的市场需求。这些实训为用户提供了宝贵的经验和灵感，助力用户在专业视频制作领域取得更大的成功。

知识拓展 调色插件

DaVinci Resolve 18的调色插件是用于扩展和增强调色功能的附加工具。以下是一些常见的调色插件及其功能说明。

1. FilmConvert

FilmConvert是一款流行的调色插件，可以模拟真实胶片的色彩和颗粒效果，如图11-125所示。

图11-125

FilmConvert包含多种胶片预设，让用户轻松实现电影般的画面质感。FilmConvert可以快速将数字视频转换为胶片风格，适用于电影、广告等项目。

2. Red Giant Magic Bullet Suite

Red Giant Magic Bullet Suite是一套综合调色和特效插件，如图11-126所示。

图11-126

它包含多个子插件，如Colorista、Looks和Denoiser。其中，Colorista提供了高级的色彩校正工具，Looks包含丰富的预设和自定义调色功能，而Denoiser则专注于降噪处理。这些插件组合使用，可以大幅提升调色效率和效果。

3. Neat Video

Neat Video是一款强大的降噪插件，能够有效去除视频中的噪点和杂色，如图11-127所示。

图11-127

Neat Video使用先进的降噪算法，可以处理各种噪声问题，提高视频画面的清晰度和质量。Neat Video特别适用于高ISO拍摄或低光环境下的视频素材。

4. Boris FX Sapphire

Boris FX Sapphire是一款综合性视觉特效和调色插件，包含丰富的效果和预设，如图11-128所示。

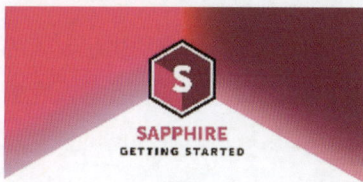

图11-128

它提供了多种色彩校正和增强工具，以及高级的视觉特效，如光晕、闪烁和模糊等；还可以帮助用户创造独特的视觉风格，提升视频的视觉冲击力。

5. Tiffen Dfx

Tiffen Dfx是一款模拟真实滤镜效果的插件，包含多种滤镜预设和自定义选项，如图11-129所示。

图11-129

Tiffen Dfx可以模拟不同的摄影滤镜，如ND滤镜、渐变滤镜和特殊效果滤镜等，帮助用户实现多样化的调色效果。Tiffen Dfx适用于各种视频制作场景，从电影、电视到广告。

6. Color Grading Central's ImpulZ

Color Grading Central's ImpulZ是一套基于LUT的调色插件，提供了多种胶片模拟LUT和自定义调色工具，如图11-130所示。

图11-130

它可以帮助用户快速应用专业的调色风格，提高调色效率。它特别适用于需要快速调色的项目，如短视频和在线内容。

7. Dehancer

Dehancer是一款模拟胶片调色的插件，专注于再现真实胶片的色彩和颗粒效果，如图11-131所示。

图11-131

Dehancer提供了多种胶片类型和自定义调色选项，帮助用户实现高品质的胶片风格。Dehancer适用于电影、广告等需要胶片质感的项目。

总之，DaVinci Resolve 18 的调色插件为用户提供了丰富的调色工具和预设，极大地扩展了调色功能和效果。这些插件可以帮助用户快速实现专业的调色效果，提高工作效率，满足多样化的项目需求。通过灵活运用这些插件，用户可以在不同的视频制作场景中创造出独特的视觉风格和高质量的画面。